신밀월 시대

김정은 집권기의 러시아-북한 관계

알리나 샤라펫디노바 지음 | 라승도 옮김

Российско-северокорейские отношения в 2011–2023 гг.
(политические, экономические, гуманитарные связи)

Алина Шарафетдинова

Москва, 2023

* 이 책의 한국어 번역은 러시아 과학아카데미 동방학연구소(ИВ РАН)와 저자의 허락을 받아 출판되었다.

이 저서는 2019년 대한민국 교육부와 한국연구재단의 지원을 받아 수행된 연구임
(NRF-2019S1A6A3A02102950)

신밀월 시대

김정은 집권기의 러시아-북한 관계

알리나 샤라펫디노바 지음 | 라승도 옮김

다해

추천사

알리나 샤라펫디노바의 책은 현대적이면서 시의적절하지만, 현재로서는 충분히 연구되지 않은 주제인 2011~23년 러시아-북한의 정치·경제·인도주의 관계 역사와 현황을 다룬다. 이처럼 짧지만, 중요한 역사적 시기는 김일성의 손자이자 김정일의 아들로 북한 지도부의 3세대 대표자인 김정은이 새 지도자로 등장하면서 시작했다는 점에서 의미가 있다. 김정은은 할아버지 김일성이 확립하고 아버지 김정일이 계승한 특별한 '북한식' 대내외 정책 노선을 확고하고 일관되게 추구하고 있다.

이 책의 주제는 학문적, 정치적, 실용적 측면에서 볼 때 모두 매우 적절하다. 좁고 제한된 핵 강대국 대열에 '파고든' 북한은 현대 세계와 러시아의 대외정책에서 지정학적, 군사·전략적으로 특별한 위치를 차지한다.

저자는 2000년 이전 북한 대외정책에서 담당한 러시아의 역할과 그 이후 몇 년 동안, 특히 2011~23년 북한의 국가 안보 보증자 중 하나로서 러시아의 대북 정책 특성을 광범위하고 완전하게 보여준다.

이 책은 과거와 현재 러시아의 한국학 연구를 대표하는 역사학자, 정치학자, 국제학자(G.F. 김, F.I. 샵시나, Y.V. 바닌, A.V. 보론초프 등)의 주요 저작을 폭넓고 깊이 있게 섭렵하고 있다. 이 책에서 인용하는 자료는 러시아, 북한, 중국, 미국, 일본, 국제기구(유엔(UN, 국제연합)) 등의 대외정책 부서 공식 문서 등에 걸쳐 매우 광범위하다. 학술 문헌, 언론 출판물, 인터넷 자료는 물론 저자가 2006~09년 북한 주재 러시아 대사관에서 근무하는 동안 개인적으로 관찰한 내용도 널리 사용했다.

저자는 연구 주제, 학술 문헌, 러시아연방과 북한의 대외정책에서 나온 여러 가지 연속적 개념, 특정 기간의 국제 관계 발전 맥락에서 나타난 러-북 관계의 상승과 하강, 현재 상태에 대한 심오한 지식, 수집된 사실 자료를 정리·요약·분석하여 합리적인 결론을 도출하는 능력을 입증했다. 이 책은 시의적절하고 독자적이며 완결된 연구서로서 한국 내 전문가와 독자에게 상당한 관심을 불러일으킬 수 있을 것이다.

알렉산드르 보론초프
한국·몽골과 과장
러시아 과학아카데미 동방학연구소

머리말

이 책의 주제는 2011~23년 러시아-북한 관계의 현황과 전망이다. 2011년 12월 17일 김정일 국방위원장이 사망한 후 젊지만 준비되고 야심 찬 지도자 김정은이 조선민주주의인민공화국에서 집권해 통치한 시기가 이 책의 시간적 범위이다. 북한의 새 지도자는 할아버지 김일성(1912~94)과 아버지 김정일(1942~2011)의 유훈에 따라 러시아, 중국과 전략적 파트너십을 위한 확고한 기반을 유지하면서 북한의 자주 발전을 위해 설정된 노선을 바꾸지 않을 것임을 선언했다.

12년의 통치 기간에 서방 분석가들의 비관적인 예측과 달리 김정은은 서방의 제재 압력에도 사회주의 체제와 국가 자체를 보존했을 뿐 아니라 핵·미사일 프로그램 개발(2012년)에서도 인상적인 성공을 거뒀다. 그는 핵 지위에 관한 북한 헌법을 개정했고 2022년 북한 핵무력 정책 관련 법령을 채택했으며 여러 가지 경제 개혁을 실행했다. 대외정책에서는 국제 정상회담 형식에 적극적으로 참여했고(2018년과 2019년, 2023년), 팬데믹 기간(2020~22년)에 코로나19 바이러스의 국내 유입을 막기 위한 전례 없는 조치를 단행했다. 그러나 김정은은 자신의 전략적 의도를 실현하려면 어느 때보다 영향력 있는 외부 세력의 지원이 필요하다.

2023년 9월 13일 보스토치니 우주기지(러시아 아무르주 소재)와 2024년 6월 18~19일 평양에서 열린 블라디미르 푸틴 러시아 대통령과 김정은 북한 국무위원장의 정상회담과 러시아연방과 북한 간 포괄적 전략 동반자 조약 체결은 모든 분야에 걸쳐 양국 협력을 강화했다. 우크라이나를 둘러싼 상황과 관련한 북한의 러시아 지원 외에도 러-북 밀착에 이바지한 주요 요인은 조 바이든 미국 행정부가 이끈 서방의 제재 정책에 대한 반대이다. 미국과 그 동맹국들은 지정학적 적대국인 러시아, 중국, 북한에 대해 모든 형태의 협상 과정을 무시하고 동맹 관계 속에 고의로 밀어붙이면서 이미 긴장된 한반도 상황을 악화시키는 데 이바지하고 있는 것으로 보인다.

전략적 문제 외에도 러시아와 북한은 무역·경제 협력을 구축하는 데서 많은 과제에 직면해 있는데, 대북 제재 체제하에서 이를 수행하기는 쉽지 않다. 하지만 다른 한편으로 러-북 관계가 최고조에 달한 지금이 경제 문제를 논의하기에 가장 좋은 시기이기도 하다. 가까운 장래에 다양한 수준의 부처 간 교류와 대화가 예정되어 있으며 러-북 정부 간 위원회의 정기 회의가 2024년 11월에 열리기도 했다. 2024년 초부터 북한에서 러시아 관광이 시작된 이래 이국적인 체제와 문화를 가진 이웃 국가를 방문하고자 하는 러시아인의 수가 증가하고 있다는 것은 이런 형태의 양국 간 상호 관계가 성공적으로 발전하고 있음을 말해준다. 따라서 양국 간 합의는 서류상으로만 아니라 실질적으로도 실행되고 있으며 다양한 프로젝트 실현에 대한 전망이 밝다.

2011~23년 러-북 관계를 다루는 이 책의 주제는 양국의 우선순위 목표와 양국 관계 발전 방향, 러-북의 삶에서 담당하는 양국 관계의 역할이다. 저자는 새로운 세계 질서가 형성되는 현재 상황에서 주권 수호의 독자 정책을 추구하는 북한으로서는 전통적으로 자국에 대해 균형 잡힌 접근 방식을 고수하는 러시아, 중국과의 관계를 강화하는 것이 중요하다는 점에 특별한 주의를 기울인다. 2011~23년 러-북 협력의 주요 영역은 크게 볼 때는 정치·경제 협력이며, 작게 볼 때는 처음에는 제재로 인해, 나중에는 코로나19 팬데믹에 따른 2020년 초 북한 국경 폐쇄로 인해 제한된 인도주의 교류이다.

이 책 집필 과정에서 러시아 외무부 내 러시아연방 대외정책문서고(AVPRF) 기록과 러시아 국내외 학자들의 연구, 북한 로동신문과 민주조선 기사, 조선중앙통신 보도 등 다양한 자료를 활용했다. 이 책 번역에 참여한 한국 동료들에게 진심으로 감사를 표한다.

알리나 샤라펫디노바

서 론

이 책은 러시아와 북한이 추구하는 우선 목표와 두 나라 삶에서 양국 관계가 담당하는 역할의 발전 방향에 담긴 내적 구조를 연구한다. 또한, 이 책은 2011~23년 러-북 협력의 주요 분야인 정치와 경제는 물론이고, 연구 대상 기간에는 그 강도가 낮았던 인도주의 접촉까지도 함께 고찰한다.

이 책에서 저자는 러시아 외무부의 러시아연방 대외정책문서고 자료와 러시아 국내외 학자들의 연구물, 북한의 주요 신문인 로동신문과 민주조선 기사, 조선중앙통신 보도 등 다양한 자료를 활용했다.

연구자료 출처는 다음과 같다.

첫째, 법령 등 공식 문서이다. 2012년 조선민주주의인민공화국 헌법, 2022년 조선민주주의인민공화국 핵 무력 정책에 관한 법령(2013년 4월 1일 자 자위적 핵보유국 지위 공고화법을 대체함), 핵 무력 지위와 그 개발 가속화를 강화하는 조선민주주의인민공화국 헌법 개정안, 러시아연방 국가 안보 개념, 2023년 러시아연방 대외정책 개념(2023년 3월 31일 푸틴 대통령 승인), 2016년 러시아연방 대외정책 개념(2016년 11월 30일 푸틴 대통령 승인), 2000년 러시아연방 대외정책 개념(2000년 6월 28일 푸틴 대통령 승인), 1993년 러시아연방 대외정책 개념(1993년 4월 23일 보리스 옐친 대통령 승인) 등이다.

둘째, 러시아와 북한 당국의 공식 대표자들이 행한 공개 연설과 성명, 양국 공식 대표들의 자국 중앙 언론 인터뷰, 2019년 저자가 평양 연구 여행 중 북한 외교관과 만나 나눈 대화에서 발췌한 내용 등이다.

셋째, 러시아연방 통계청(「수치로 보는 러시아」), 유엔, 블룸버그, 글로벌 파이어파워(GFP), 기타 북한 경제·군사·정치 발전 관련 연구 기관 자료를 참고했다.

넷째, 북한 지도부의 대외정책 입장과 북한의 군사·정치 상황을 다루는 북한 대중매체(신문, 텔레비전, 인터넷 사이트) 자료이다. 특히 중앙 일간지 로동신문과 민주조선, 조선중앙통신, 인터넷 포털 naenara.com.kp, Rodong.rep.kp, kcna.kp, uriminzokkiri.com 자료를 중요하게 참고했다.

다섯째, 북한 문제를 다루는 한국 언론(신문과 방송, 인터넷 사이트) 자료들이다. 그중에서 yna.co.kr, koreatimes.co.kr, 동아일보, 코리아헤럴드, 중앙일보, 연합뉴스 기사를 주의 깊게 살펴봤다.

여섯째, 소련-북한(1945~90), 러시아-북한(1991~현재) 간에 체결된 국제 조약과 협정이다.

북한 주재 러시아 대사관이 사회관계망서비스(SNS)에 게시한 북한 상황 관련 번역 기사와 관찰 자료도 연구에 도움이 됐다. 현재 북한 언론사 중 상당수가 글로벌 인터넷에 연결되어 있다는 점도 연구를 수월하게 해줬다. 자체 웹사이트를 보유하고 있고 소셜 네트워크에도 자사 그룹을 가지고 있는 북한 언론사들은 김정은 북한 국무위원장이 2018~19년 도널드 트럼프 미국 대통령과 서신을 교환할 당시 김정은 이름으로 트위터나 마이크로블로그 등 SNS에 게시물을 올리기도 했다.[1]

그러나 이 연구는 두 가지 요인으로 어려움을 겪었다. 먼저, 북한의 '직접' 통계자료 접근이 차단되어 외부 출처의 예측 정보에 의존해야만 했다. 다음으로, 2020~22년 코로나19 팬데믹 속에 외부 접촉을 전면 차단한 북한의 국경 폐쇄로 인해 러-북 협력의 주요 분야인 공동 경제 프로젝트와 인도주의적 관계가 글자 그대로 '동결'됐기 때문에 애초 연구 구도를 상당 부분 조정해야만 했다. 북한의 정보 차단과 2020년부터 검역 제한으로 인해 국경을 통과할 수 없어 현재는 북한을 방문할 수 없는 상황이다.

현대 러-북 관계를 연구할 때 역사적 기원을 되돌아보는 일도 중요하다. 특히 소련 붕괴 이후 양국 관계에서 일어난 변화를 설명할 때, 소련이 전후 북한 재건 과정에서 북한 주민에게 지원을 제공했던 호의적인 시기와 1990년 9월 30일 소련과 대한민국이 외교 관계를 수립한 이후 북한 당국의 부정적인 반응을 불러일으킨 소-북 관계의 여러 문제를 다루지 않는 것은 불가능하다. 이런 점에서, 러시아 과학아카데미 동방학연구소 소속의 뛰어난 학자들인 N.E. 바자노바와 Y.V. 바닌, G.V. 그랴즈노프, G.F. 김, V.K. 박, V.D. 티호미로프, L.A. 우소바, F.I. 샵시나[2]가 남긴 저술은 러-북 관계에 관한 현대 연구에 토대를 마련해준 것으로 언급하지 않을 수 없다.

한국학 분야의 뛰어난 연구자인 블라디미르 티호미로프[3]와 유리 바닌[4]은 북한 내부 정치 과정, 러-북 양국 관계 발전, 한반도 분쟁 상황 해결 문제에 많은 관심을 기울였다. 티호미로프는 소련 공산당 중앙위원회에서 책임 있는 직책을 맡는 동안 양국 관계 분야의 실무자로서 소-북 우호·협력·상호원조 조약(1961년 7월 6일) 준비와 서명을 포함하여 소련 지도부의 한반도 분야 실무 작업에서 여러 단계에 걸쳐 참여했다.[5] 바닌은 한국학 분야에서 뛰어난 학술 활동(한반도 역사와 현대 문제 관련 논문 100여 편 발표)을 펼쳤을 뿐만 아니라 1990년대 초부터 러시아 지도부가 범한 한반도 정책 실수를 중앙 언론에 발표한 활약상으로도 러시아 국내외에 널리 알려졌다.

러시아의 한국학 전통은 대대로 이어져 내려오고 있다. 러시아 국내외에서 권위를 누리고 있고 오늘날 한반도 문제에서 주목받고 있는 가장 저명한 러시아 한국학 전문가들로는 A.V. 보론초프(러시아 과학아카데미 동방학연구소), A.Z. 제빈, S.S. 수슬리나, 김영웅(러시아 과학아카데미 중국·현대아시아연구소), G.D. 톨로라야(유엔, 러시아 과학아카데미 경제연구소), V.I. 데니소프(1996~2001), V.E. 수히닌(2006~12)(모스크바국립국제관계대학교(MGIMO)), A.I. 마체고라(2014~현재) 등 북한 주재 전·현직 러시아 대사들, A.N. 페도롭스키, O.V. 다비도프, V.V. 미혜예프(세계경제·국제관계연구소(IMEMO)), L.V. 자브롭스카야(러시아 과학아카데미 극동 지부)가 있다. 이들은 한국학 분야에서 나름의 위치를 차지하고 있고 이들의 연구 활동은 러시아 신세대 한국학 연구자들의 연구 활동에 탄탄한 기반이 되고 있다.

1990년 소련과 한국이 국교를 수립하고 1991년 소련이 붕괴하고 나서 1990년대 러시아의 급진적 정치·경제 개혁이 시작되자, 북한의 발전상을 둘러싼 관심은 소련 시절과 비교하면 그리 많지 않았다. 이런 가운데 A. 알토프,[6] V. 파닌, A.N. 란코프,[7] A.V. 보론초프[8] 등 북한 연구에 종사했던 러시아 학자들과 다른 연구자들이 외부 관찰자이자 당시 진행 중인 러-북 관계 변화의 직접적인 참여자로서 양국 간 협력을 구축하기 위한 새로운 방법을 찾는 데서 관심을 불러일으켰다.

러-북 안보 협력 개선 전망은 2021년 7월 14일에 발표된 러시아-미국의 공동연구「북한의 전략적 잠재력과 한반도 안보: 미래 전망」에 자세히 나와 있다.[9] 러시아 측 실무 그룹에는 북한 핵 문제 전문가인

A.V. 홀로프코프(에너지·안보센터), V.I. 예신(러시아 과학아카데미 미국·캐나다연구소); A.Z. 제빈(러시아 과학아카데미 중국·현대아시아연구소), A. 미나예프(러시아연방 외무부 외교아카데미), V. 수히닌(MGIMO). V.V. 댜치코프(러시아 외무부, MGIMO), G. 톨로라야(러시아 과학아카데미 경제연구소). A.V. 보론초프(러시아 과학아카데미 동방학연구소, MGIMO), O.V. 다비도프(IMEMO) 등이 포함됐다. 이 보고서는 한반도 핵 문제 해결을 위한 러시아의 접근법을 분석하고 있다.

이 연구자들은 전략적인 정치적 의사결정의 중요한 부분으로서 주요 이해당사자들에 대한 지원과 기존 접근법에 대한 근본적인 수정이 필요하다고 지적한다. 이들은 동북아 평화·안보 체제 구축 실무 그룹의 경험을 포함한 6자회담의 교훈을 상기하고, 과거의 실수를 반복하지 않고 북한과 역내 다른 국가들에 대한 공동 안전 보장 제공, 동북아 여러 국가의 특정 군사 활동 투명성 제고 등의 문제에 대해 상호 이해와 합의를 끌어내기 위해 노력할 것을 촉구하고 있다.

최근 러시아 한국학 연구자들은 북한 내부의 정치 과정에 많은 관심을 기울여 왔다. 이 주제는 K.V. 아스몰로프와 L.V. 자하로바의 저서인 『현대 북한: 김정은 시대 첫 10년(2012~21)』과 논문인 「21세기 러시아와 북한 관계: 20년의 결과」(민족우호대학교 국제 관계 소식지, 2020년 제20권 제3호)에서 다루고 있다. 이 연구는 러-북 관계의 중요성 측면에서 첫 번째 순위가 국경 안정이라고 판단하고 있다. 러시아는 현상 유지를 추구하면서 북한의 경제 발전을 촉진하고자 한다. 이들 연구자에 따르면 두 번째 순위는 러시아가 북한 관련 국제 의무를 준수하는 것이고, 세 번째 순위는 동북아시아 지역에서 러시아의 경제적 이익을 보호하는 것이다. 저자들은 동북아 평화와 안보라는 러시아의 전략적 목표가 여전히 달성되지 않았지만, 국경 안정이라는 주요 전술 목표는 대체로 실현됐다는 결론에 도달한다. 하지만 이런 상황이 역내에서 러시아의 경제적 이해관계에 손해를 끼친다고 덧붙인다.[10]

러-북 관계 발전에서 경제적 측면을 다룬 연구 중 주목할 만한 것은 G.D. 톨로라야와 L.N. 야코블레바,[11] I.V. 베지크,[12] N.E. 바자노바,[13] L.V. 자브롭스카야[14] 등의 저술이다. 이들 대부분은 양국 간 무역·경제 잠재력을 긍정적으로 평가하면서 이 잠재력이 앞으로 강화·확장하리라고 예측했다. 이와 동시에 북한의 국내 정치 상황에 대해 신중하게 평가한 연구자도 많았다. 이들은 러시아가 "북한에서 일어나는 일에 대해 과도한 책임을 지면 안 된다"라고 주장했다.[15] 세계경제·국제관계연구소(IMEMO) 보고서 「북한의 사회·경제 및 국내 정치 발전의 주요 동향」(2012)은 북한이 직면한 주요 도전이 군사·안보와 대외정책 영역이 아니라 경제에 있다고 지적했다. 북한에서 새로운 지도자가 집권한 후 벌어질 시나리오 중 하나는 "사회적, 정치적 안정을 약화"시켜 "경제 침체와 퇴보"를 일으킬 수 있다는 것이었다.[16]

그러나 오늘날 우리는 북한이 여러 난관(경제 제재, 팬데믹 기간의 엄격한 검역 체제, 외부 세계로부터의 고립)에도 불구하고 역동적인 발전 노선을 선택했음을 알 수 있다. 북한은 경제 문제를 숨기지 않고 있지만,[17] 건설(새로운 현대식 고층 건물 지역 수 증가), 산업(필수 식료품의 완전한 자급자족)과 같은 특정 경제 부문에서 거두고 있는 성공은 인상적이다.

2000년 러시아와 우호·선린·상호원조 조약을 체결한 이후 북한의 외교 정책은 많은 국내 연구자에게 중요한 주제가 되었다.[18] 일부 연구자[19]는 러시아에 중요한 북-중 관계 변화에 초점을 맞췄다. 전문가들은 중국과 러시아 모두 북한의 안정이 역내의 전략적 이익을 보호하려는 정책과 일치하므로 북한으로부터 이익을 얻을 수 있다는 점에 의견이 일치했다.

러시아 연구자 대다수에게 방법론적 토대가 된 것은 러-북 관계에서 힘의 균형 유지 문제였다. 그런 연구자 중에 A.V. 토르쿠노프, A.V. 보론초프, V.E. 수히닌, L.V. 자하로바가 있다.(『평행 역사 형태의 러-북 관계』)(모스크바, 2022).

북한의 대외정책과 대외경제 관계를 연구하는 외국 연구자들의 작업은 대부분 그들이 보기에 "불완전"하고 "특별"한 북한 체제의 약점과 단점을 식별하는 일에 전념하고 있다는 점에 유의해야만 한다.[20]

일반적으로 북한은 폐쇄적 성격과 북한 학자들의 일차 자료에 대한 접근성 부족으로 연구하기가 어려운 나라이다. 위에서 언급한 저술들은 현대 러-북 관계 양상들을 개별적으로 살펴본다. 하지만 이 주제를 종합하는 포괄적 연구 작업이 아직 나오지 않았다는 점에 유의할 필요가 있다. 이 책에서 저자는 김정은이 북한의 새로운 지도자로 집권한 이후 지난 12년 동안 러-북 관계에서 대외정책과 무역, 경제, 인도주의 측면을 포괄적으로 검토하고 새로운 지정학 조건에서 러-북 관계를 둘러싸고 일어나는 변화에 특별한 주의를 기울이고자 했다.

차 례

추천사 5
머리말 7
서 론 11

제1부 김정일 체제하의 러시아-북한 관계 (1994~2011)

제1장 러시아-북한의 정치·경제·통상 관계 (21세기 이전) 25
제2장 러시아-북한의 협력 활성화 단계 (2000~01년) 39
제3장 2000년 조약 체결 이후 북한 대외정책과 경제 상황 51
제4장 미사일·핵실험 속 러시아-북한 관계 발전 역학 69

제2부 러시아-북한의 기본 협력 분야 (2011~23)

제1장 김정은 치하의 북한 정치 89
제2장 새로운 지정학 조건 속의 러시아-북한 간 정치 대화 101
제3장 경제·통상 관계 발전의 주요 문제와 해결 전망 115

제3부 동북아 국제 관계 체제와 러시아-북한 상호 관계

제1장 2018~20년 북한의 대미 정책 변화 전제조건	125
제2장 북한-미국 협상 과정과 한반도 핵 프로그램 타결에서 러시아의 중재 역할	139
제3장 러시아-북한-한국 삼각 프로젝트: 미래를 위한 청사진	151
제4장 러시아-북한 협력과 중국	163
제5장 북한-러시아의 국가 안보 전략	171

결 론	179
미 주	183
참고문헌	221
부 록	245

제1부

김정일 체제하의 러시아-북한 관계

(1994~2011)

제1장

러시아-북한의 정치·경제·통상 관계 (21세기 이전)

북한은 소련과 세계 사회주의 체제의 붕괴를 쓰라린 고통과 그들의 운명을 반복할 수도 있다는 공포 속에 인식한 세계에서 몇 안 되는 국가 중 하나이다. 북한 당국자들은 1990년대의 어려운 대외정책과 국내 경제 상황('고난의 행군'이라는 용어가 북한 역사학에서 사용됨)에서 살아남았기 때문에 "일본과 미국으로 대표되는 전 세계 제국주의로부터 사회주의를 지키는 구세주 역할"[1]을 주장할 권리가 있다고 확신한다.

한편, 소련 시대 이후 러시아-북한 관계는 20세기에서 21세기로 넘어가면서 비로소 긍정적인 관점에서 조명되기 시작했다. 1990년대 러시아의 대북 정책은 북한에서 '노골적인 배신'으로 받아들여졌다. 1990년 이전 소련과의 협력으로 번영을 누렸던 북한 지도부의 기억은 소련의 오랜 전략적 파트너인 북한과의 관계는 해치고 서방 국가들과의 관계는 확대한 보리스 옐친 시대의 러시아 대외정책에 대해 반감을 키웠다. 이는 북한 언론에서 러시아의 정책 노선에 대한 혹독한 비판의 형태로 표현됐을 뿐 아니라 당시 북한에 거주했던 러시아 시민과 외교관들에게 현지 주민들이 보인 적대적인 태도로 나타나기도 했다.[2]

러-북 관계에 부정적인 영향을 미친 또 다른 요인은 북한 당국이 스스로 도입한 전면적인 정보 고립이었다.[3] 이로 인해 러시아가 신뢰할 만한 소식통이 사실상 부족했고, 서방 소식통의 부족한 정보는 "가까운 장래에 무너질 것"으로 예상되는 북한 정권을 폄하·조롱하기 위한 거짓 정보였다.

1980년대와 90년대에 접어들면서 소련과 미국 사이에 조성된 데탕트 덕분에 소련 지도부는 여러 분야에서 성공적으로 발전하고 있던 한국을 인정하고 외교 관계를 수립할 수 있었다. 소련-한국 관계 정상화 필요성은 소장인 예브게니 프리마코프와 제1부소장이자 소련 과학아카데미 정회원인 G.F. 김, V.D. 티호미로프, F.I. 샵시나 등이 이끌던 소련 과학아카데미 동방학연구소 소속 학자들이 1980년대 초부터 소련 정부와 당 최고 지도부에 호소하면서 제기됐다.[4] 이에 따라 1988~89년 소련이 한국과 경제 관계를 맺기 시작하면서 외교 관계 수립 불가피성이 명확해졌다.

1989년 9월 1일 일간지 이즈베스티아에 실린 기고문 '한반도 매듭을 풀 수 있을까? 소련 학자의 견해'에서 샵시나는 자신의 견해를 이렇게 밝혔다. "북한과 한민족 전체의 이해관계 및 요구, 역내 평화와 안보 문제, 우리의 국익을 고려하는 한반도 문제에 대한 다른 대책과 접근법을 마련할 것을 시대가 요구하고 있다. 그런 대책 중 하나는

소련이 한국을 인정하는 것일 수 있다."⁵

하지만 예두아르트 셰바르드나제 소련 외무부 장관은 이 문제에 대해 양면적인 태도를 보이면서 여전히 망설이고 있었다. 당시 아시아·태평양 지역과 한반도에서 일어난 변화의 논리에 따르면 소련의 한반도 정책은 새로운 노선이 필요했다. 소련과 미국 관계에 찾아온 데탕트 속에 복잡한 논의와 대립 끝에 1990년 9월 30일 소련과 한국의 외교 관계가 수립됐고, 1991년 소련은 유엔 안보리의 다른 상임이사국들과 함께 한반도 내 두 국가의 유엔 동시 가입을 승인했다.

1990년대 초 미국은 한국에서 지상군 철수를 위한 3단계 프로그램을 시작했다. 이 프로그램의 이행에서 중요한 단계는 제5차 남북 총리급 회담(1991년 12월) 전날 미국 군비통제 군축 담당관인 리처드 리먼이 한국 영토에서 미국 핵무기의 완전 철수를 발표한 일이었다.⁶ 이 과정에서 첫 번째 단계인 1990년부터 1992년까지 주한 미군 지상군 5,000명과 공군 행정요원 2,000명이 감축됐다.⁷

남북 관계에도 긍정적인 기류가 흘렀다. 북한과 남한 정부는 1990년 이후 양자 회담을 여덟 차례 열었다. 서울에서 열린 5차 회담에서 '남북 사이의 화해와 불가침 및 교류·협력에 관한 합의서'가 체결됐다. 1992년 1월 북한은 국제원자력기구(IAEA)와 북한 핵 시설 통제 조치에 관한 협정(안전조치 협정)을 체결했다. 1992년 2월 북한과 남한은 핵무기 시험, 생산, 수입, 저장, 배치를 포기하는 한반도 비핵화 공동 선언에 서명했다.⁸

한반도 긴장 완화의 시작은 1992년 평양과 서울이 남북 관계의 여러 가지 근본 문제에 대해 합의하지 않으면서 중단됐다. 남북 관계는 미국과 한국이 북한 핵무기 프로그램 존재에 대해 의혹을 품으면서 암초에 부딪혔다.[9] 1992년과 1993년 사이에 여섯 차례에 걸친 IAEA 사찰 결과 북한의 플루토늄 생산량은 "핵무기에 필요한 양보다는 적지만 북한이 이전에 주장했던 것보다 많은 양"으로 확인됐다.[10] 이처럼 불일치가 발견된 후 IAEA는 영변[11]에서 특수 핵연료 저장 시설 두 곳에 대한 추가 사찰을 요구했으나 북한은 이를 거부했다. 이에 따라 미국은 남한 내 추가 병력 철수 중단과 1993년 한-미 합동 군사 훈련 '팀스피릿' 재개를 발표했다.

대외정책 압박이 커지자 1993년 3월 12일 북한은 처음으로 핵확산금지조약(NPT)[12](1985년 북한 서명) 탈퇴를 발표했고, 1994년에는 IAEA에서도 탈퇴했다. 그러자 1993년 4월 19일 보리스 옐친 러시아 대통령은 핵 비확산에 관한 법령과 북한과의 핵 협력 종결에 관한 법령에 서명했고, 4월 23일에는 한반도의 특별한 중요성을 강조한 새로운 러시아 대외정책 개념의 주요 조항을 승인했다.[13] 또 남북한 평화 통일 과정에 찬성하는 성명은 "북한과의 불가피한 거리 두기는 주로 자체 대량살상무기 개발 계획과 같은 북한의 부정적 징후를 억제하는 측면에서 러시아의 남은 대북 영향력을 뒷받침하는 지렛대 사용과 결합돼야 한다"라고 명시했다. 앞서 언급했듯이 러시아는 "세계 문명의 기본 가치에 대한 공통된 이해"로 연결된 한국에 대해서는 "바람직한

전망, 무엇보다도 무역·경제 영역"을 고려하여 본격적인 관계를 맺자고 제안했다.[14]

세계와 역내 발전 추세는, 1990년대 초 러시아 지도부가 상상했던 것처럼, "모든 아시아·태평양 국가, 특히 미국, 중국, 일본 등 주요 국가들과의 균형 있고 안정적이며 가능하다면 서로 독립적인 관계를 통해 역내 국제 관계의 다중심 체제에서 러시아의 독자적 역할 증대를 요구했다."[15] 실제로 러시아는 북한과 일정한 거리를 유지했다. 이에 따라 북한 지도부는 당시 러시아의 대북 정책에 대해 부정적인 태도를 보였다.

북한의 부정적 태도는 무엇보다도 1995년 러시아가 북한이 제3국과의 군사 분쟁에 연루될 경우 소련의 군사 지원을 제공하는 1961년 우호·협력·상호원조 조약의 연장을 거부했던 데서 비롯됐다. 옐친 대통령 재임기(1991~99) 러-북 관계에서는 정치 협의가 동결됐고 경제·과학·기술 문제에 관한 양국 정부 간 자문위원회 활동도 중단됐다. 이에 따라 양국 관계는 무역액이 1990년 22억 달러에서 1995년 8,300만 달러로 감소하는 등 쇠퇴기를 겪었다.[16]

당시 중국과 러시아는 이웃 국가의 핵무기 개발을 대비하지 않았다. 북한 지도부는 외부의 지원을 받지 못하는 가운데 역내 미군 주둔이 확대되는 상황에서 핵무기만이 자국의 주권을 지킬 수 있는 유일하게 정당한 수단으로 간주하기 시작했다.

1994년 초 한반도는 첫 번째 핵 위기에 직면했다.[17] 다행히 당시 빌 클린턴 미국 행정부의 균형 잡힌 대북 접근 방식 덕분에 오랜 협상 끝에 북한을 다시 협상 테이블로 끌어낼 수 있었다. 1994년 10월 21일 제네바에서 미국과 북한 간의 기본합의서가 체결됐다. 이 문서에 따라 북한은 실제로 핵 개발을 중단했고 당시 가동 중이던 영변의 유일한 실험용 흑연 감속 원자로를 포함해 5개의 핵 시설을 동결했다. 미국 전문가들에 따르면 북한은 무기급 플루토늄을 생산할 수 있는 50MW와 200MW 용량의 발전소 2기 건설도 중단했다.[18]

또한, 북한은 IAEA와의 안전조치 협정에 따른 의무 이행을 재개했다. 그 대가로 미국은 북한에 경수로 2기를 건설하고 경수로가 가동될 때까지 북한에 연료유를 공급하는 대규모 지원을 제공하기로 약속했다. 이 계약을 이행하기 위해 미국, 유럽연합(EU), 일본, 한국으로 구성된 한반도에너지개발기구(KEDO)가 설립됐다. 그러나 이 모든 계획은 공화당 소속의 강경파인 조지 W. 부시 주니어가 미국에서 집권한 후 축소됐다. 그러자 2002년 북한은 핵무기용 우라늄 농축 프로그램을 확인한 후 NPT 최종 탈퇴를 선언했다.[19]

북한 상황은 소련을 승계한 러시아의 지원 중단으로 더욱 악화했다. 1985년 정부 간 합의에 따르면, 소련 전문가들이 VVER-440 원자로 4기를 갖춘 원자력 발전소를 북한에 건설할 계획이었다. 그러나 1990년 소련이 북한을 더는 지원해 줄 수 없었기 때문에 핵에너지 분야에서 소-북 협력은 축소되고 말았다.

1986년 초 미하일 고르바초프가 제시한 사회·경제 개발 가속화

(페레스트로이카) 개념은 역효과를 낳았다. 1987년 초에 국가 생산성 저하가 확연하게 나타났고 1989년에는 국가 예산이 처음으로 적자 편성됐으며 1991년에 마침내 소련이 붕괴했다. 비교를 위해 살펴보자면, 1985년 소련 경제 성장률이 +2.3%였지만, 1991년에는 이 지표가 -11%로 떨어졌다. 소련 대외 부채는 250억 달러에서 1,039억 달러로 늘어났다.[20]

이 모든 문제에 인플레이션이 추가되어 1991년 말에는 주당 25%에 달했다. 러시아 경제학자 올레크 플라토노프의 추산에 따르면 페레스트로이카의 결과로 국가에 발생한 피해는 8천억 달러를 넘어섰다.[21] 따라서 당시에 북한을 포함한 다른 국가들을 돕는 일은 생각조차 할 수 없었다. 형성 단계의 신생 국가로서 제 코가 석 자였던 러시아는 서방 채권국들을 찾아가 도움을 구할 수밖에 없었다.

북한의 경제 상황은 1990년 11월 러시아와 상호 무역 결제에 관한 새로운 협정이 체결되어 경화 결제를 도입했다는 사실로 인해 어려워졌다. 따라서 재원이 부족한 북한은 함경남도 심포군에 있는 원자력 발전소, 동평양 화력발전소, 동해 원자력 발전소 건설 자금을 러시아에 지급할 수 없었다.[22] 승리 정유공장에 대한 러시아산 원유 공급도 중단됐다.[23] 무역 사절단에서 전환된 평양 주재 러시아 무역 참사관 사무소가 이들 프로젝트의 이행 재개를 위한 기본 사항을 준비하는 데 관여했다. 하지만 2006년 폐쇄 후에는 북한 주재 러시아 대사관을 통해 이 문제가 직접 논의됐다.

이전에 북한과 소련은 기업과 은행 기관 간에 상품과 서비스에 대해 현금 없이 구상무역 방식의 결제를 시행했다. 이런 식으로 소련의 지원을 통해 북한에서는 여러 경제 부문에 걸쳐 70개 이상의 중요 경제 시설이 건설되거나 재건됐다.[24]

예를 들면, 1950~60년대 소련의 지원으로 북한에는 자동차 배터리(연간 120만 대), 초소형 전기 모터(연간 100만 대), 에나멜 처리된 드라이브(연간 550t)를 생산하는 공장이 건설됐다. 지원금은 수풍 수력발전소(1단계), 성진 제강소, 청진 제철소, 남포 비철금속 공장, 흥남 질소비료 공장(암모니아 10만t 비료 연간 40만t)을 개보수하거나 재건하는 데 사용됐고, 풍운 염산 공장, 마동 시멘트 공장(시멘트 연간 40만t), 청내리 시멘트 공장 내 슬레이트 플랜트, 연간 300대 규모의 사리원 트랙터 수리 작업장, 길주 합판 공장, 평양 가구 공장, 두만강 철도 견인 전력 변전소, 두만강 철교가 건설되거나 재건됐다. 이 밖에 평양 방직공장, 비단 방적·직조 공장, 염색·표백 공장, 신포 생선 통조림 공장, 평양 육류 공장, 라디오 센터, 병상 600개 규모의 평양시 병원 등이 있다.[25]

북한은 1960~70년대 장기 차관을 조건으로 북창 알루미늄 공장, 연간 100만t의 철강을 생산할 수 있는 김책 제철소 산소 변환 공장, 북창·청진·평양 화력발전소, 200만t의 원유를 처리하는 운기 정유공장, 연흥 탄광, 중파 라디오 방송국, 디젤 기관차 수리 공장, 에나멜 와이어 공장, 베어링 공장, 평양에서 소련 국경까지 무선 중계 통신선, 하루 화차 3,500칸을 분류하는 평양 자동화 철도역 등이 건설됐다.[26] 이들

기업 대부분은 북한에서 지금도 여전히 운영되고 있다.

게다가 북한의 대소 누적 부채는 약 110억 달러에 달해 러시아-북한의 무역·경제 관계 발전에 걸림돌로 작용했다. 북한은 오랫동안 이 부채의 전액 탕감을 주장해 왔는데, 양측은 2012년에야 부채 문제를 해결할 수 있었다. 러시아는 부채의 90%를 탕감하고 나머지 부채 10%를 북한 은행에 개설된 러시아연방 대외경제개발은행(VEB) 계좌로 이체하는 데 동의했다.[27] 당시 이 잔액은 인도주의·에너지 분야의 러시아-북한 공동 프로젝트와 러시아의 북한 경제 직접 투자 재원으로 사용될 예정이었다.[28] 그러나 곧 이어진 대북 제재로 인해 애초 계획은 실현되지 못했다.

러시아와 북한의 전통적인 경제 협력 분야 중 하나는 다양한 산업 분야에서 러시아 기업들에 북한 노동자를 유치하는 것이었다. 러시아 극동 지역에서 북한인들의 노동 이주 역사는 1945년 북한이 소련군에 의해 일본 지배로부터 해방된 후 시작됐다. 북한 노동자들은 하바롭스크주, 사할린주, 마가단주 북부 오지로 보내져 농업과 어업, 벌목 등에서 계절성 이주 노동에 종사했다.[29]

1945년에 북한인 고용 근로자[30]와 그 가족들의 입국은 특별 허가를 통해 간소화됐다. I.V. 베지크의 인용 자료에 따르면, 1946~49년 사할린주에는 노동자 20,891명과 그 가족 5,174명을 포함해 총 26,065명의 북한 주민이 도착했다. 1940년대 후반에는 북한 주둔 소련군 사령부와 1948년 건국 선언 이후에는 북한 정부와 협력하여 극동 지역

한인 유치에 관한 최초의 부서 간 협정이 체결됐으며, 1950년대 초까지 양국은 상호 호혜 협력 경험을 어느 정도 쌓았다. 예를 들어, 1951년 초에는 1년 반에서 3년간 계약으로 입국한 북한 주민 12,500명이 사할린의 어류 가공 분야에서 일했다.[31]

천연자원 개발과 공동 이용 협력은 소련-북한의 경제 관계에서 우선적인 형태 중 하나였다. 1957년 7월 30일에는 북한 국가 경제를 위한 소련 내 벌목에 관한 협정이 체결됐다. 이 협정에 따라 북한은 1957년부터 1962년까지 하바롭스크 지역 목재 산업에서 150만㎥의 침엽수를 무상으로 벌채할 기회를 얻었다.

소련은 작업을 수행하고 목재를 국경까지 운반하는 데 필요한 기술 지원을 제공하기로 약속했다. 1960년 12월 24일에는 이 협정을 1972년까지 연장하는 의정서가 체결됐다. 이에 따라 벌목량은 경목[32]을 포함하여 연간 50만㎥로 늘어났다.

그러나 1964년 북한이 먼저 벌목 사업을 중단했다.[33] 그런 다음 1966년 5월 블라디보스토크에서 열린 레오니트 브레즈네프 소련 공산당 서기장과 김일성 북한 주석 간의 비공식 회담 이후, 같은 해 6월 20일 소련과 북한 정부 간에 산업 및 기타 시설, 특히 벌목 시설 건설·확장에 관한 경제·기술 협력 협정이 체결됐다.[34] 벌목 작업은 1967년 3월 2일 합의에 따라 재개됐다.

이 협력의 구체적 측면은 1967년 4월 29일 의정서에 의해 확정됐다. 극동 지역 하바롭스크주와 아무르주에서는 북한의 벌목장이 설립되어 목재의 부분적 가공을 공유 방식으로 수행했다. 이렇게 생산된 목재는 소련과 북한 국가 경제의 필요에 따라 일정 비율로 공급됐다. 북한 노동력의 참여 비중은 매우 커져서 예를 들어 1967년 이후 매년 1만 5천 명이 하바롭스크주의 베르흐네부레인스크 지역으로 벌목 작업을 하러 왔다.

1975년과 1977년에 이어 1985년에 소련 극동 지역의 벌목 지역 확대에 관한 협정이 여러 건 체결됐다. 소련은 벌목용 산림 지역을 할당하고 장비를 제공할 의무를 맡았고, 북한은 노동력을 제공할 의무를 졌다.[35] 인구 밀도가 낮은 극동 지역의 노동력 부족 상황에서 이런 형태의 협력은 소련에 경제적으로 이익이었다.

1984년 5월 김정일의 소련 방문 당시 양국은 소련 내 북한 노동자 수를 2~3만 명으로 늘리기로 합의했다. 또한, 양측은 이들의 임금을 북한 원화에서 소련 루블로 전환하기로 하면서 북한은 실업률을 어느 정도 낮추고 외화를 확보하여 소련에서 필요한 물품을 구매하는 데 사용할 수 있었다.[36]

1990년대 초부터 북한 당국은 이전처럼 러시아 중개회사에 노동력을 제공하는 대신 더 많은 이익을 내기 위해 러시아에 자체 건설 회사를 설립했다. 북한 내각은 해외 건설국이라는 특별 부서를 구성하여 현지 기업의 활동을 관리하고 노동 할당량을 배분하는 등의 기능을 수행했다.

1997년 1월 24일에는 러시아의 이주 정책 변경과 관련하여 러시아연방과 북한 정부 간에 양국 국민의 비자 기반 상호 여행에 관한 협정이 체결됐다.[37] 이에 따라 북한 노동자의 러시아연방 입국 조건이 더욱 복잡해졌다. 러시아 현지 당국은 북한인을 초청하는 모든 기업에 완전 고용과 근무 종료 후 적시 출국에 대한 추가 보증을 제공하도록 의무화했다.[38] 상황이 이렇게 달라졌지만, 러시아 생산시설에서 유리한 노동 조건과 안정적인 수입을 얻을 수 있다는 점은 북한에 여전히 매우 중요한 요소였다.

2017년까지 노동력 유치 분야에서 러-북 관계는 2007년 8월 31일 자 정부 간 협정인 자국 내 상대국 시민의 임시 노동 활동에 관한 합의에 따라 규정됐다.[39] 2011년 3월부터는 상기 협정 이행과 관련된 문제를 해결하기 위해 러-북 공동 실무 그룹 회의가 정기적으로 열렸다. 이런 조치는 국외 외화벌이가 큰 도움이 되는 북한 노동자들에게 중요한 의미가 있었다. 러시아는 북한에서 자격을 갖춘 전문가를 유치하는 데 관심이 있었고 지금도 여전히 관심이 있다(자세한 내용은 아래 참조).

21세기 시작 전 소련 붕괴, 바르샤바조약기구(WTO) 해산과 관련된 세계적인 변화로 인해 북한의 대외정책에서도 변화가 요구됐다. 어려운 국내 상황과 WTO 회원국의 지원 철회에도 불구하고 북한은 새로운 상호작용 메커니즘을 만드는 경로를 선택했다.

이와 함께 미국과 한국이 정기적으로 시행하는 합동 군사 훈련 속에 군사적 위협이 고조되고 미국이 북한 정권의 물리적 파괴와 한국 주도의 한반도 통일 필요성을 공공연하게 입에 올리자, 북한은 선군(군대 우선) 이념으로 무장한 채 포괄적 군사화 노선으로 맞섰다.

제2장

러시아-북한의 협력 활성화 단계 (2000~2001년)

소련 붕괴 이후 1990년대 관계 정체를 겪은 러시아와 북한은 2000년과 2001년에 양국 정상이 상호 방문하고 공동 선언문에 서명하면서 협력이 강화됐다. 현재 양국 관계의 기본 문서는 1961년 조약을 대체하는 2000년 2월 9일 자 우호·선린·상호원조 조약[1]과 블라디미르 푸틴 러시아 대통령이 북한을 방문했을 때 체결한 평양(2000년)과 모스크바(2001년) 공동선언이다. 이 문서들은 푸틴 대통령이 북한을 방문하고 김정일 북한 국방위원장이 러시아를 방문했을 때 서명됐다.

우호·선린·상호원조 조약[2]은 러시아에만 아니라 북한에도 정치적으로 매우 중요하다. 이 문서는 상호 관계의 법적 원칙을 명시하고, 유엔 헌장과 보편적으로 인정되는 국제법 규범을 기반으로 하며, 군사적 요소를 포함하지 않고, 제3국을 겨냥하지 않으며, 동북아시아 평화와 안보·협력 증진을 목표로 한다. 이 조약은 평화, 자주, 민족 통합, 즉 남북한이 합의한 원칙에 기초하여 러시아의 한반도 통일 지지 약속을 확고히 하고 있다.[3]

신규 조약에는 1961년 조약의 제1조 조항이 포함되지 않았다는 점에 유의해야 한다. "조약 체결 쌍방 중 어느 일방이 국가 또는 국가 연합으로부터 무력 공격을 받아 전쟁 상태에 처하게 되는 경우, 다른 일방은 즉시 모든 수단을 동원하여 군사 및 기타 원조를 제공한다."[4] 그러나 이 조항 대신 "쌍방 중 어느 일방에 대한 침략 위험이 발생하거나 평화와 안전을 위협하는 상황이 발생하고 협의와 협력이 필요한 경우 쌍방은 즉시 서로 접촉한다"라는 새로운 조항이 포함됐다.[5]

이때부터 북한 지도부는 대외정책 전환을 고려하기 시작했다. 2000년 푸틴 대통령의 북한 방문과 2001년과 2002년 김정일 위원장의 러시아 방문은 긍정적인 추세를 공고히 하는 데 이바지했다. 이 방문 결과로 채택된 평양과 모스크바 선언은 여전히 북한에서 양국 지도자가 설정한 양국 관계 발전의 주요 벡터로 인식되고 있다.[6]

이들 문서는 주로 무역, 경제, 인도주의 등 상호 교류 영역을 확대하는 기반이 되었고, 최고위급 정치 접촉을 발전시키는 데 이바지했다. 2011년 8월에는 울란우데에서 드미트리 메드베데프 러시아 대통령과 김정일 북한 국방위원회 위원장 간의 회담이 열렸다. 2019년 4월 25일(블라디보스토크)과 9월 13일(보스토치니 우주기지) 블라디미르 푸틴과 김정은의 러-북 정상회담에서는 양국 간 조약 의무가 확인됐다.

2000년은 러시아와 북한 관계에 여러모로 획기적인 전환점이 된 해였다. 2000년 3월 29일 김영남 북한 최고인민회의 상임위원장은 푸틴 대통령에게 러시아연방 대통령 선출 축하 전문을 보냈다. 이 전문은

"오랜 역사를 지닌 조선과 러시아연방의 전통적인 우호·협력 관계가 우호·선린·상호원조 조약에 기초하여 새로운 발전을 이룩할 것"이라는 자신감을 표명했다. "러시아의 책임 있는 사업과 평화, 안정, 번영의 성공"을 소망한다는 뜻도 담겨 있었다.[7]

2000년 푸틴 대통령의 방북 전날 러시아 안보위원회는 대외정책 개념을 논의했다.[8] 개념 변화의 본질은 주로 러시아 시민과 외국 거주 동포의 권리와 이익을 보호하는 데 목적이 있었다. 새 문서는 세계 평화와 안정을 유지하는 데 중점을 뒀다. 이 개념은 러시아가 독립적이고 건설적인 대외정책을 추구하고 자국의 이익을 확고하게 수호한다고 분명하게 명시하고 있다.[9] 새로 바뀐 대외정책 개념은 다가오는 정상회담에서 논의할 양자 문제의 범위를 크게 확장하는 데 이바지했다.

2000년 푸틴이 러시아연방 대통령으로 선출된 후 모스크바와 평양 사이에 새로운 화해 단계가 마련됐으며, 그 발전 양상은 현재 우리가 목격하고 있다. 이전에 알려지지 않은 러시아 외무부 대외정책문서고 기록을 보면 러시아의 새 지도자에 대해 북한 당국이 "양국 간 협력 심화를 희망한다"라고 피력했음을 확인할 수 있다. 우선순위는 "전임 대통령인 보리스 옐친 시대에 있었던 것처럼 서방 이익의 강요가 아니라 경제 공동 프로젝트여야 했다."[10]

2000년 6월 21일 조선로동당 중앙위원회 국제부 지재룡 부장은 푸틴 대통령의 방북을 앞두고 "조선-러시아 양국 관계는 오랜 전통을 가지고 있으며 최근에는 양국 국민의 이익에 부합하는 새로운 발전이 이뤄지고 있다"라고 밝혔다.[11] 이 과정에서 푸틴 대통령의 평양 방문이 의심할 여지 없이 중요한 역할을 할 것으로 예상됐다.

2000년 7월 19~20일 푸틴의 평양 방문과 공동선언[12] 서명은 양국 관계를 새로운 차원으로 끌어올리는 계기가 됐다. 여기서는 대외정책 문제가 중심이 되었다. 북한 당국은 경제적 접촉을 확대하고자 하는 열망도 드러냈다. 같은 해 10월 5일 김정일 북한 국방위원장을 대신해 북한 대사가 푸틴 대통령의 생일을 맞아 축전을 전달했다. 푸틴 대통령의 생일을 맞아 박의춘 모스크바 주재 북한 대사는 "북한은 다양한 분야에서 러시아와의 관계 발전을 매우 중요하게 생각하고 있으며, 최고위급을 포함한 모든 수준에서 양자 접촉을 지속하는 데 관심이 있다"라고 강조했다.[13]

이와 동시에 북한은 모스크바와 서울 간 관계의 모든 측면에 대해 반대하는 태도를 버리지 않았다. 2000년 3월 모스크바에서 47개국이 참가한 가운데 열린 전문가 국제 실무회의에서 미사일 및 미사일 기술 비확산을 위한 글로벌 통제 시스템(GCS)[14] 구축 프로젝트가 논의된 후, 미국의 국가미사일방어체제(NMD) 구축 계획의 맥락에서 안보 문제에 대한 교류가 강화됐고, NPT 뉴욕 회의 직전에 입장 조율을 위해 북한은 다가오는 러-한 행사에 대한 우려를 표명했다.[15]

당시 북한 외교관들은 미국의 미사일 방어 조약 재협상 시도가 처음에는 북한의 가상 위협을 가장한 러시아와 중국을 겨냥한 것이라고 보고 반대했다. 이와 관련하여 북한은 러시아와 북한이 미국의 "반동적 책략"에 대응하기 위해 함께 행동할 것을 제안했다.[16] 워싱턴이 언급된 곳에는 서울도 포함되어 있었다. 북한은 러시아가 앞으로 남한 정권과 군사 관계를 심화하지 않기를 원했다. 북한은 한국과의 모든 교류를 자국에 대한 적대감 표출로 간주했다.

한편, 북한 언론은 러시아 연방회의(상원)의 전략무기감축조약(START-2) 비준과 관련한 푸틴 대통령의 성명을 보도했다. 국제 안정을 위한 START-2 조약 비준의 중요성이 자세히 다뤄졌다. 북한 언론은 "북한은 조약 비준을 면밀히 주시하고 있다"라고 언급했다. "러시아 상원이 이처럼 중요한 결정을 채택한 것은 러시아연방의 새 지도부가 평화와 안전을 보장하기 위한 노력을 강화하겠다는 분명한 증거이다. START-2의 비준은 미국의 NMD 수립 시도를 가로막는 것이었다. 북한은 핵무기 감축을 위한 러시아의 노력을 환영하고 지지했다. 이 문제에서 북한의 입장은 러시아와 비슷했다. 북한은 이 문제에 대해 러시아와 협력할 의사를 표명했다."[17]

북한은 1972년 미사일 방어 조약의 개정을 막기 위한 러시아 대통령의 활동을 면밀히 관찰했으며, 미국이 제3국의 '위협'을 NMD 구축 구실로 삼는 것이 부당하다는 푸틴 대통령의 발언을 높이 평가했다. 북한은 또한 러시아가 미사일 문제로 북한에 압력을 가하지 않으리라는 이고리 이바노프 러시아 외무부 장관의 발언에 깊은 인상을 받았다. 북한의 미사일은 미국이나 다른 국가를 겨냥한 것이 아니라는 점이 강조됐기 때문이다. 미국은 주로 러시아와 중국을 겨냥한 미사일 방어 시스템을 구축하기 위해 '미사일 문제'를 이용하려는 것처럼 보였다.[18]

2000년 9월 유엔 플랫폼의 상호 관계 문제에서 북한은 2000년 7월 19일 공동선언에 기록된 군축 문제에 대해 북-러 간 합의된 입장과 주요 조항이 일치하기 때문에 러시아가 유엔 총회 회의에서 도입을 제안한 미사일 방어 조약을 지지하는 새로운 결의안 초안에 찬성했다.

이와 동시에 북한은 자국이 미사일 프로그램을 포기하는 대가로 다른 국가들의 로켓 장비를 사용하여 북한 위성을 발사할 준비가 되어 있다고 선언하여 미사일 위협을 줄이고 역내 긴장을 완화할 기회를 제공했다.[19] 이 제안은 김정일과 푸틴의 회담에서 나온 것이다. 러시아 외교에서 이 사건은 성공의 신호이자 북한 미사일·핵 프로그램 개발에 대한 북한의 입장에 영향을 미칠 수 있는 지표였다. 그러나 이 제안은 미국과 한국 측에 의해 무시됐고, 한-미 양국의 관심은 그들에게 더 시급한 문제에 쏠렸다.

2000년 하반기에는 북한 언론에서 러시아에 대한 긍정적인 보도가 급증했는데, 그중에서도 북한 중앙 신문이 푸틴 대통령의 기고문 '러시아: 새로운 동방 전망'[20]을 전문 게재한 것이 특별한 관심을 불러일으켰다. 이는 러시아의 대내외 정책에 대한 북한 지도부의 지지와 모스크바와의 관계를 더욱 발전시키고자 하는 북한의 열망을 보여주는 증거였다.[21]

북한 측은 남한과 화해를 시도하면서 모스크바의 지원을 구했다. 특히 그들은 연방 수립을 통한 민주적 기반의 자주적 평화 통일을 고려했고, 그런 통일의 초기 단계에 대한 남한의 제안을 수용하려 했다. 북한의 이런 입장은 남한의 모든 정치 세력이 수용할 만한 것이었고 전 국민 층의 열망에 부응할 만한 것이었다.

하지만 러시아 측은 통일 과정이 신속히 진행되지 않을 수도 있음을 고려하여 일단 대화 용의가 있음을 지속해서 보여주고 이 방향에서 조치를 취할 것을 권고했다.[22] 분명히 북한은 남한에 대한 그들의 추가 조치에서 알 수 있듯이 러시아의 이런 조언에 귀를 기울였다.

2000년 남북 정상회담 결과에 대한 북한 외교관들의 평가는 다음과 같았다. 즉, 남북 정상회담은 반세기 분단 역사에서 역사적인 사건이었다. 김정일 위원장과 김대중 대통령의 만남은 남북의 불신과 대립을 해소하고 민족 대단결을 실현함으로써 조국 통일로 나아가는 길을 열었다. 북한의 관련 기관들은 즉시 남북 공동선언을 이행하기 시작했다.[23] 그러나 남북 경제 체제의 현격한 차이와 협력을 위한 신뢰할 수 있는 법적 틀의 부재는 남북 화해의 제약 요인으로 작용했다. 또한 2년 후 한국에서 차기 대통령이 교체될 예정이라는 점도 불확실성 요소로 작용했다.[24]

2000년 6월 12~14일 열린 남북 정상회담에 대해 북한 언론은 "두 나라 수뇌부들의 만남은 김대중 대통령의 요청에 대한 조선민주주의인민공화국 지도자의 통 큰 조치"라고 보도했다. 김정일 위원장이 남한 지도자와 만나기로 합의한 것은 김일성 주석의 대의인 조국 통일을 이어가겠다는 의지의 실현이었다. 이 만남은 1994년 김일성의 생전에 이뤄졌어야 했지만, 그의 갑작스러운 사망으로 인해 성사되지 못했다.

앞서 언급한 일방적인 해석은 러시아 외교관들에게 다음과 같이 설명됐다. "남북한 정상 간 만남의 주요 목표 중 하나는 1972년 남북 공동성명에 명시된 세 가지 원칙(민족 대단결에 기초한 자주적, 평화적 통일)에 기초하여 조국 통일의 대의를 진전시키는 것이었다. 그러나 남한과의 화해라는 북한 지도부의 대외정책 노선은 장애물에 직면했다."[25] 북한의 입장에서 보면 남한의 보수 세력은 남북 화해 프로세스를 늦추려고 했다. 당시 주요 논쟁점은 2000년 6월 15일 평양에서 남북 정상이 서명한 '자주통일 공동선언'이었다.[26]

푸틴 대통령으로 대표되는 러시아 지도부도 외부 세력의 간섭 없는 한반도 통일에 지지를 표명했다. 그런데도 남한이 미국과 합동 군사 훈련을 계속해서 시행하고 남한 대표(적십자사 총재)가 흡수통일에 대해 발언한 것[27] 등은 당연히 북한 주민들에게서 지극히 부정적인 반응을 불러일으킬 수밖에 없었다.

남북 대화를 지원하기 위한 국제적 노력에 대해 러시아는 남북 양측이 한반도 화해를 촉진하기 위한 국제 조직을 만들 필요성에 동의한다면 참여하겠다는 의사를 밝혔다. 구체적으로 여기에는 남북 접촉을 촉진하는 역할을 하는 6자 메커니즘이 포함될 수 있다. 러시아 측은 물론 남북한 양국이 동의한다는 전제하에 유엔을 참여시키는 등 이런 메커니즘의 형식을 확대하는 데 반대하지 않았다.[28] 그러나 이 제안은 당시의 일반적인 상황에서 한국 측의 호응을 얻지 못했다.

북한 지도부는 남한 영토에서 미군 철수와 북-미 간 평화 조약 체결에 대한 논의에서 우선순위를 바꾸기를 거부했다. 그러나 동시에 북한은 6자회담에 직접 참여하는 조건으로 이 문제를 6자회담 의제에 포함할 것을 제안했다.[29] 러시아의 관점에서 볼 때 한반도 영토에 군대가 있으므로 남북한 어느 한 측만 군대 철수 문제를 제기할 수 있었다. 러시아는 이전과 마찬가지로 한반도 내정 불간섭 입장을 바탕으로 한반도 정세 정상화를 위한 남북한의 선택지를 지지할 준비가 되어 있음을 표명했다.[30]

2000년 8월 5~12일 열린 김정일과 한국 신문 편집장들의 만남에서 심국룡 당시 북한 미사일 사령부 본부장은 "북한 미사일 프로그램 논의의 우스꽝스러운 성격"에 대한 남한 기자들의 질문을 피했다.[31] 그는 "한국 언론의 이런 정보는 서울의 많은 사람이 북한과 러시아 간의 화해에 만족하지 못하고 있으며, 이를 막기 위해 한국이 노골적인 거짓말과 사실 왜곡에 의지할 수 있다는 점을 고려해야 한다"라고 강조했다.[32]

2000년과 2001년 양국 정상의 상호 방문 이후 러-북 관계 상황은 극적으로 변화했다. 양형섭 북한 최고인민회의 상임위원회 부위원장은 푸틴 대통령의 평양 방문 결과를 높이 평가했다. 그는 양국 정상 간

회담이 "조-로 관계에서 새로운 시대의 시작을 알렸다"라고 언급했다. 또한 그는 북-러 의회 간 접촉 강화에 찬성하며, 조선로동당 창건 55주년 기념행사가 끝난 후 북한 측이 러시아 지도부의 초청을 받은 김영남 조선인민회의 간부회의 상임위원장과 최태복 조선인민회의 상임위원장의 러시아 방문 관련 문제를 더욱 실질적으로 해결할 수 있으리라는 점을 분명히 했다.[33]

러-북 외교 교류 강도는 당국 간 관계 구축에 이바지했다. 따라서 2000년 8월 15일 조선 해방 55주년을 맞아 평양 주재 러시아 대사관에서 열린 리셉션에서 김양곤 조선로동당 중앙위원회 국제부장은 당시 러시아에서 정치적 비중을 높여가고 있던 통합당과 조선로동당 간의 직접 교류 확립 가능성 문제를 적극적으로 제기했다. 통합당은 1999년부터 2001년까지 존재했으며 이후 통합러시아당으로 재편됐다.[34]

러시아 대표들은 특히 2001년 8월 14일 박의춘 대사가 이고리 이바노프 외무부 장관과의 대화에서 김정일 조선로동당 국무위원장의 친서를 푸틴 대통령에게 전달하며 "조선 해방 56주년 기념일은 조선민주주의인민공화국의 역사를 기념하는 날"이라면서 역사적 기억에 대한 북한의 관심이 높아지고 있음을 언급했다. 이바노프 대사는 "해방 기념일은 북한과 러시아 국민의 공동 명절로, 전우애의 끈으로 묶여 있다"라고 말했다.[35]

러시아 지도부는 북한 내 소련군 전사자 묘지와 추모비 보존에 대한 관심을 높이 평가했다. 이와 관련하여 김정일에게 감사의 뜻을 표했으며, 2020년 5월 그의 아들 김정은은 북한 영토에서 사망해 매장된 소련 시민들을 영원히 기억하는 데 크게 이바지한 공로로 '1941~45년 대조국전쟁 승리 75년' 훈장을 받았다.[36]

북한 측이 북한 주재 러시아 신임 대사 안드레이 카를로프(2001~06)에게 보인 남다른 관심은 북한이 러시아와의 관계에 얼마나 큰 중요성을 부여했는지를 말해준다. 2001년 12월 김정일 국방위원장은 러시아 대사와 대사관 외교사절을 영접했다. 러시아 대사와 북한 지도자 간의 대화는 5시간 동안 지속되어 양국 관계의 높은 수준을 나타냈다.[37] 동시에 모스크바 주재 북한 대사 박의춘은 알렉산드르 로슈코프 차관과의 회담에서 양국 관계 발전에서 북한이 기존 틀에 국한하지 않고 더 확장할 준비가 되어 있다고 강조했다.[38]

제3장

2000년 조약 체결 이후 북한 대외정책과 경제 상황

2000년대 북한의 대외정책은 대미 관계에 우선순위를 뒀다. 대미 협상 재개에 심각한 장애물은 미국이 1994년 기본 합의의 모든 조건을 이행하고도 경수로 건설 의무를 고의로 이행하지 않아 발생한 경제적 피해에 대한 보상을 제공해야 한다는 북한의 입장이었다. 4자회담에 관해 말하자면, 북한은 한반도 평화와 안보를 위한 지속적인 여건 조성을 주요 목표로 삼았다. 북한은 그런 여건이 주한미군 철수와 북-미 평화협정 체결을 통해 달성될 수 있다고 생각했다.[1] 그러나 북한의 관점에서 볼 때 이미 암운이 낀 북-미 관계는 전망이 어두웠다. 게다가 미국은 인권과 종교의 자유 침해에 대해 근거 없는 비난을 퍼부었고, 북한은 테러를 비난하는데도 불구하고 테러 지원국 명단에서 삭제되지 않았다.[2]

그런데도 외무성 대변인의 미사일 발사 유예 유지에 관한 성명 발표와 관련하여 북한 측은 미국이 북한에 대해 긍정적인 접근 방식을 보였다고 언급했다. 그 후 미국은 북한에 대한 경제 제재를 부분적으로 해제하고 인도적 지원을 발표했다. 북한이 대미 협상 기간에 모라토리엄을 준수하겠다고 거듭해서 언급한 가운데 북한 고위 대표단의 미국 방문 계획이 논의됐다.[3]

당시 북한은 대미 관계 발전에 더 많은 관심을 기울였다. 동시에 북한은 대미 외교 관계 수립이 국제무대에서 북한의 활동을 제약하는 모든 문제를 해결하는 데 도움이 되리라고 생각했다. 북-미 관계의 긍정적 발전은 평양에서 열린 남북 정상회담 이후 남북 관계와 교류가 성공적으로 발전한 데 힘입은 바가 컸다. 하지만 김대중 대통령은 평양과 워싱턴 사이의 대화가 너무 빠르게 발전하는 데 대해 "약간의 우려"를 표명했다.[4]

전문가 중에는 조명록 조평통 제1부위원장의 워싱턴 방문에 앞서 비밀 협상과 합의가 있었으리라고 추측한 사람이 많았다. 그가 빌 클린턴 대통령의 영접을 받았다는 사실 자체가 가까운 장래에 양국 관계의 새로운 돌파구를 약속했다. 외국 분석가들은 미국이 북한을 테러 지원국 명단에서 삭제하면 북한은 1970년 이후 자국에서 정의의 도피 생활을 하던 일본 적군 전사들을 일본 당국에 넘기고,[5] '상당한 보상'을 받는 대가로 미사일 개발, 생산, 수출을 유예하는 데 동의할 수 있으리라고 믿었다.

이런 가운데 2000년 10월 23일 극비리에 진행된 매들린 올브라이트 미국 국무부 장관의 평양 방문에 국제사회의 이목이 쏠렸다. 당시 평양에서 근무한 러시아 외교관들의 전언에 따르면, 올브라이트의 방북

기간에 북한 당국은 그녀와 그 동료들이 평양 주재 외교단을 접촉하는 걸 막기 위해 가능한 모든 조치를 동원했다고 한다. 따라서 미국 국무부 장관이 마련한 리셉션에는 미국의 요구에 의해서만 스웨덴의 킬란 데르사르(스웨덴은 미국의 이익을 대변한다)와 여러 국제기구(유엔개발계획(UNDP), 세계식량계획(WFP), 유엔아동기금(UNICEF)) 사무소장이 초대됐다.

양측은 북한 미사일 프로그램, 테러리즘, 인권, 북-미 관계 등 미국이 우려하는 거의 모든 주요 현안에 대해 논의했다. 그러나 논의의 중심 주제는 미사일 문제였다. 북한 측은 미국 국무부 장관의 방북이 이 문제 해결과 직접적으로 관련 있다고 솔직하게 말했다. 올브라이트는 북한이 장거리 미사일 개발을 중단하는 대가로 169개국의 발사체를 통해 북한의 위성을 발사하는 구상('푸틴 공식')을 원칙적으로 지지했다. 게다가 미국은 이 프로젝트에 러시아의 참여를 진지하게 고려했다.

김정일과 다른 고위 인사들은 북한이 미사일 수출로 연간 최대 10억 달러를 벌어들이고 있으며, 이는 취약한 북한 경제에 큰 도움이 되고 있다고 말했다. 회의에 참석한 북한 외교관들에 따르면 올브라이트는 이런 문제에 공감했다고 한다.

한반도 안보 문제를 다룰 때는 1950~53년 한국전쟁에 선을 긋고 1953년 7월 27일의 정전협정을 새로운 문서로 대체할 필요성에 대해 논의했는데, 미국 측은 북한과 미국, 한국 3자가 새 협정을 체결해야 한다고 주장했다. 한반도 남쪽에 미군이 주둔하는 문제는 클린턴이 평양을 방문했을 때 논의하는 게 좋겠다고 생각했다. 테러리즘 문제는 일반적인 측면에서 다뤄졌다. 북한 측은 "북한은 테러리즘에 절대적으로 반대한다"라는 잘 알려진 입장을 밝혔다. 그러나 일본 '적군' 문제는 제기되지 않았다.

미국 외교관들에 따르면 미국은 국무부 장관의 방북 결과에 만족했다고 한다. 올브라이트가 대북 관계 개선을 위한 길을 열었다고 말할 수 있다. 어쨌든 회의 목격자들에 따르면 올브라이트는 김정일과 다른 북한 지도자들, 특히 군 지도부 대표들과 접촉하는 동안 긍정적인 인상을 남겼다.[6] 그러나 이런 낙관적인 계획은 실현될 운명이 아니었다.

올브라이트가 평양을 떠난 직후 시작된 한-미 연합훈련은 북한의 분노를 불러일으킬 수밖에 없었다. 이런 행동은 한반도 상황을 개선하려는 노력에 역행하는 것이었다. 이에 대한 모든 책임은 남북 대화 촉진과 북-미 관계 개선에 관심이 없는 보수적인 미국 세력에게 있다. 북한 측은 상황을 매우 심각하게 받아들이며 러시아가 상황을 무시하지 말 것을 촉구했다. 당시 북한 외교관들은 대미 관계 정상화를 향한 과정이 계속되기를 바라지만 한반도에서 군사 활동이 정치적 대화의 발전을 방해하지 않는 것이 중요하다고 언급했다.[7]

내부 소식통에 따르면 중국 당국은 북-미 관계 강화에 대해 우려하고 있었다고 한다. 올브라이트 장관이 북한을 방문하기 하루 전, 국방부 부장이 이끄는 중국 대표단 일행이 북한에 도착했다. 이 방문은 중국이 여전히 북한의 신뢰할 수 있는 동맹국임을 미국에 보여주기 위한 것이었다. 중국은 북한이 대미 관계에 대해 말하지 않고 '이중 게임'을

하고 있다고 생각했다.

북-중 관계는 2000년 5월 김정일의 중국 방문 이후 더욱 역동적으로 발전했다. 2000년 8월 22~28일 예쉬안핑 중국 전국인민정치협상회의 전국위원회 부주석이 이끄는 중국 대표단이 북한을 방문해 김영남 북한 최고인민회의 상임위원회 위원장의 영접을 받고 북한 지도부와도 만났다.

중국 관측통들에 따르면, 북한의 대외정책 활동이 현저하게 강화됐지만, 국내 정치의 진전은 동반되지 않았다고 한다. 북한 사회는 여전히 외부의 영향에 굳게 닫혀 있었다. 이와 관련하여 중국은 김정일이 한국 언론인 대표단과의 대화에서 다가오는 제7차 조선로동당 중앙위원회 대회(마지막 대회는 1980년에 개최됨)에 대해 알렸다는 한국 언론 보도에 주목했다. 중국 측에 따르면, 당 대회 준비는 "조선민주주의인민공화국 이념과 정책의 일부 기본 원칙을 조정하고 갱신해야 할 긴급한 필요성"으로 인해 발생했을 수 있다고 한다.[8]

중국은 특히 북-미 회담에서 미군 주둔 문제가 논의된 것에 대해 우려했다. 이와 관련하여 중국은 미군이 자국 국경에 근접하지는 않을까 우려를 표명했다. 중국은 북한에 대한 영향력을 유지하기 위해 최선을 다했다. 1950~53년 한국전쟁에서 중국군 참전 50주년 기념행사를 베이징에서 개최한 것과 기념행사 참석자들의 수준이 고위급이었다는 점(중국 공산당 중앙위원회 총서기 겸 중화인민공화국 주석 장쩌민이 대사관 리셉션에 참석함)은 "우리는 북한을 포기하지 않겠다"[9]라는 중국의 의도를 강조하기 위한 것이었다. 인민해방군 총참모장이 평양을 정기적으로 방문해 "북한 및 조선로동당 지도자들과 비밀 회담"을 가진 것도 마찬가지였다.

중국은 남북 대화 조성에 건설적인 역할을 했지만, 당시 중국이 겉으로는 무심한 듯했으나 실제로는 매우 적극적이었던 태도는 중국이 한반도 통일에 관심이 없었음을 보여줬다. 강력한 경제적 경쟁자를 옆에 가까이 두지 않으려는 것이 주된 이유였다.

반면에 북한은 러시아와의 관계가 더욱 긴밀해지고 신뢰가 쌓이면서 유럽 국가들과의 관계 정상화를 모색했다. 이를 위해 백남순 북한 외무상은 독일과 이탈리아를 방문했고, 유럽 7개국 외무부에 외교관계 수립을 제안하는 공식 서한을 보냈다.[10] 따라서 북한은 대외정책 전략의 독립성을 보여주면서 자국이 동등한 조건으로 대화해야 하는 파트너임을 밝혀주고자 했다.

유럽연합(EU)과의 관계 및 접촉 발전은 북한의 대외정책에서 우선순위가 높았다. 한국 측은 영국, 독일, 네덜란드 지도부가 북한과의 대화 개시 협상을 시작하기로 한 결정을 환영했다. 당시 런던, 베를린, 암스테르담이 취한 조치는 한반도 평화와 안정을 위한 것으로 보였다. 동시에 북한은 건설적인 관여를 꺼리는 프랑스의 입장을 유감스럽게 여겼다. 북한 외교관들은 프랑스가 관계 개선을 꺼리는 것이 한반도에 조성되고 있는 긍정적인 흐름에 맞지 않는다고 지적하면서 "결국 프랑스가 올바른 선택을 할 수밖에 없을 것"이라고 내다봤다.[11]

2000년 4월 19일 백남순은 이탈리아와의 국교 수립에 이어 독일 외무부의 볼머 국무부장을 만난 자리에서 베를린에 완전한 외교 관계 회복을 제안했다. 그러나 당시 독일은 북한과의 관계 수준을 높일 의사가 없다는 답변이 돌아왔다. 백남순은 독일 정부에 북한에 대한 대규모 인도적 지원을 요청했지만, 그와 같은 지원이 비정부기구 채널을 통해 정기적으로 제공되고 있다는 말을 들었다.(1999년에는 1,500만 마르크 규모) 백남순은 북한의 인권 준수 문제를 둘러싸고 나온 독일 외무부 국무부장의 비판에 대해 북한의 인권은 북한 헌법으로 보장되고 있으며 위반이 발견되지 않았다고 답했다.

독일 외교관들은 남북 정상회담이 크게 성공하리라고 예측하지 않았다. 그들의 관점에서 볼 때 독일 모델[12]에 따라 한반도 통일 문제를 해결하는 것은 이미 불가능했다. 남북통일 대가를 남한이 감당할 수 없으리라는 이유에서였다.[13] 독일 전문가들은 베를린에서 김대중 대통령이 '햇볕 정책'에 기반한 느리고 단계적인 통일 방안을 설명했다고 지적했다. 이 계획은 신뢰 구축, 점진적 경제 협력, 이산가족 문제 해결, 정치, 경제, 과학, 문화 분야의 교류를 요구했다. 현대, 대우, 삼성과 같은 한국의 대기업들이 이런 계획의 이행을 위해 재정적 지원을 제공할 것으로 예상됐다.[14] 그러나 이 계획은 남북 관계의 극복할 수 없는 모순으로 인해 실현될 운명이 아니었다.

2000년에는 군사 분야에서 북한-유고슬라비아 관계 활성화가 돋보였다. 2000년 7월 유고슬라비아[15]와 북한은 군사 대표단을 교환했다. 양국 경제 관계의 변화가 윤곽을 드러냈고 합작 투자 설립 가능성이 고려됐다. 양국 관계에서 중요한 사건은 2000년 9월 말 백남순 북한 외무상이 베오그라드를 공식 방문한 일이었다.[16]

북한과 헝가리의 관계가 좋지 않았음에도 불구하고 북한 당국은 베이징 주재 헝가리 대사를 평양 주재 대사로 인정하기로 합의한 것을 '양국 관계 개선을 반영하는 정치적 제스처'로 간주했다. 경제 분야에서도 협력 추세가 있었다. 1999년 양국 간 무역액은 50만 달러 미만이었으나, 2000년 첫 8개월 동안에는 130만 달러로 증가했다.[17]

인도는 전통적으로 북한과 우호적인 관계를 유지해 왔으며, 양국 간 연간 무역 총액은 약 100만 달러에 달한다. 인도는 미사일 분야에서 평양과 이슬라마바드 사이에 적극적인 협력이 있다고 의심했다.[18]

인도 당국이 파키스탄으로 미사일 생산 장비를 운반하는 북한 선박을 체포한 것을 보면 그런 의심의 근거가 있었다. 선원과 선박은 석방됐지만, 미사일 화물은 인도에 남아 있었다. 북한은 화물 반환을 요구했지만, 인도의 사법 체계는 행정부로부터 완전히 독립되어 있어 북한의 요구를 법적으로 충족시키는 것은 불가능했다. 이와 동시에 인도 언론은 평양에서 남한 언론인들과 만난 김정일이 북한과 파키스탄 사이에 미사일 개발 협력이 있었다고 발언한 것을 널리 조명했다.[19] 이 모든 것이 인도를 자극했지만, 대사관 차원의 관계는 유지되었다.

베트남에서는 푸틴 대통령의 방북 결과와 러-북 공동선언 서명을 높이 평가했다. 당시 베트남 측은 푸틴의 방문이 아시아·태평양 지역의 안보 강화에 긍정적인 영향을 미칠 것이라고 언급했다. 동시에 베트남 전문가들은 러시아 국가원수의 사상 첫 공식 방북이 북한의 국제적 위상을 높이는 데 이바지했다고 믿었다. 도 티 호아 북한 주재 베트남 대사는 "공동선언이 러시아-북한의 우호·평화·협력 조약 체결보다 더 큰 의미가 있다"라면서 "이 선언은 러시아-북한 관계 발전의 새롭고 높은 차원을 나타냈다"라고 말했다.

도 티 호아는 2000년 8월 1일 당 창건 55주년을 맞아 북한 중앙 언론에 발표된 조선로동당 중앙위원회와 중앙군사위원회의 '호소문'에 대해 논평해 달라는 러시아 외교관들의 요청에 따라 이 문서가 기본적으로 연두 교서에 제시된 국가 발전의 주요 방향을 뒷받침해 준다고 언급했다. 당시 이 호소문이 등장한 것은 북한이 국제무대에서 이룬 성공에 발맞춰 북한 내부 상황을 개선해야 할 필요성 때문이었다.[20]

베트남-북한 대화에 관해 말하자면, 당시 양국 관계에는 큰 변화가 없었다. 한 베트남 외교관은 "북한은 여전히 대가 없이 더 많은 것을 얻으려 했다"라고 말했다.[21] (당시 북한 측은 1997년 북한에 판매한 13만t의 쌀값을 하노이 측에 지급하지 않았다). 하지만 김정일 국방위원장이나 김영남 상임위원장이 베트남을 공식 방문하면 베트남은 북한에 추가 식량 지원을 제공할 준비가 되어 있었다.[22] 러시아와의 관계 성공을 배경으로 평양은 다른 협력 분야를 적극적으로 찾고 있었으며 다른 국가에 한 약속에는 전혀 관심이 없었음이 분명하다.

북한은 카다피 통치기(1969~2011)에 리비아와의 관계 발전에 많은 관심을 기울였다. 당시 평양을 방문한 리비아 외무부 장관 A.R. 샬감과의 회담에서 북한 측은 경제 지원을 요청하는 동시에 정기적인 석유 공급 문제(당시 소문에 따르면 북한 무기와 맞교환한다는 설)도 제기했다. 북한에 합작 정유공장을 설립하는 방안도 논의됐다.

무엇보다도 북한은 페르시아만의 여러 국가(쿠웨이트, 오만, 바레인 등)와의 경제 관계를 강화하려고 노력했다. 북한은 전통적으로 시리아, 이집트와 우호적인 접촉을 계속해서 유지했으며, 전문가들에 따르면 군사적 이해관계가 있다고 한다.[23]

뉴질랜드는 북한과의 협력에 관심을 보였다. 뉴질랜드 외무부 북아시아 국장 토니 브라운이 이끄는 대표단의 방북은 2000년 7월 방콕에서 열린 양국 외무부 장관 회담에서 합의된 내용에 따라 이뤄졌다. 토니 브라운에 따르면 북한 외무성에서 나눈 대화는 뉴질랜드 사람들에게 쉽지 않았다고 한다. 북한은 포괄적 핵실험 금지 조약[24]을 포함한 다양한 국제 문제, 주로 군축 문제에 대해 경직된 태도를 보였다. 뉴질랜드 외교관의 관점에서 볼 때 북한의 대외정책은 '포위 심리'에 지배되고 있었다.

수많은 주장과는 달리 뉴질랜드 측은 북한이 개방으로 나아가고 있다는 징후를 전혀 보지 못했다. 또한, 북한 정부가 대외정책 접근 방식을 조정하려는 전략을 갖고 있다는 증거도 없었다. 북한 지도자의 우선순위에서는 주민보다는 정권의 생존이 계속 지배하고 있었다.[25]

그런데도 뉴질랜드 대표단은 자국 지도부에 아무런 조건 없이 북한과 외교 관계를 수립할 것을 권고했다. 토니 브라운은 북한과의 관계 수립 의지는 북한의 국제사회 참여 과정의 틀 안에서 이뤄진 한국의 요청에 따른 것이었다고 설명했다. 그에 따르면 뉴질랜드는 한국이 자국 상품의 다섯 번째로 큰 시장인 상황에서 북한과의 경제 관계는 사실상 존재하지 않았기 때문에 이 요청에 큰 관심을 기울였다고 한다. 실제로 뉴질랜드는 한반도 핵 문제에 관한 모든 우려를 제기할 권리를 유보하고자 했다. 뉴질랜드와 비슷한 시기에 캐나다는 2001년 북한과 외교 관계를 수립했다(2010년 단교).

뉴질랜드-북한의 외교 관계가 수립된 이후 이른바 '세컨드 트랙'을 따라 접촉이 계속됐다. 2001년 10월에는 북한 군축평화연구소 소장이 국제 세미나에 참석하기 위해 웰링턴을 방문했다. 뉴질랜드 외교관들은 북한의 아시아개발은행(ADB) 가입 전망을 묻는 말에, 이는 주로 미국·일본의 입장과 모든 ADB 회원국에 부과하는 요건(경제 투명성 등)의 충족 여부에 달려 있다고 답했다.[26]

북한과 이집트의 교류 틀 안에서는 평양에서 열린 차관급 회담에서 경제 문제가 논의되었고, 그 결과 이집트 측에서는 "그들은 여전히 옛날 방식으로 생각한다"라는 약간의 실망감을 느꼈다. 이집트인들은 북한이 원유 생산 및 전력 분야 협력에 관한 이집트 전문가들과의 구체적인 논의를 사실상 피했다는 사실에 매우 실망했다. 이집트 측은 북한이 1999년 양국 간에 체결한 합의(이중과세 방지, 투자 보호, 보건 및 미디어 분야 협력)를 이행할 준비가 되어 있지 않다고 결론지었다.[27]

북한은 소규모 정책을 고수하며 아세안 국가들과의 관계를 발전시키기 위해 노력해 왔다. 북한의 부채는 다른 여러 국가의 경우와 마찬가지로 이러한 협력에 심각한 장애물이었다. 특히 북한은 1999년 쌀 500t 제공 대금을 태국에 지급하지 못했다. 일부 소식통에 따르면 백남순은 쌀 100만t의 대북 공급에 관한 협상을 방콕에서 태국과 시도했지만 거절당했다.

2000~01년 북한과 일본 관계는 이전 기간보다 비교적 평온했지만, 북한은 여전히 북한인에 의한 일본인 납치에 대한 일본 측의 주장을 포함하여 여러 문제에 대해 강경한 입장을 고수했다. 이 사건은 1970년대와 1980년대 사이에 북한 정보기관에 의해 납치된 일본인 17명에 관한 것이다. 2002년 9월 고이즈미 일본 총리가 평양을 방문했을 때 김정일 위원장은 북한 정보기관에 의한 일본인 납치 사실을 인정하고 일본 측에 사과했다.[28] 같은 해 10월 납북자 중 5명이 귀국했지만, 북한 측은 나머지 납북자들에 대한 만족할 만한 정보를 제공하지 않았고 '유감스러운 문제'에 대한 협상 과정은 중단됐다. 일본 정부의 공식 입장에 따르면 납치 일본인 문제의 해결 없이는 북한과의 관계 정상화는 불가능하다.[29]

국내 정치에서 북한 지도부의 중대한 과제는 1990년대 '고난의 행군'의 충격에서 겨우 회복한 주민의 사회·경제적 상황을 개선하는 것이었지만, 북한의 경제 상황은 여전히 어려웠다. 북한 주재 베트남 대사관의 추정에 따르면 2001년 쌀 수확량은 전년보다 감소한 420만t

으로 예상됐다. 따라서 북한은 추가로 150만t의 쌀이 필요했다. 북한은 유엔 세계식량계획의 채널을 통해 이를 확보하고자 했다.[30]

북한은 일부 시장 메커니즘을 도입하려고 시도했지만, 이런 모든 조치는 '우리식 사회주의 건설'을 위한 과정의 틀 안에서 시행됐다. 당의 모든 문제는 김정일이 직접 결정했기 때문에 조선로동당 대회를 개최할 필요성이 특별히 없었다. 김정일은 간부들을 젊은 세대로 교체하는 노선을 계속할 것으로 예상됐다. 이런 맥락에서 새로운 중앙은행 총재와 북한 재무부 장관 임명이 고려됐다.[31]

2000년에 강화된 대외정책 덕분에 북한의 집중된 관심은 여러 분야에서 결실을 보였다. 2001년 11월 27일 유엔은 인도적 지원을 받아야 하는 18개 국가 목록에 북한을 포함했다. 유엔에 따르면 당시 북한의 식량 부족량은 곡물 145만t, 2억 5천만 달러에 달했다.[32]

2000년 북한과 한국 간 우선순위 경제 이니셔티브는 한반도 횡단 철도 재건 프로젝트였다.[33] 9월에는 남북한 정상이 서명한 공동선언에 기초하여 작업이 시작됐다. 정상회담 두 달 후 이미 양측은 다양한 분야에서 활발히 협력했으며, 제3차 경협위 회의가 준비되고 있었고 외무부, 국방부 및 기타 기관을 통해 협의가 진행됐다. 양측은 가능한 한 빨리 합의 사항을 이행하기 위해 최선을 다했다.[34]

북한 대표들에 따르면 남북 철도 운행 재개는 "쉽기도 하고 어렵기도 했다. 기술적 관점에서 볼 때 기존 두 노선의 운행 재개는 어렵지 않았다. 필요한 복구 작업은 몇 달 안에 완료될 수 있었다. 하지만 남한 측의 '불신'과 '적대감' 극복 같은 정치적 문제는 해결하기가 훨씬 더 어려웠다. 우선, 북한 주민들에 따르면,[35] 반북 편향성이 있는 남한의 '국가보안법'[36] 이 관계에 장애물을 만들었다고 한다.

북한의 철도 운송 상황은 점차 정상화됐다. 원산-금강산 구간을 포함하여 비교적 최근에 개통된 도로와 1995년 건설이 완료된 북측 철도는 정상적으로 작동하고 있었다. 본선은 전철화될 예정이었다. 자강도의 중심부와 주요 임업 지역을 연결하는 강계-랑림 구간의 조기 전철화에 모든 노력이 집중됐다.

철도 운송의 원활한 운영은 국가 경제의 기능뿐만 아니라 러시아를 포함한 북한의 대외경제 관계 발전에도 필요한 전제조건을 만들었다. 한국 측은 러시아 철도 관계자들과의 협력 강화와 우선순위 문제 해결에 관심이 있었다.[37] 2000년에 러시아를 방문한 김용삼 북한 철도상 장관은 러시아 교통부 철도연구소를 방문하여 기관차·화차 제작 분야의 최신 러시아 개발 현황을 둘러봤다.

2001년 8월 14일 러시아-북한 철도 협력에 관한 문서 서명식이 N.E. 악세넨코 장관과 김용삼 장관이 참석한 가운데 열렸다. 러시아 측은 한반도 남쪽에서 북한과 러시아 영토를 거쳐 서유럽까지 철도 회랑을 구성하는 프로젝트의 신속한 이행을 지지했다.[38] 한반도를 통과하는 경로를 건설하려는 상호 의지는 유라시아 운송 회랑의 '문을 열겠다'는 열망으로 가득했다.

무역, 경제, 과학·기술 협력에 관한 정부 간 위원회의 작업도 강화됐으며 그동안 북한 측에 협력 방향을 결정할 기회가 주어졌다. 동시에 재계 대표들은 항만 시설을 포함한 교통 인프라, 지질학 등의 분야에서 협력 확대를 희망했다. 당시 한 예로 러시아와 베트남의 공동 석유 탐사를 들 수 있는데, 러시아 지질학자들이 석유 매장량을 발견한 후 합작회사가 설립됐다.[39]

2000~11년 관계 정상화 이후 러-북 관계는 고르지 않게 발전했고 부침이 있었다. 가장 성공적인 무역·경제 협력은 2005년 양국 간 무역액이 2억 2,800만 달러를 기록했을 때였다. 그러나 이미 세계 금융 위기 상황에서 2009년 러-북 무역은 4,900만 달러로 감소했으며 무역의 90%가 러시아의 대북 수출(2005년 96%)이었다. 주요 수출 품목은 석유 제품(84%), 석탄, 기계, 장비 및 차량, 금속 제품, 제재목 등이었다. 러시아의 대북 수입은 어패류(63%), 건축 자재, 식품, 농산물이었다.[40]

김정일은 개인적으로 러시아와의 긴밀한 접촉에 관심이 많았는데, 이에 따라 러시아 문화가 평양에서 활발히 보급됐다. 김정일의 개인 초청으로 이고리 모이세예프 국립민속무용단, M.E. 퍄트니츠키 러시아 국립아카데미민속합창단, A.V. 알렉산드로프 러시아 육군 아카데미노래·댄스앙상블 등 러시아 대통령 직속급 주요 단체가 평양과 다른 주요 도시를 방문했다. 2006년에는 김정일의 명령에 따라 성삼위일체 정교회가 봉헌됐으며 지금도 일요일 예배가 열리고 있다.

2000년 이후에는 법학과 공학, 기술 전문 분야에 대한 특별 수요와 함께 모스크바국립국제관계대학교(MGIMO), 극동대학교와 극동기술대학교(2009년부터 블라디보스토크의 극동연방대학교) 등 러시아 대학에 북한 학생의 등록이 증가했다. 평양의 김일성종합대학교에서는 2020년 국경이 폐쇄될 때까지 매년 MGIMO, 외교아카데미, 고등경제대학교(모스크바), 극동연방대학교(블라디보스토크)에서 온 러시아 학생들이 한국어학과에서 공부했다. 학생 상호 교류는 러시아와 북한의 관련 부처가 '과학·기술 협력 및 문화 교류에 관한 계획'에 근거해 진행됐다.

한편, 북-미 관계 악화가 새로운 국면에 들어간 가운데 북한 정부는 2002년 말 핵 프로그램 재개를 발표해야 했고, 2003년 1월 10일에는 NPT와 IAEA와의 안전조치 협정에서 최종 탈퇴를 발표해야 했다. 이에 따라 한반도 핵 위기를 해결하기 위해 2003년 8월 미국, 북한, 중국, 한국, 러시아, 일본 대표가 참여한 6자회담이 시작됐다.[41] 그러나 2006년 북한이 첫 핵실험을 실행한 이후 북한의 핵 활동 강화로 인해 관계 발전은 점차 둔화하기 시작했다.[42] 국제사회는 즉각 대응에 나섰고, 1950~53년 한국전쟁 이후 최초로 유엔 안보리 결의안(S/RES/1695)이 만장일치로 채택되어 북한의 행동을 규탄했다.[43]

같은 해, 유엔 안보리 대북제재위원회가 설립되고 전문가 패널이 승인됐다(결의안 S/RES/1718). 6자회담이 총 6차례 열렸지만 2009년 4월에 결렬됐다. 대북 제재 압박이 계속되는 가운데 당사국들이 합의 사항들[44]에 도달하지 못하자, 북한은 회담의 지속이 무의미하다고 선언했다.

러시아는 유엔 안보리 상임이사국으로서 유엔 안보리 제재에 동참하여 현재까지 무조건으로 제재를 이행하고 있다. 러시아가 안보리에서 맡은 의무를 일방적으로 포기한다면 국제법 규범을 위반하고 강력하고 공정한 행위자로서의 권위를 잃게 될 것이다. 러시아가 유엔 안보리 대북 제재에 합류하면서 러-북 접촉의 역동성은 필연적으로 감소했고, 2016년부터 국제사회의 대북 제재가 강화되면서 아예 사라지기 시작했다.[45]

따라서 우리는 첫 번째 북한 핵실험 이전인 2000~06년에 북한의 개방성이 증가하고 국제 차원에서 적극적인 협력을 시작할 준비가 되어 있었다는 결론을 내릴 수 있다. 북한은 미국과 한국, 국제기구와의 접촉에서 러시아와 중국을 중개자로 참여시키려 했다. 1994년 김정일의 집권은 북한의 대외정책에 큰 변화를 가져왔다. 2000년 이후 북한 지도부는 서방과의 경제 접촉을 확대하려는 의지를 보여왔다. 동남아시아 국가들과 경제 접촉을 확대하고 자금과 인도주의적 지원의 유입을 확보하려고 했다.

2006년 이후 미사일 및 핵실험 이후 유엔 안보리의 대북 제재와 이후 미국과 한국이 취한 새로운 경제 제재 조치는 러시아를 포함한 외부 세계와의 교류에 제약 요인으로 작용했다. 따라서 북한은 2006년부터 2011년까지 국가 주권을 보호하기 위한 억지력으로서 국내 문제 해결과 핵·미사일 프로그램 개발에 집중했다.

제4장

미사일·핵실험 속 러시아-북한 관계 발전 역학

북한이 핵·미사일 보유권 경쟁에 뛰어들면서 모스크바는 정치적 접촉 수준을 낮출 수밖에 없었다. 2014~15년에 비해[1] 2016~17년 대표단 교환은 1994-95년 수준인 사상 최저치로 떨어졌다. 북한의 미사일 및 핵실험에 대응한 2017년 유엔 안보리 결의안 2371호, 2375호 채택과 신규 제재 부과 이후에 러시아와 북한의 실질 교류 기회는 급격히 감소했다.

1990년대 '고난의 행군'의 잔재 현상과 북한 당국의 적극적인 미사일·핵 능력 강화는 북한의 경제 지표와 사회 수준에 영향을 미쳤다. 북한의 1인당 국내총생산(GDP)은 2016년에 3.9% 증가했음에도 불구하고,[2] 전체 GDP의 4.5%인 1인당 1,300달러로 여전히 낮은 수준이며, 이는 대한민국 GDP의 4.5%에 해당한다.[3]

중국은 2019년 북한 대외무역의 95% 이상을 차지했다. 코로나19 팬데믹으로 인한 북한의 전면적 고립(경제적 접촉을 최소한으로 줄이고, 수입하려는 물품은 장기간 검역을 거쳐야 하며, 외국인 입국이 폐쇄됨)으로 인해

2020년 1월부터 9월까지 북한의 대중 무역은 5억 3,180만 달러로 감소했다. 한편, 북한의 대중 수출은 총 4억 3,385만 달러, 수입은 4억 8,733만 달러로 집계됐다. 2019년 같은 기간과 비교했을 때 양국 간 무역 감소율은 72.8%(수출 72.1%, 수입 72.9%)였다.

한국무역협회 통계에 따르면 2020년 10월 양국 간 교역액은 1,660,000달러로 같은 해 9월 대비 92%, 2019년 같은 기간 대비 99.4% 감소했다. 2020년 10월 북한은 중국에 100만 4천 달러 상당의 제품을 공급했고(2019년 10월 대비 91.7% 감소), 26만 6천 달러 상당의 제품만 수입했다(99.9% 감소).

2020년 1~10월 중국과 북한의 대외무역 수치를 요약하면 총 무역액은 5억 3,284만 달러(북한의 대중 수출 4억 5,526만 달러, 수입 4억 8,758만 달러)로 전년 동기 대비 76.3% 감소했다.

러시아도 북한의 무역 상대국이지만, 북한 무역액에서 러시아 및 기타 국가가 차지하는 비중은 중국과 비교할 때 수십 또는 수백 배 낮다. 2019년 말 기준 북한의 무역 총액에서 러시아가 차지하는 비중은 1.6%에 불과하지만, 중국은 '95% 이상'을 차지했다.

러시아연방 관세청에 따르면 러-북 무역액은 총 42,741,257달러였다. 2019년 러시아의 대북 수출액은 총 42,027,316달러로 전년 대비 10.77%(5,161,072달러) 감소했다. 주요 공급 품목은 식품·농업 원자재, 광물 제품, 화학 산업 제품, 기계, 장비 및 운송 차량이다. 2019년 대비 2020년 러시아의 대북 수출이 가장 많이 증가한 품목은 곡물, 설탕 및 설탕으로 만든 과자, 의약품, 동물성 또는 식물성 지방 및 유지류와 그 분해물, 완제품 식용 지방, 동물성 또는 식물성 왁스 등인 것으로 집계됐다.

2020년 러시아의 대북 수입액은 총 713,941달러로 2019년 대비 76.49%(2,322,559달러) 감소했다. 러시아의 대북 수입 구조에서 주요 공급 품목은 화학 산업 제품, 기계, 장비 및 차량, 금속과 금속 제품, 섬유, 신발, 식품·농업 원자재이다. 2019년 대비 2020년 러시아의 대북 수입이 가장 많이 증가한 품목은 다음과 같다. 플라스틱 및 그 제품, 석재, 석고, 시멘트, 석면, 운모 또는 이와 유사한 재료로 만든 제품, 가구, 침구, 램프 및 조명 장비, 조명 간판, 명판 등이다. 조립식 건축 구조물, 비누, 계면 활성제, 세제, 윤활제, 인공 및 마감 왁스, 세척 또는 연마 화합물, 양초, 몰딩 페이스트, 플라스틱, 치과용 왁스 및 석고 기반 화합물, 기타 화학 제품도 있다.[4]

컨설팅 회사인 '아시아 위험 연구 센터'의 평가에 따르면 북한의 대외무역 지표에서 나타난 이런 감소세는 사회주의 국가와의 관계 단절과 수년간 북한을 강타한 자연재해 결과로 인한 경제 위기가 있었던 1998년 이후에는 볼 수 없었던 것이다.[5]

북한의 대외경제 접촉을 박탈하려는 미국과 서방 국가들의 일관된 정책은 러-북 양국 관계 발전에 심각한 장애물이었다. 북한은 경제 분야에서 북-러 양국 협력을 강화하는 것이 항상 중요했다.[6] 그러나 러시아는 북한의 국제 핵 비확산 체제 위반을 용납할 수 없다는 노선을 계속 고수했고, 북한은 러시아가 유엔 안보리가 부과한 제재에 동참한 것을 비판하기 시작했다(앞에서 논의함).

2017년 한 해 동안 4개의 결의안(2356, 2371, 2375, 2397)에 찬성표를 던진 러시아의 입장은 북한 언론에서 미국이 운영하는 '안보리 꼭두각시 게임'으로 비쳤다. 북한 이데올로그들은 러시아 지도부가 "자신의 존엄성을 침해"하고 "백악관의 꼭두각시"에게 굽실거리며 "미국의 적대 정책"에 동참하고 있다고 비난했다. 한편으로는 북한의 미사일 및 핵실험과 다른 한편으로는 한-미 군사 훈련의 '이중 동결'을 의미하는 것으로서 러시아와 중국이 한반도 상황 해결을 위해 제안한 로드맵은 북한 언론에서 "무책임한 입장"으로 묘사됐다.[7]

이 기간에 북한 지도부의 의견에 따르면 러시아는 핵·미사일 프로그램을 개발하여 국가의 주권을 보존하려는 북한 측의 노력을 과소평가했다. 북한 당국은 2017년 7월 4일 화성-14형 탄도미사일 발사에 대한 러시아 국방부의 평가에 "당황"했으며, 이는 북한의 자존심에 큰 상처를 입혔다. 러시아 전문가들은 이를 중거리 미사일로 분류했다.[8] 이에 대해 조선중앙통신은 논평에서 러시아를 "소경이거나 소경 흉내를 내는 것"이라고 표현하며 대응을 늦추지 않았다.[9]

2017년 러시아 문제에 대한 북한 언론의 보도가 줄어든 것은 러시아가 유엔 안보리의 대북 제재에 동참한 데 따른 대응이었다. 한편으로 러시아 외무부는 제재 체제가 소진됐으며 새로운 제재가 북한의 목을 조르는 결과를 초래해서는 안 된다고 밝혔다. 2017년 8월

차기 제재 채택 과정에서 유엔 및 유엔 안보리의 러시아 상임 대표인 V.A. 네벤지야는 채택된 결의안이 대북 제재 압력 자원을 소진했으며 이제 대북 접근 방식에 정치적 전략이 필요하다고 말했다. "한반도 핵 문제 해결에 비효율성을 보여준 구식 알고리즘을 버리고 비표준적이고 창의적인 접근 방식을 통해 문제를 해결하려고 노력할 필요가 있다. 네벤지야는 고립과 압박이 대화와 협상으로 바뀌어야만 한다"라고 말했다.[10] 이는 러시아 외교가 제재에 기반한 한반도 핵 문제 해결 방식에서 벗어나야 한다는 의미였다.

그런데 러시아는 새로운 제재에 계속 찬성표를 던졌다. 이와 관련한 러시아의 입장을 북한 측이 이해하기란 쉽지 않았다. 하지만 러시아 측이 북한의 완전한 봉쇄와 최고 지도부에 대한 제재 부과를 막기 위해 북한의 이익을 옹호하고 있다는 것이 분명해지자 상황이 바뀌었다.[11]

이러한 맥락에서 유엔 안보리 비공개 회의에서 알렉산드르 마체고라 북한 주재 러시아 대사의 연설은 평양에 긍정적인 반향을 불러일으켰다. 마체고라는 제재의 결과로 의약품과 의료 장비를 포함한 필수 물품 공급이 감소한 북한의 인도적 상황 악화에 대해 국제사회가 주의를 기울일 것을 촉구했다.[12]

동시에 마체고라의 연설 이후 유엔 주재 북한 대표는 유엔 안보리 이사국 연설에서 처음으로 반미 위협 수사를 북한 경제에 대한 압박 정책을 중단하라는 요구로 바꿨다. 그는 전례 없이 가혹한 유엔 안보리 제재를 봉쇄에 비유하며 북한 사회를 "어두운 중세 시대로" 되돌리고

공화국 주민들의 "생존권과 발전권"을 완전히 박탈하고 "전체 문명의 문화를 파괴하려는" "비인간적이고 야만적인" 욕망을 지적했다.[13] 북한 경제를 강타한 제재는 이미 효과를 나타내고 있었고, 제재가 강화될수록 상황은 더욱 복잡해졌다.

대북 제재 체제에서 가장 민감한 문제는 새로운 노동 이주자 유치 금지였다. 앞서 언급했듯이 러시아는 북한의 핵실험에 대한 국제사회의 대응 필요성을 인식하고 2017년 유엔 안보리 제재 결의안을 지지했으며,[14] 이로 인해 주로 건설과 벌목 등 다양한 산업 분야에 걸쳐 러시아 기업들의 북한 노동자 유치가 중단됐다(이전에는 연간 최대 35,000명이 유치됨).

러시아 극동 지역(연해주, 하바롭스크, 캄차카, 사할린)의 경우 러시아 시장에서 북한 노동자의 철수는 눈에 띄는 손실이었다. 현지 기업들은 채용 협력에서 중국 및 중앙아시아 파트너보다 북한 파트너를 선호했는데, 이는 북한과의 유대관계, 경제적 수익성, 높은 업무 수행 능력, 근로자의 긍정적인 개인적 특성(규율, 조직력, 단정함) 등이 복합적으로 작용했기 때문으로 분석된다.

지난 10~15년 동안 양국 간 무역·경제 관계 정체에도 불구하고 러시아와 북한은 2017년 말까지 북한 노동력 유치와 같은 중요한 경제 관계 부문을 유지할 수 있었다. 이는 양국의 경제적 상호 이익과 1948년 소련-북한의 외교 관계 수립으로 거슬러 올라가는 이 분야의 협력을 보존하려는 열망에 힘입은 바가 컸다.

미국이 제안한 제5차 유엔 안보리 대북 결의안 초안(2016년 3월 2일 채택)에는 대부분 미사일 및 핵 활동과 무관한 "북한 경제에 대한 많은 압박 사항"이 포함되어 있다. 또한, 미국은 "인권 보호"를 가장하여 북한 파트너들과의 전통적인 관계를 위협하는 제재를 제안했다. 하지만 러시아는 북한과의 선린 경제 관계 유지를 목표로 삼았다. 이는 2016년 12월 29일 푸틴 대통령이 서명한 '2016년 3월 2일 유엔 안보리 결의안 2270호 이행 조치에 관한' 대통령령 제729호에 의해 입증되고 있다. 이에 따르면 러시아의 대북 조치 목록에는 북한 노동 이주자에 대한 제한이 포함되지 않았다.

1990년대부터 2000년까지 러시아에 일하러 온 북한 주민의 수는 적었다. 그러나 2000년 이후 러시아와 북한의 우호·선린·상호원조 조약이 체결되고 러시아와 북한 공동선언이 서명되면서 이 지표가 매년 증가하기 시작했다([표 1] 참조).

2016~17년 러시아에서 일하는 외국인 수에서 북한은 독립국가연합(CIS)과 중국에 이어 터키보다 앞섰다. 2011년 북한은 제재로 인해 대러 노동자 송출을 줄이면서 그 결과 경제 상황이 급격히 악화했지만, 2012년에 러-북 관계가 이 분야에서 다시 회복됐다.

2012년 블라디보스토크 아시아·태평양경제협력체(APEC) 정상회의를 앞두고 7,000명 이상의 북한 주민이 대규모 건설에 투입되면서 양국 간 상호 협력에 대한 관심이 나타났다고 말할 수 있다.

[표 1] 러시아에서 유효한 취업 허가를 받은 북한 국적자 수
(천 명, 전체 외국인 근로자 수의 %)[15]

2000	2005	2006	2007	2008	2009	2010	2011	2012	2013	2014	2015*	2016**
8,7	20,1	27,7	32,6	34,9	37,7	36,5	19,3	23,4	27,2	30,7	30,4	32,6
4,1	2,9	2,7	1,9	1,4	1,7	2,2	1,9	2,0	2,4	2,9	16,7	-

러시아에서 유효한 취업 허가를 받은 북한 주민의 직업군별 분포는 대략 다음과 같다. 2014년 자료에 따르면 러시아연방에서 일하는 북한 주민 30,662명 중 대다수는 광산 작업장과 채굴자본 작업장, 해체 및 수리 건설 현장 근로자(22,279명), 자연과학과 공학 전문가(1,082명), 농업·임업·수렵업, 양식업 및 시장 지향 수산업의 숙련 근로자(1,062명)가 차지했다.[16]

이보다 적은 수는 중간 수준의 숙련도를 갖춘 전문가로 구성됐으며, 미숙련 근로자의 수는 미미하다(328명). 2014~15년에는 북한에서 고급 자격을 갖춘 전문가들의 수가 증가하는 경향이 보였다([표 2]).

[표 2] 러시아에서 유효한 취업 허가를 받은 북한 시민 고급 전문가 수[17]

2011	2012	2013	2014	2015	2016*
59	35	37	152	236	88

가장 크고 오래된 북한 기업 중 하나인 '해외건설총회사'는 블라디보스토크, 나홋카, 우수리스크(연해주), 케메로보, 크라스노다르, 크라스노캄스크, 크라스노야르스크, 튜멘에 대표 사무소를 두고 있고

총 1만여 명의 북한 출신 건설 노동자가 일하고 있다. 철산과 능라도는 극동 지역에서 10대 기업에 포함되어 있었다. 블라디보스토크 주재 북한 외교관들의 평가에 따르면 수산, 벌목 분야에서 양국 간 경제 관계는 서방의 제재에도 불구하고 활발히 발전하고 있으며 건설 분야 협력이 중요한 위치를 차지했다.[18]

새로운 제재는 북한이 2017년 9월 3일 수소폭탄 실험을 발표한 지 두 달 후, 미사일 실험을 한 지 한 달 후에 채택됐다. 그러나 미국 관리들은 북한의 이전 핵실험 직후인 3년 전부터 결의안 초안을 작성하기 시작하여 "미리" 준비했다.[19] 이는 결의안 초안이 미국 행정부에 의해 사전에 신중하게 작성됐으며 적절한 시기를 "물밑에서" 기다리고 있었음을 시사한다.

미국, 서방 국가 및 일본은 새롭고 강력한 제재를 채택해야 한다고 주장했다. 당시 유엔 주재 미국 대사였던 서맨사 파워는 어느 미국 방송과의 인터뷰에서 대북 제재 목적이 외부에서 북한으로 유입되는 자금 흐름을 차단하는 것이라고 말했다.[20] 이와 관련하여 미국은 결의안 초안을 작성할 때 노동력 유치 분야에서 러시아와 북한 파트너의 전통적인 관계에 위협이 되는 제재도 고려했다. 러시아 당국의 입장에 대해 논평하면서 서맨사 파워는 미국과 한국은 북한이 제재를 회피하지 못하도록 조치할 수 있는 능력이 있다고 말했다.[21]

북한에 대한 또 다른 '압박 포인트'는 2016년 12월 9일 유엔 총회에서 채택된 북한 인권 결의안이다. 이 결의안의 미국 발의자들은 수용소 내 고문과 성폭력, 공개 처형, 외화벌이를 위해 북한이 해외로 파견한 노동자들의 노예 상태에 이르기까지 매우 광범위한 '반인도적 범죄'를 북한과 그 지도자가 저지르고 있다고 비난했다.

중국과 러시아가 반대하고 북한 대표들이 항의하며 총회 회의장을 떠났음에도 불구하고 결의안이 표결 없이 채택됐다는 점을 고려할 필요가 있다. 김인룡 유엔 주재 북한 대표부 차석대사는 "거짓 증언에 근거한" 결의안은 "인권을 빙자해 북한을 파괴하려는 미국의 음모가 낳은 산물"이라고 말했다.[22]

주로 탈북자들로부터 받은 추측과 근거 없는 정보에 근거해 바람직하지 않은 체제를 가진 국가에 대한 비난을 조작하는 미국 등 서방 국가들의 이런 조치는 북한에 대한 외부 지원을 박탈하고 북한을 깡패 국가로 만들려는 목적이 있었을 뿐이다. 불행히도 최근 수십 년 동안 이런 전술이 적용된 국가들(이라크, 리비아)의 경험은 그런 계획이 어떻게 실현 가능하고 어떤 슬픈 결과를 가져오는지 보여줬다.

권위주의 수하르토 정권 아래서 인도네시아 법무부 장관을 지낸 마르주키 다루스만 유엔 북한 인권 특별보고관의 보고에 따르면, 북한 당국은 5만 명 이상의 북한 노동자를 주로 러시아와 중국, 쿠웨이트, 말레이시아, 폴란드, 카타르, 아랍에미리트(UAE) 등으로 파견해 일하도록 했다. 다루스만의 보고서에 따르면 북한 당국은 다음과 같은 점에서 자국 노동자들의 인권 탄압을 자행했다. 즉, "북한 정부가 자국 노동자들이 번 돈을 전액 빼앗아갔으며, 노동자들은 수혜국에서 적절한 생활 조건을 제공받지 못한 채 하루 최대 20시간 동안 굶주림과 고된 노동에 시달렸고" 이런 식으로 "북한 정권은 다른 나라에 노예 자원을 공급했다."[23]

일본 인권 운동가인 켄 카토(Ken Kato)에 따르면 "북한 노동자들은 수입의 100%를 국가 예산에 납부해야 했으며, 이는 북한의 주요 기념일을 기념하는 퍼레이드에 사용됐다."[24] 2014~15년 자료에 따르면, 북한 현지 기업에 납입해야 하는 월별 예정 금액은 전문 분야에 따라 500달러에서 1,000달러 사이였다. 건설 노동자의 경우 국가의 '부과금'은 700달러였다. 예를 들면, 목수의 월 최저 임금이 월 240달러 정도라는 점을 고려하면, 이런 상황에서 모든 북한 노동자는 추가 수당을 벌기 위해 초과 근무를 기꺼이 했다.[25] 북한 노동자들이 러시아에서 벌어들인 돈은 북한에 있는 가족들에게 큰 도움이 됐다. 특히 건설 분야 등 여러 분야에서 북한 전문 인력 수요가 항상 많았기 때문에 그들은 벌어들인 돈으로 국가에 납입해야 하는 비용을 충당할 수 있었다.

인권 단체와 그 대표자들이 내놓은 성명은 타당하다고 할 수 없으며, 러시아 내 북한 노동자들의 노예 상황에 대한 주제로 인터넷에 유포된 단계적 보고서는 비판을 전혀 받지 않는다. 이런 도발의 유일한 목적은 노동력 수출을 방해하고 이를 통해 북한 경제의 숨통을 완전히 끊어 놓는 것이었다.

여기에 북한 노동자를 고용하거나 북한과 금융 거래를 한 제3국

기업들에 대한 한국과 미국의 일방적인 제재가 더해졌다.

2017년 3월 22일 하원 외교위원회는 2016년 2월 미국 의회가 승인한 제재에 더해 핵과 미사일 프로그램의 주요 외화 수입원 중 하나인 해외 노동자 송출에 대한 새로운 제재 패키지를 도입했다.[26] 이처럼 일방적인 제재는 그 자체로도 북한 경제에 상당한 타격을 줄 수 있다.

알렉산드르 마체고라 북한 주재 러시아 대사는 새로 부과된 제재 상황에 대해 논평하면서 북한 미사일·핵실험 제재에 대한 러시아의 본격적 참여가 민간 분야에서의 러-북 협력에 영향을 미쳐서는 안 된다고 언급했다.[27] 따라서 러시아 측이 안보리 틀 밖에서 개별 국가가 일방적으로 채택한 대북 추가 제재를 고려하지 않은 것은 매우 논리적이다.

2017년에 러시아 노동부는 2018년 러시아 입국 희망 근로자 9,000명의 신청서를 거부했다. 유엔 안보리 결의안 2375호 17항은 다음과 같이 명시하고 있다. "위원회가 인도적 지원과 비핵화를 목적으로, 또는 1718호(2006), 1874호(2009), 2087호(2013), 2094호(2013), 2270호(2016), 2321호(2016), 2356호(2017), 2371호(2017) 결의안 또는 현재 결의안에 부합하는 목적으로 회원국 관할권 내 북한 국적자의 고용이 필요하다고 사전에 사례별로 규정하고 본 결의안 채택 이전에 서면 계약이 완료된 취업 허가에는 이 조항이 적용되지 않음을 결정하는 경우를 제외하고, 어떤 회원국도 자국 영토 입국과 관련하여 자국 관할권 내 북한 국적자에게 취업 허가를 부여해서는 안 된다."[28]

달리 말하면, 노동계약이 종료된 이후에는 신규 노동자를 수입할 수 없게 됐다. 그러나 2017년 9월 1일부터 취업 비자를 소지한 북한 국적자의 자국 입국을 금지한 중국 당국과 달리 러시아는 유엔 안보리 최신 결의 이전에 고용 계약이 완료된 북한인을 2019년까지 계속 받아들였다.

2023년 현재 모든 북한 노동 이주자는 러시아 영토를 떠났다. 일정 기간 러시아와 북한 기업가들이 현지 시장에서 사업할 때 자격을 갖춘 중개자 역할을 할 수 있는 러-북 공동 무역 하우스 설립이 고려됐다.[29] 북한 노동력 유치 문제와 관련된 논의가 계속되면서 2018년 4월 모스크바에서 임시 노동 활동에 관한 정부 간 협정 이행을 위한 실무 그룹 회의가 열렸다. 그보다 한 달 전 평양에서는 제8차 무역, 경제, 과학·기술 협력 정부 간 위원회 회의가 열렸고 유엔 안보리 제재하에서 무역 확대와 경제 협력 전반에 관한 구체적 사안이 논의됐다. 양측은 이를 위한 기회의 가용성과 이 틀 안에서 작업할 필요성을 확인했다.[30]

앞으로 노동력 유치 분야에서 러시아와 북한 사이의 더욱 긴밀하고 효과적인 협력이 극동 지역을 중심으로 지역 차원에서 전개돼야 할 것으로 보인다. 국경 지역의 저렴한 숙련 노동력에 대한 현지 기업들의 높은 관심을 고려할 때, 지역 당국이 대표부 수준의 대화 형태로 양국 간의 전통적인 관계를 유지하려는 것은 당연하다(2016년 4월 15일부터 북한 총영사관이 블라디보스토크에서 운영되고 있음).

이런 조치를 바탕으로 북한 당국은 러-북 관계가 1949년 3월 17

일 경제·문화 협력 관련 첫 협정 체결 이후 양국이 계승한 전통에 기반하고 있음을 강조하고 있다.[31] 북한 지도부는 이전과 마찬가지로 '북한의 천연자원 접근을 대가로 한 러시아의 투자·물자 공급'이라는 원칙에 따라 북한 내 러시아 프로젝트 이행에 깊은 주의를 기울이고 있다. 즉, 북한 당국은 러시아와의 상호 호혜 협력 관계를 저울질할 때 유엔 안보리 제재(미국의 일방적인 제재가 북한 경제에 가장 고통스럽다)에 초점을 맞추지 말고 반대로 협력 관계를 유지하기 위해 노력해야 한다고 생각한다.

그렇지만 북한의 외화 수입 통로를 완전히 차단하려는 서방의 분명한 노선을 고려할 때 미국과 서방 국가들은 여전히 북한의 완전한 경제 봉쇄를 목표로 하는 새로운 유엔 안보리 결의안을 제안하고 있다. 이런 상황은 북한에만 아니라 러시아에도 매우 바람직하지 않다. 서방 국가들의 제재 압력 강화와 관련된 북한의 사회·경제적 발전 문제는 인도주의적 접촉을 뒷전으로 밀어냈고 대표단 교류를 통한 러-북 관계를 제한해 왔다.

국제 제재에 동참한 러시아에 대한 북한 당국의 비판은 주로 감정적인 차원이었지 러시아와의 관계를 심각하게 저해하려는 의도는 거의 없었다. 위험한 군사 활동 방지에 관한 정부 간 합의[32] 이행을 검토하기 위한 군사 공동위원회 첫 번째 회의가 2017년 평양에서 열렸다. 김정은으로 대표되는 북한의 현 지도부는 안정적인 파트너인 러시아를 잃고 싶어 하지 않는다고 모든 사람이 입을 모아 말했다.

한편 북한 언론의 보도 내용을 보면,[33] 북한 주민들은 러시아와 그 지도부에 대해 여전히 긍정적인 태도를 보이고 있었다. 북한 중앙 언론은 블라디미르 푸틴 러시아 대통령과 세르게이 라브로프 외무부 장관의 성명을 인용했는데, 그 핵심은 무아마르 카다피와 사담 후세인의 비극적 운명에 대한 쓰라린 경험에서 교훈을 얻은 북한이 미국의 끊임없는 군사적 압력과 안보 보장 결여로 인해 국방력을 강화할 수밖에 없다는 것으로 요약된다.

한편, 2017년 북한은 중국과 공식 접촉을 거의 모두 단절했다. 유엔 안보리 결의로 금지된 미사일과 핵 활동을 중단하라는 '큰 형님'의 요청을 무시한 데 대한 항의 표시로 중국의 주도로 대표단 교류가 완전히 동결됐다. 당시 북한의 언론에서 중국 문제 관련 보도가 사라졌고(이는 조선중앙통신 웹사이트의 해당 보도 부분에서 확인된다) 중앙 텔레비전에서 중국 영화 상영이 취소됐다. 북-중 관계 역사상 처음으로 조선민주주의인민공화국 건국(9월 9일)과 조선로동당 창건(10월 10일)을 맞아 중국 지도부가 북한 지도부에 보낸 축전이 신문 지면에서 사라졌다.

또한, 2017년에는 대외정책 초점을 중국에서 러시아로 전환하고 우선 협력 분야에서 러시아의 역할을 강조하려는 북한 당국의 열망이 눈에 띄었다. 깊은 존경의 표시로 공식 인쇄 매체의 중앙 지면에는 북한의 조국 해방 기념일을 맞아 블라디미르 푸틴과 김정은이 주고받은 축전이 실렸다.[34]

러시아와의 선린·우호 관계에 대한 북한의 대외정책 기조는 김정은이 푸틴 대통령 당선을 개인적으로 축하하며 보낸 축전을 통해 확인됐으며, 2018년 3월 21일 로동신문 1면에 축전 전문이 실렸다.[35] 언뜻 보기에 이런 메시지 교환 관행은 의전적 성격이 짙지만, 외교적으로 매우 중요하며 양국 정상 간 관계의 신뢰성, 양국 문제에 근본적인 불일치와 마찰이 없음을 증명한다.[36]

러시아의 정책에 대한 긍정적 인식을 유지하기 위한 지원 방안으로 조선로동당은 자국의 정책 노선을 지지해줄 수 있는 이념적 동지로서 러시아연방 공산당과 긴밀한 관계를 유지하고 있다. 북한 중앙 언론은 2017년 11월 상트페테르부르크에서 열린 제19차 러시아연방 공산당 대회에 북한 대표단이 참가하는 등의 활발한 대표단 교류, 축전, 각종 행사를 대대적으로 보도했다.[37]

온갖 어려움에도 불구하고 문화와 교육 분야에서도 협력이 발전하고 있다. 러시아에 대한 무한한 관심은 러시아 센터(2009년 '루스키 미르' 재단이 평양외국어대학교에 설립) 활동을 통해 유지되고 있으며, 북한 중고생들을 대상으로 한 전국 러시아어 올림피아드도 열리고 있다.

러시아 정교회(앞서 언급한)를 통한 대표단 교류는 대외정책 급변과 관계없이 정기적으로 이뤄지고 있다. 이런 가운데 2018년 4월 11일부터 18일까지 평양에서 김일성 탄생 106주년 기념일인 '태양절'을 맞아 열린 제31회 국제친선축제 '4월의 봄'에 러시아 대표단이 참가한 일이 북한 언론에 대대적으로 보도됐다.

2009년 김정일 개인 초청으로 평양을 방문한 적 있는 M.E. 퍄트니츠키 러시아 국립아카데미민속합창단이 10년 만에 처음으로 국제친선축전에서 공연을 펼친 것도 주목할 만한 일이었다. 이 방문은 러-북 관계의 해빙을 배경으로 한 획기적인 사건이었다.

2018년 4월 11일 조선로동당 중앙위원회 정치국 위원이자 김정은의 측근으로 알려진 리용호 북한 외무상이 모스크바를 공식 방문한 것도 북한 사회가 러시아 정책을 긍정적으로 받아들이는 데 이바지했다. 세르게이 라브로프 러시아 외무부 장관은 회담 결과에 만족감을 표시하며 2018년 수교 70주년을 맞이한 러-북 간의 훌륭한 교류 수준에 주목했다.[38] 이런 점에서 코로나19 팬데믹(2020~22년)이 아니었다면 대표단 교류가 더욱 강화되고 수준도 높아졌을 것으로 보인다.

러시아가 유엔 안보리 결의안 채택에 참여한 것에 대해 북한 당국이 부정적인 반응을 보였음에도 불구하고 러시아 외교는 한반도 평화와 안정 유지를 항상 옹호하면서 무역, 인도주의, 문화, 과학·기술 관계를 가능한 한 보존하기 위해 노력해 왔다. 이런 발전 과정에서 중요한 단계는 2019년 4월 25일 블라디보스토크와 9월 13일 보스토치니 우주기지에서 열린 푸틴과 김정은의 회담으로, 양측은 2000~01년 합의를 확인·강화하고 새로운 협력 계획을 수립했다.

제2부

러시아-북한의 기본 협력 분야

(2011~23)

제1장

김정은 치하의 북한 정치

새로운 정보·기술 발전 시대인 오늘날에도 북한은 여전히 세계에서 가장 폐쇄적인 국가이다(미국 중앙정보국(CIA)이 인정한 것처럼 "모든 어려운 표적 중에서 가장 어려운 표적"이다). 유일한 차이점은 북한이 이제 주권 보호를 위해 핵무기 보유를 공식적으로 주장한다는 사실이다. 2012년 북한은 핵 지위에 관한 헌법을 개정했다.[1] 2022년 9월 8일 북한 최고인민회의 제14기 제7차 회의에서는 핵 무력에 관한 조선민주주의인민공화국 정책 법령이 채택됐다(자세한 내용은 아래 참조).[2] 2023년 9월 26~27일 열린 조선민주주의인민공화국 제14기 최고인민회의 제9차 회의에서는 조선의 생존권과 발전권을 보장하고 전쟁을 방지하며 지역과 세계무대에서 평화와 안정을 수호하기 위한 조선민주주의인민공화국 헌법 개정에 관한 법령(제58장 제4조)이 채택됐다.[3]

글로벌 파이어파워(GFP) 보고서에 따르면 북한은 군사력 면에서 145개국 중 34위(한국은 6위), 군사 예산은 45억 달러로 45위(한국은 421

억 달러로 10위)를 기록하고 있다.⁴ 2012년 아버지 김정일의 뒤를 이어 최고 지도자 자리에 오른 북한의 새 지도자 김정은은 러시아와의 전략적 파트너십을 위한 견고한 기반을 마련한 전임자들의 노선을 계승하겠다고 선언했다.⁵

김정은⁶은 1982년 1월 8일 평양에서 태어났다(다른 소식통에 따르면 1983년 1월 8일 또는 1984년 1월 8일). 이런 불일치는 현재 북한 지도자의 생년월일을 확인할 수 있는 공식 자료가 어디에도 없기 때문이다. 북한 고위 관리 자녀들은 비밀 유지를 목적으로 한 왜곡된 자료로 교육을 받는 관행이 있다. 그는 북한 지도자 김정일(1942~2011)의 세 아들 중 막내이자 북한 국가 창시자 김일성(1912~94)의 손자이다. 2009년 초 김정일 북한 국방위원회(2016년까지 북한 최고 통치기구) 위원장은 김정은을 자신의 후계자로 북한 지도부에 소개했다. 당시 김정은은 조선로동당 중앙위원회 조직지도부장에 임명됐고, 4월 초에 조선로동당 중앙위원회 조직지도부에 합류했다. 2010년 6월 한국 일간지 동아일보는 익명의 북한 소식통을 인용해 김정은이 국가보위부장이 됐다고 보도했다. 2010년 9월 김정은은 육군 장군 칭호를 받았고 2012년 7월 17일부터는 조선민주주의인민공화국 원수 칭호를 받았다.⁷

2010년 9월 28일 조선로동당 회의에서 김정은은 중앙위원회 위원으로 선출됐고 이때 당 중앙군사위원회 부위원장도 겸임했다. 2011년 12월 17일 김정일 사망 후 김정은은 "아버지의 업적을 계승한 위대한 후계자"로 선포됐다. 12월 30일 그는 조선로동당 중앙위원회 정치국 확대회의에서 조선인민군 최고사령관으로 임명됐다. 2012년 4월 11일에는 조선로동당 중앙위원회 고위직에 선출되어 중앙위원회 정치국 위원, 중앙위원회 정치국 상무위원, 중앙군사위원회 위원장, 중앙위원회 제1비서가 됐다(이 직책은 김정일이 김일성을 '영원한 주석'으로 추모했던 것처럼 그가 상징적 차원에서 '영원한 총비서'로 당의 수장에 남기 위해 특별히 신설된 것이다).[8]

2012년 4월 13일 최고인민회의(북한 의회) 회의에서 김정은은 조선로동당 중앙위원회 초대 위원장으로 선출됐다(이 직책은 그의 직속으로 만들어져 2016년까지 존속했다). 2014년 4월 9일 김정은은 조선로동당 중앙위원회 조직지도부 초대 의장으로 선출됐다. 2016년 5월에는 제7차 조선로동당 대회에서 당 위원장으로 선출됐다. 2016년 6월 29일 최고인민회의 회의에서 그는 폐지된 국방위원회[9]를 대신해 북한 최고 국가 권력 기관인 국무위원회 위원장에 임명됐다.

김정은의 이념적 견해와 동조는 1996~2001년 스위스 베른의 국제학교와 2002~06년 평양 김일성군사종합대학에서 공부하는 동안 형성됐다.[10] 2002년 김일성군사종합대학에 입학할 당시 김정은은 18세였고, 그해 1월 29일 조지 W. 부시 미국 대통령은 의회 연설에서 미국이 테러를 후원한다고 생각하는 국가를 가리켜 '악의 축'[11]이라는 용어를 사용했다. 미국은 이란, 이라크와 함께 북한을 이 범주의 국가에 포함했다. 당시 조지 부시 대통령은 북한 정부를 "대량살상무기를 보유한 정권"으로 묘사하며 "미국은 국민의 안전을 보장하는 데 필요한 모든 것을 다 할 것"이라고 말했다.

김정은은 아버지의 군사 중심 선군 정책 아래서 "위성 위치 확인 시스템에 의한 작전 지도의 정확도 향상을 위한 모델링"에 관한 연구 논문을 집필하여 심사에서 통과했다.[12] 놀랍게도 김정은이 김일성군사종합대학를 졸업하기 두 달 전인 2006년 10월 9일 북한은 첫 핵실험을 감행했다.

김정일의 후계자로서 김정은은 2009년 초 '젊은 지도자' 김정은이 유명해진 노래 가사가 공식적으로 승인되고 공개되면서 이미 널리 알려졌다. 당시에는 그가 영어, 독일어, 프랑스어를 구사하고 농구와 테니스 팬이며 승마를 좋아한다[13]는 것 외에 미래 국가 원수의 성격에 대해 알려진 바가 거의 없었다. 나중에 김정은의 초청으로 북한을 방문한 미국 프로농구 선수 데니스 로드맨에 따르면 김정은은 1980년대 디스코 음악을 좋아했으며 마이클 잭슨과 비지스의 음반을 들었던 것으로 알려졌다.[14]

북한 주민들은 2012년 김정은이 처음으로 텔레비전 연설에 나섰을 때 북한 지도자의 모습과 말을 보고 들을 수 있었다. 김정은의 연설은 예고되지 않았는데, 김정일이 공개 연설을 거의 하지 않았다는 점을 고려하면 이는 모두가 예상치 못한 일이었다. 당시 김정은은 "경제 개발 문제를 우선시하여 북한의 새로운 진로를 개척할 것"이라고 밝혔다. 이런 식으로 그는 북한 주민들에게 '고난의 행군' 시기가 과거의 일이며 다시는 "허리띠를 졸라매지 않아도 될 것"이라는 희망을 심어줬다.[15]

실제로 김정은은 자신의 약속에 따라 핵 무력 강화와 경제 발전을 병행하는 것(병진)으로 북한의 전략적 노선을 극적으로 변경했다. 북한은 1970년대 말과 1980년대 초 덩샤오핑[16]이 시작한 중국의 변화와 유사한 온건 경제 개혁을 시작했다. 특히 농업 협동조합을 부분적으로 여단 단위 계약으로 전환하여 농작물 수확량을 늘리고 식량 문제의 심각성을 줄였다.

국영 산업 기업에는 더 많은 자율성이 부여됐다. 이에 따라 북한은 2014~15년부터 '이중 가격제'를 운영해왔는데, 기업은 약간 낮은 가격을 받고 정해진 정부 가격으로 소비자에게 제품을 판매하고 잉여분은 시장 가격으로 판매할 수 있었다. 이때 발생한 수익은 급여, 장비·원자재 구매, 기타 생산비로 사용할 수 있었다.

이런 조치 덕분에 2017년부터 식량 문제가 부분적으로 해결됐다. 주식인 쌀 가격이 시장에서 안정화되어 2017년 9월에는 쌀 1kg 가격이 6,100원, 같은 해 5월에는 5,100원이었다. 2019년 5월에는 쌀 1kg 가격이 4,180원으로 내렸다.[17] 국영 매장의 식량 재고가 떨어짐에 따라 시장 가격이 하락했다.

시장에서 쌀 가격이 안정적인 하락세를 보인다는 것은 정부 가격의 식량 공급에 대한 수요가 없음을 의미했다. 과일과 다른 식료품도 같은 방식으로 공급됐다. 연료 문제는 중국에서 바이오 에탄올이 충분한 양으로 공급되면서 부분적으로 해결됐다.

외국 외교관들이 미국 뉴욕 맨해튼에 빗대어 '평해튼'이라고 부르는 건설 붐이 김정은 집권 이후 수도 평양과 그 외 지역에서 일어났다. 김정은 통치 10년 동안 북한판 디즈니랜드(2018)를 비롯한 수많은 놀이공원, 워터파크, 돌고래 수족관, 골프 클럽, 다양한 메뉴(피자, 파스타, 버거 등)의 레스토랑이 현대적인 기준에 맞춰 건설됐다.

미림승마구락부는 특별한 자부심을 대표한다. 이곳은 블라디미르 푸틴 대통령이 기증한 오를로프 트로터 품종 말을 포함해 120마리의 말을 보유하고 있다. 원산에서 20km 떨어진 마식령 스키 리조트에는 고급 호텔, 아이스링크, 수영장, 레스토랑 등이 있다. 다세대 주택 지역에는 현대식 기술이 적용된 주거 단지가 건설됐다. 그중 하나인 창정은 8개의 타워로 이뤄진 복합 단지로 일부 타워는 뉴욕이나 서울의 고층 빌딩과 비슷한 47층에 달한다. 북한 보고서에 따르면 현대 북한의 새 주택은 저소득층이 이용할 수 있으며 구매도 가능하다.[18]

목격자들에 따르면 김정은 집권 이후 휴대전화(김정일 시대에는 공무원만 사용 가능), 평면 TV, 일본과 한국산 가전제품이 일반화됐다고 한다. 이처럼 다양한 제품은 100개 이상의 전문 국영 상점에서 공개적으로 판매되고 있다.

김정은 치하에서 기술 현대화는 말 그대로 가장 먼 변방까지 도달했다. 중국과 맞대고 있는 국경 전체에 수많은 카메라가 설치됐는데, 서방 전문가들은 이런 사실을 한국행 탈북자 수가 2011년 2,706명에서 2018년 800명으로 급격히 감소한 원인으로 꼽았다.[19] 한편, 북한 외교관들은 인터뷰에서 이런 추세의 원인으로 북한의 경제 상황

개선을 꼽았다.

북한 정부는 대외경제 관계 발전에서 경제특구(SEZ)를 매우 중요하게 여기고 있다. 라선 무역 경제특구, 황계평-위화도 경제특구가 조성됐고 다른 여러 지방에도 경제 개발구(총 20개)가 설립됐다. 이런 조치는 경제 활성화, 경제 성장 재개, 민간 기업 수 증가 및 국가 생활 수준 향상으로 이어졌다.

군사 분야에서는 미사일·핵 프로그램의 집중 개발이 계속됐다 (2013~17년 북한은 핵실험을 네 번 실행했고 2012년과 2016년에는 지구 인공위성을 탑재한 운반 로켓을 발사했다).[20] 북한 핵실험으로 인해 한반도 정세는 악화했고 유엔과 미국, 한국은 전례 없이 혹독한 제재를 북한에 부과했다. 따라서 북한산 석탄, 철광석, 티타늄, 바나듐, 금, 기타 귀금속의 수입이 금지됐고, 철, 철강, 산업 장비, 중장비, 차량의 대북 판매가 금지됐으며, 무기와 연료의 금수, 금융 부문 제재 등이 강화됐다. 북한은 외부 세계와의 경제 교류를 사실상 중단했다.

한-미 연례 연합 군사 훈련과 제재에 반발한 김정은은 2013년 1월 개성공단 폐쇄를 결정했다. 2004년부터 운영된 개성공단은 53,000명의 북한 근로자를 고용하고 123개의 남한 기업이 생산 시설을 이용할 수 있도록 개방했으며, 북한 예산에 연간 1억 달러의 수익을 창출했다. 북한에서 큰 수익을 창출하기도 했던 관광 산업도 제재로 인해 큰 타격을 입었다. 평양은 엄격한 제재가 시행되기 전에는 미국과 유럽 관광객들에게 인기가 많았다.

북한은 김정은 통치 12년 동안 탄도미사일을 100회 이상 발사했는데,[21] 이는 김정일 통치 기간 전체보다 6배 많은 횟수이다(1994년부터 2011년까지 16회 발사). 북한은 스커드, 노동, 무수단, 잠수함 발사 탄도미사일을 시험 발사했다. 2021년 9월 28일과 2022년 1월 11일에는 극초음속 탄두를 탑재한 미사일을 시험했고, 2022년 3월 24일에는 새로운 유형의 대륙간탄도미사일(화성-17)을 발사했다. 전문가들에 따르면 이러한 발사는 북한이 미사일 시스템 능력을 크게 향상하는 데서 성공했음을 나타냈다.[22]

2016년 7월 미국 재무부는 김정은에게 '북한 내 인권 침해' 책임을 물어 제재를 일방적으로 부과했다.[23] 2018년까지 김정은은 외부 세계로부터 스스로 고립되어 조국을 떠나지 않았으며 외국인과의 접촉을 두 명으로 국한했다. 즉 2012년 평양에 초청된 일본 초밥 요리사 후지모토 겐지와 2013년 이후 네 번 평양을 방문한 미국 농구 선수인 그의 우상 데니스 로드맨으로 제한했다.[24] 김정은은 2018년 3월 25일 국가 원수로서 처음으로 중국을 방문하여 베이징에서 시진핑 중국 국가주석과 회담을 가진 후 두 차례 더 중국을 방문했다.

이어서 김정은은 대한민국 문재인 대통령과 정상회담을 했는데(2018년 4월, 5월, 9월), 양측은 한반도의 완전한 비핵화와 평화협정(1950~53년 한국전쟁 이후 공식적으로 체결되지 않은) 체결 의사를 표명했다. 또한, 그는 싱가포르(2018년 6월 12일), 하노이(2019년 2월 27~28일), 판문점(2019년 6월 30일)에서 도널드 트럼프 미국 대통령을 세 차례 만났다. 이와 함께 김정은은 2019년 4월 25일 블라디보스토크에서 블라디미르 푸틴 러시아 대통령을 만나 회담했다.

2021년 1월 5일부터 11일까지는 평양에서 제8차 조선로동당 대회가 열렸다. 주요 결과는 김정은 당 중앙위원회 위원장이 당 총비서에 선출된 것이다.[25] 당시 김정은은 국가 핵 무력 건설을 완료했다고 발표하면서 북한의 전반적인 지위와 국력이 "사상 최고 수준에 도달했다"라고 강조했다. 또한, 김정은은 야금·화학 산업이 향후 5년 동안 국가 경제 계획의 핵심 요소가 되어야 한다고 말했다.

당시 김정은은 투자 유치, 생산 정상화, 농업 부문 강화, 소비재 증산 등의 과제도 언급했다. 앞서 그는 당 대회에서 이전 5개년 계획에서 달성한 성과가 거의 모든 경제 분야에서 목표에 훨씬 못 미쳤다고 언급했다.[26] 이와 관련하여 북한 경제의 실상이 김정일 체제하에서는 한 번도 공개된 적이 없었다는 점이 주목할 만하다.

북한의 새 지도자는 실수에 대해 공개적으로 말하기 시작했으며, 그의 의견으로는 침묵을 지킬 필요가 없다고 생각했다. 그의 지도력 스타일은 나중에 전례 없는 제한 조치와 국경 폐쇄에도 불구하고 코로나19 바이러스가 북한 영토에 침투한 팬데믹 기간(2020~22년)에도 고스란히 드러났다. 2022년 5월 12일 김정은은 조선로동당 중앙위원회 제8기 제8차 정치국 긴급회의를 소집하고 국민의 생명과 건강에 대한 위협을 공개적으로 보고했다.[27]

동시에 서방 언론계에서는 2013년 고모부 장성택 총살 사건과 관련하여 김정은을 '학살자'라고 불렀다. 조선노동당 부위원장을 지낸 장성택은 2013년 12월 여러 범죄(부패, 반당 단체 결성, 최고사령관 명령 불복종 등)로 기소되어 모든 직위에서 해임되고 체포되어 사형을 선고받았다. 그의 자녀와 어린 손자를 포함한 장성택의 직계 가족 모두에게도 그와 똑같은 운명이 닥쳤다는 소문이 퍼졌다.[28] 유엔 보고서 진술에 따르면 북한 영토에 있는 6개의 강제 수용소에는 정치 범죄로 기소된 수감자 수가 12만 명이며 그중 36%는 범죄 공모로 유죄 판결을 받았다.[29] 그러나 이 자료는 탈북자들의 증언에 근거한 것이며, 다른 문서 증거나 근거 자료는 인용되지 않았다는 점에 유의할 필요가 있다.

공정하게 말하면, 김정은의 강력한 지도력 덕분에 북한은 전 세계 다른 국가들에 비해 최장 기간인 2년 3개월간 코로나19 바이러스 침투를 막아낼 수 있었다. 북한 당국은 국경을 완전히 폐쇄하고 모든 국가와의 항공·철도 연결을 중단했으며 국제 대면 접촉을 단절해야 했다.

북한은 2019년 12월 말 원인 불명의 폐렴이 발생했다는 보고를 받은 후 중국과의 국경을 폐쇄한다고 발표한 최초의 국가가 됐다(2020년 1월 22일). 북한 주재 여러 대사관 직원과 외국인들이 긴급히 대피했으며, 코로나19 바이러스 발생이 의심되자 북한 당국은 지역 전체를 폐쇄하고 주민들에게 집 안에 머물도록 요구했다. 2020년 여름 북한 지도부는 화물도 감염 위험이 있다고 판단하여 대외무역을 거의 중단했다(이런 상황은 국경 검역·소독 시설이 운영되기 시작한 2021년 봄부터 회복되기 시작했다).

북한 당국이 취한 방역 조치 덕분에 북한은 단기간에 스스로 위기를 극복할 수 있었다. 전문가들은 북한의 성공이 북한 정치 체제의 특수성과 함께 유교에 기반한 높은 수준의 규율과 집단주의를 특징으로 하는 북한 국민의 문화적, 문명적 특수성이 효과적으로 발휘된 덕분이라고 설명했다.[30] 이 밖에 북한 보건의료 체계는 전염병에 대처한 경험이 있다. 예를 들어, 2000년 중국 북동부 지역으로부터 구제역이 유입될 위험이 있었을 때,[31] 북한 방역 당국은 적절한 보호 조치를 취한 바 있다.

그러나 팬데믹은 북한 경제에 영향을 미칠 수밖에 없었다. 당시 취한 조치에도 불구하고, 한국은행(한국 중앙은행. 세계은행은 북한 자료가 없음)에 따르면, 팬데믹 이전인 2019년 북한 GDP는 32.9조 원(287억 달러)으로 전년 대비 0.4% 증가했지만, 2020년에는 자연재해, 팬데믹, 제재 영향으로 인해 이미 4.5% 감소한 31.4조 원(274억 달러)을 기록했다. 하지만 서울의 한국개발연구원에 따르면 2020년 북한의 국가 예산 수입은 2019년 대비 4.3% 증가했다(절대 수치는 제공되지 않음).

김정은은 12년 동안 북한 최고 지도자로 재임하는 동안 세계적 변화에 민감하고 까다로운 정치인의 중요한 자질을 보여줬다. 북한의 고립에도 불구하고 그는 전 세계에 자신이 개방적이고 한반도 상황 해결을 위해 협상할 준비가 되어 있음을 보여줄 수 있었다.

현재 김정은 북한 국무위원장의 외교 정책은 중국, 러시아와의 관계 개선에 초점을 맞추고 있다. 김정은이 한반도 핵 문제에 대해 중국과 얼마나 유연하게 대처할 수 있느냐에 따라 많은 것이 달라질 것이다. 현재 중국 지도부는 미국과의 관계가 긴장된 가운데 북한의 미사일 발사에 대해 반응을 자제하고 있지만, 대체로 국경 근처에서 이런 고위험 활동을 지지하지는 않고 있다.

김정은의 입장은 다소 어려운 경제 상황으로 인해 방해를 받기도 한다. 그는 북한 내부의 경제 발전에 많은 관심을 기울이고 있지만, 심각한 제재 상황에서 주민들을 위한 식량 공급과 같은 문제에 직면해 있다. 자녀가 있는 가족, 임산부와 같은 더 궁핍한 인구층에는 여전히 쌀 배급 카드시스템이 적용되고 있다.

이전과 마찬가지로 북한 지도부는 기본적인 식량을 공급하기 위해 중국과 러시아 등 외부의 지원에 의존하고 있다. 북한 경제에 부정적인 영향을 미칠 수 있는 또 다른 요인은 최근 몇 년 동안 극심한 가뭄과 장기간 홍수 등 잦은 자연재해가 발생하고 있다는 점이다. 이와 함께 김정은은 조만간 국경을 개방하고 이웃 국가들인 중국, 러시아와의 항공편을 재개해야 할 것이다(이 책 출판 당시 블라디보스토크와 평양 간 항공 서비스가 시범 운영되기 시작했으며 러시아 항공국과 북한 민간 항공국 간에 국가 간 항공 서비스 확대를 위한 협상이 진행됐다).[32] 북한의 고립 원인으로 알려진 코로나19 팬데믹이 이미 진정됐기 때문이다(세계보건기구(WHO)는 2023년 5월 코로나19 팬데믹 종식을 공식 발표했다). 그리고 이 모든 것은 경제적, 전략적 차원에서 준비할 필요가 있다.

제2장

새로운 지정학 조건 속의 러시아-북한 간 정치 대화

강력한 제재로 인해 접촉이 한동안 줄어들고 난 이후 현재 러시아-북한 관계는 눈에 띄게 강화되고 있다. 첫째, 대외정책 영역에서 볼 때 양국은 국제무대에서 국가 주권과 영토의 완전성을 보존하기 위해 지원과 연대가 필요하다. 둘째, 경제 영역에서 볼 때 양국은 제재 체제에서 벗어나 무역·경제 접촉을 복원하기 위해 노력하고 있다.

2022년 5월 김정은이 '최고 수준의 전염병 비상사태'를 선포한 후 러시아 정부는 북한에 코로나19 백신과 의약품, 검사 시스템을 공급하고 전문가를 파견할 준비가 되어 있다고 밝혔다.[1] 그러나 북한 당국은 자체적으로 대응키로 했다. 미확인 보도에 따르면 필요한 의약품은 이웃인 중국에서 구했다고 한다.

외국 대사관 상당수와 인도주의 국제기구는 평양 내 활동을 중단했다. 북한 주재 중국 대사관과 함께 러시아 대사관은 직원 규모를 축소한 상태에서 정상 업무를 계속했으며(2020년 초부터 전체 직원의 3분의 2(가족 포함 약 100명)가 특별 열차로 북한을 떠나) 2023년 9월에 순환 근무가 재개됐다.

팬데믹 상황에서 북한이 강제 고립을 당했음에도 불구하고 러시아와 북한은 최고위급과 고위급을 포함한 정치적 대화를 유지했다. 북한은 2022년 2월 24일 우크라이나에서 시작된 러시아군의 특수군사작전과 관련하여 러시아에 공개 지지를 표명했다. 평양은 2022년 3월 2일 유엔총회에서 채택한 대러시아 결의안에 반대표를 던지면서 모스크바와의 조약 의무 준수 의지를 확인했고,[2] 2022년 7월 13일 도네츠크와 루간스크 공화국(돈바스 영토)의 독립을 인정했으며[3] "주권, 평화, 우호의 이상에 따라" 두 공화국과 국가적 관계를 발전시키겠다는 북한 당국의 의향을 천명했다.[4] 북한 외무성은 또한 2022년 9월 23일부터 27일까지 도네츠크, 루간스크, 자포리자, 헤르손 지역에서 시행된 러시아 편입 주민투표 결과를 인정했다.

러시아가 통제하는 루간스크와 도네츠크 공화국 영토에 대한 북한의 지원은 우크라이나에서 '비우호적 행위'로 인식됐다. 이에 따라 우크라이나 당국은 2022년 7월 도네츠크와 루간스크의 독립을 인정한 시리아와 함께 북한과도 외교 관계를 단절한다고 발표했다.[5]

2022년 7월 18일 이즈베스티아 뉴스 채널과의 인터뷰에서 알렉산드르 마체고라 북한 주재 러시아 대사는 북한 지도부가 파괴된 시설을 복구하기 위해 숙련된 건설 인력을 돈바스 공화국에 파견하고자 하는 진지한 의도를 갖고 있다고 언급했다. 특히 북한은 돈바스의 중장비 건설 기업이 생산한 부품과 설비 구매에 관심이 있으며,

소련 시대와 마찬가지로 공화국 간 교류 경험으로 돌아갈 가능성을 고려했다. 소련 시절에 북한산 마그네사이트 클링커는 마리우폴에 납품되어 돈바스 지역의 모든 야금 공장 용광로에서 내화물로 사용됐고, 도네츠크 점결탄과 우크라이나 남동부 들판에서 재배된 밀은 북한으로 수출됐다.[6]

도네츠크와 루간스크 행정부 수장인 D.V. 푸실린과 L.I. 파세치니크는 북한의 지지를 높이 평가하고 협력 의지를 표명했다.[7] 그러자 북한 당국은 도네츠크와 루간스크 공화국 외교 공관의 자국 내 개설을 지지하는 동시에 이 두 공화국 당국자들과 회담하고 무역·경제 협력 용의가 있음을 표명했다. 러시아도 돈바스에서 평화로운 삶의 회복을 도와줄 준비가 되어 있다고 밝혔다.

김정은 위원장은 5월 9일 대조국전쟁 승리 77주년[8]과 6월 12일 '러시아의 날'[9]을 맞아 블라디미르 푸틴 대통령에게 보낸 축하 서신을 통해 러시아가 우크라이나에서 수행하는 특수군사작전에 군건한 연대와 전폭적 지지를 표명하고 러시아 국민이 다양한 도전과 어려움을 용감하게 극복하고 국가의 존엄과 안보를 지키기 위한 정당한 대의를 달성하는 데 큰 성공을 거두고 있다고 언급했다.

2022년 8월 15일 양국 정상은 일본 식민지 정권으로부터 북한의 해방 77주년을 기념하는 데에 특별한 관심을 기울이면서 이와 관련한 축하 서신을 교환했다.[10] 김정은은 푸틴 대통령에게 보낸 메시지에서 "조선 인민은 소련 해방자들의 위업을 절대 잊지 않을 것"이라고 언급하며 오늘날 "적대 세력의 군사적 위협과 도발, 자의성과 고의성을 분쇄하기 위한 공동 전선에서 양국 간의 전략적, 전술적 협력과 지원, 연대가 새로운 단계로 높아지고 있다"라고 강조했다.[11]

북한 중앙 언론은 이전 시기와 비교하여 양국 간 협력 강화에 더 많은 관심을 기울였다. 예를 들면, '조로친선의 공고함을 과시한 력사적인 선언'이라는 제목의 기사는 2001년 8월 4일 러시아연방과 조선민주주의인민공화국의 모스크바 선언 채택일을 기념해 나왔고 2022년 9월 17일 자 기사 '새 세기 조러 관계 발전의 거대한 추동력을 마련한 력사적 선언'은 푸틴 대통령과 김정일 위원장의 정상회담 22주년과 러-북 공동선언 서명을 기념해 나왔다. 2022년 4월 24일 자 기사 '조로 관계 발전의 새로운 전성기를 열어놓은 력사적 사변'은 2019년 4월 25일 블라디보스토크 러-북 정상회담을 기념해 나왔다.

러시아와 러시아군의 우크라이나 특수군사작전을 지지하는 북한 외무성의 공식 논평들은 다음과 같이 제목 자체로 분명한 의미를 전달하고 있다. '자주적 발전을 지향하는 강력한 국제적 흐름'(블라디미르 푸틴 러시아 대통령의 2022년 7월 19~20일 '새로운 시대를 위한 강력한 아이디어' 포럼 발언에 관한 2022년 8월 3일 기사), '유럽을 강타하고 있는 대로씨야 제재'(2022년 7월 27일 기사), '미국 주도의 세계 질서를 무너뜨리고 있는 '비밀무기''(국제문제 전문가인 월터 미드가 월스트리트저널에 쓴 미국 패권 제거를 노린 푸틴의 '비밀무기'에 관한 기사에 대한 2022년 7월 27일 논평), '누구를 겨냥한 군사 쁠럭 확대

움직임인가'(태평양에서 영국과 미국의 입지를 강화하고 러시아에 대항하기 위해 만들어진 AUKUS 군사동맹을 비판하는 2022년 7월 20일 기사), '누가 누구를 위협하는가'(북대서양조약기구(NATO)의 '전략적 파트너' 목록에서 러시아를 제외한 행위를 비판하는 2022년 7월 13일 기사), '세계의 다극화를 실현하기 위한 정의의 조치'(2022년 7월 3일 기사), '패자의 어리석은 단말마적 발악'(2022년 7월 10일 미국의 대러 제재 비판 기사), '유럽을 강타하고 있는 대러 제재', '러시아의 보다 강력해진 맞대응 조치'(2022년 5월 18일 기사), '미국의 대우크라이나 군사 원조의 검은 장막'(2022년 9월 5일 기사), '미국과 서방의 대리전 쟁탈전으로 화한 우크라이나'(2022년 5월 9일 기사) 등등.

우크라이나에서 진행되는 특수군사작전과 관련하여 북한이 러시아에 보여준 도덕적 지지는 적어도 북한 당국의 팬데믹 종료와 국제 교통편 재개 발표 이후 가까운 장래에 있을 양국의 경제·통상 관계 발전에 중대한 원동력이 될 수 있다.

2022년 5월 26일 러시아는 미국이 유엔 안보리에 제출한 대북 제재 강화 결의안[12]에 반대표를 던졌다. 이에 따라 결의안은 채택되지 않았다. 러시아는 중국과 연대 입장을 표명하면서, 대북 제재(현재 북한 내 제재 대상 시설과 개인 수는 2,152개 이상임[13])가 한반도 주변의 모든 긍정적 발전을 파괴하고 새로운 대결을 유발한다고 평가했다. 이와 함께 러시아는 대북 제재 압박 강화 정책이 이미 힘을 다한 상태에서 국제 제재의 신규 도입은 바람직하지도 유망하지도 않으며 인도주의적 결과의 관점에서

비인도적이라고 말했다.

위기에 빠진 현재의 대외정책 환경에서 잘못된 결정은 무력 분쟁 지역의 확대로 이어질 수 있다. 따라서 러시아와 중국이 유엔 안보리 심의에 올린 바 있는 북한 관련 '정치적-인도주의적 결의안' 초안을 의제로 다시 올리면 좋을 것이다.[14] 한반도 문제의 포괄적 해결을 위한 '로드맵'과 행동 계획은 한반도 문제 해결 과정에 참여하는 국가 간의 신뢰 분위기를 조성하는 데에 목적이 있다.

안전 보장 등 모든 당사자의 정당한 이익을 고려할 방법은 오직 협상을 통해서만 찾을 수 있다. 이고리 모르굴로프 러시아 외무부 차관이 말했듯이, 평등성과 단계성, 동시성의 원칙에 따라 한 걸음 한 걸음씩 점진적으로 나아가야만 앞서 언급한 목표, 다시 말해 북한의 비핵화만 아니라 한반도 전체의 비핵화도 달성하고 역내 평화와 안보의 공고한 체제를 구축하는 토대를 마련할 수 있다.[15]

의심의 여지 없이 러시아는 북한의 핵·미사일 활동에 대해 우려한다. 이 실험은 연해주 지역의 국경과 가까운 곳에서 진행되고 있어서 주민들은 말 그대로 화약고 옆에 살고 있다. 이와 동시에 매년 3월과 8월 열리는 한-미 군사 훈련은 상황을 특히 위험하게 만들고 있으며 이에 대한 북한의 즉각적인 대응은 핵·미사일 실험의 형태로 나타나고 있다.

러시아 당국은 핵무기 비확산을 위한 국제적 노력을 항상 공유하고 평화 정착 정책을 고수하며 2003년에 시작된 6자 메커니즘 복귀 가능성에 대한 고려를 포함하여 모든 형식의 한반도 문제 해결을 위한 협상에 찬성한다(위에서 언급한 바와 같다).

러시아의 목표는 모든 관련 당사국의 이익을 상호 고려하면서 북한이 NPT 의무를 다시 준수하도록 하는 것이다.[16] 2022년 8월 초 제10차 NPT 검토회의에서 러시아 대표단 단장인 I.S. 비시네베츠키는 북한의 군사용 핵 프로그램 해체에 대한 합의가 이뤄지면 핵무기 보유국 전문가들의 통제하에 작업이 진행돼야 하며, 북한의 군사용 핵 인프라 해체 후 핵 물질이 미신고 대상으로 전용되지 않았는지 검증하는 것이 IAEA의 역할이라고 강조했다.[17] 그러나 미국과 북한이 북한의 비핵화 양보 대가로 북한에 확고한 안전 보장을 제공하는 것에 대한 최소한의 합의에 도달하기 전까지는 북한 비핵화 문제에 대한 긍정적인 진전을 기대할 수 없다.

현재 북한에서 러시아는 주권과 안보를 지키기 위해 미국, 서방 국가들에 맞서서 "같은 참호에서 싸우는" 가까운 군사적·정치적 동맹으로 인식되고 있다. 이에 따라 2023년 1월 27일 김여정 조선로동당 중앙위원회 부부장은 우크라이나에 무기를 공급하여 "역내에서 세계 평화와 안보를 파괴하고" 있는 미국을 강력하게 비판하는 북한의 입장을 천명했다. 김여정은 "높은 애국심과 인내심, 굳건한 정신력을 지닌 러시아 군대와 인민의 영웅적 정신을 꺾을 수 없다"라고 강조했다.[18]

북한과 러시아가 가까워지는 과정에서 미국은 주로 북한 군수품의 러시아 공급 가능성에 대해 우려하고 있다. 이에 따라 2022년 11월 존

커비 백악관 국가안보회의 국가안보소통보좌관은 북한 당국이 중동과 북아프리카 국가에 군사 장비를 공급하는 것처럼 가장하여 러시아에 탄약을 공급하고 있다고 비난했다.[19] 이에 대한 러시아의 반응은 그리 오래 걸리지 않고 나왔다. 알렉산드르 마체고라 북한 주재 러시아 대사는 리아노보스티와 인터뷰에서 "러시아는 북한의 군사물자에 의존하지 않고 우크라이나에서 특수군사작전 임무를 해결할 수 있다"라면서 "북한은 실제로 전쟁 전 상황이기 때문에 자체적으로 무기고가 필요하다"라고 말했다.[20]

북한 국방성은 미국 정보기관이 제기한 의혹에 대해 "우리는 러시아와 '무기 거래'를 한 적이 없으며 앞으로도 그럴 계획이 없음을 다시 한번 분명히 밝힌다"라고 말했다.[21] 이와 동시에 북한 당국은 러시아에 대한 지원 약속을 충실히 이행하면서 미국과 서방 연합국이 러시아의 내정에 간섭해서는 안 된다는 견해를 밝혔다.

2022년 11월 1일 재개된 철도편을 통해 북한에 갔다가 러시아로 돌아온 빈 컨테이너들이 무기 수송용이라는 주장이 나왔지만, 이들은 팬데믹 상황에 필수적인 물품들인 의약품과 밀가루, 식물성 기름, 살아있는 동물[22] 등을 싣고 북한으로 갔다가 돌아온 것이다. 이 밖에도 타일 등 중국-북한 경유 일부 물품이 하산-두만강 철도 국경을 통해 운송되고 있다. 마체고라 대사가 제공한 자료에 따르면 양국은 현재 무역·경제 협력을 복원하기 위해 노력하고 있으며, 이는 북한의 폐쇄와 국제 제재로 인해 상황이 상당히 어렵다는 것을 보여준다.

한편, 2019년 4월 25일 블라디보스토크에서 열린 푸틴 대통령과 김정은 국무위원장의 정상회담은 러-북 관계 강화의 중요한 단계로 북한 중앙 언론에 소개됐다. 임천일 러시아 담당 북한 외무성 부상은 두 정상 간 회담 4주년을 맞아 북한 외무성 웹사이트에 발표한 성명에서 팬데믹으로 인한 제약에도 불구하고 회담에서 이뤄진 러-북 간 합의에 따라 양국 간 전략적 교류가 더욱 긴밀해지고 높은 수준으로 올라섰다고 말했다.

임천일은 "유구한 역사와 오랜 전통을 지닌 조선과 러시아연방의 우호 관계를 전략적 이익에 기초하여 시대적 요구에 맞게 제고하고 발전시키려는" 북한 정부의 의도를 설명했다.[23] 이와 동시에 북한 외무성은 우크라이나에서 러시아군의 특수군사작전이 시작될 때와 마찬가지로 "패권주의, 독재, 적대 세력의 군사적 위협에 맞서 정당한 안보와 이익을 수호하는 목표를 달성하기 위해" 러시아 정부와 인민에 대한 확고한 연대와 전폭적 지지를 표명했다.[24]

코로나19 팬데믹은 북한의 관점에서 볼 때 러-북 관계의 강도를 시험하는 심각한 시련이었다. 그동안 양측은 소통 채널을 유지할 수 있었을 뿐만 아니라 새로운 협력 방법을 사용하여 상호 관계를 계속해서 성공적으로 발전시키기도 했다. 특히 2022년에는 무역과 경제, 과학·기술 협력에 관한 정부 간 위원회 공동 위원장 사이에 화상 회의가 열렸고, 러시아의 많은 유명 창작 그룹이 제32회 국제친선축제 '4월의 봄'에 원격으로 참여하여 공연 녹화 영상을 제공했다.[25]

신홍철 러시아 주재 북한 대사는 김정은 국무위원장의 러시아 방문과 블라디미르 푸틴 대통령과의 정상회담 4주년을 기념하여 진행한 타스통신 단독 인터뷰에서 세계 보건의료의 위기 상황을 조속히 해소하고 다자간 교류와 접촉을 재개하며 북-러 양자 관계에서 새롭고 유익한 협력 성과를 거두기를 희망한다고 밝혔다.[26]

북한 문제에 대한 러시아 지도부의 새로운 접근 방식은 평양에서 긍정적인 반응을 얻고 있다. 리병철 당 중앙군사위원회 부위원장은 유엔 안보리에서 러시아와 중국 외교관들이 대북 제재 압박 완화 문제에 대해 취한 확고한 입장을 지지한다고 밝혔고, 북한의 새로운 전략무기 개발이 미국의 점증하는 군사적 위협으로부터 자국을 방어하고 전쟁을 억제하며 평화로운 한민족의 생명과 미래를 보호하기 위한 군사력 강화의 당연한 조치라고 말했다.[27]

2023년 초부터 북한 문제와 관련해 열린 제6차 유엔 안보리 회의에서 바실리 네벤지야 유엔 주재 러시아 상임 대사는 국제 사회를 향한 연설에서 미국을 분쟁 확대의 직접적인 참여자라고 부르며 모든 당사국이 정치적, 외교적 수단을 통해 해결책을 모색하고 한반도 상황을 해결하기 위한 실질적인 조치를 마련할 것을 촉구했다. "사실상 우리는 위협적인 대북 타격 연습, 북한의 인도주의적 상황을 고려치 않은 신규 불법 제재의 일방적 도입, 유엔 안보리에서의 정치화된 연설을 목도하고 있다."[28]

러시아와 중국은 북한에 대한 제재와 강력한 압박이 아무런 의미가 없다면서 이를 한반도 핵 문제 해결 수단으로서 더는 고려하지 않는다. 북한은 핵 클럽의 정식 회원국은 아니지만, 2012년 4월 조선로동당 대회에서 국가 발전 목표를 정하고 헌법에 핵무기 보유 조항을 포함함으로써 핵무기 보유를 선언했다. 2022년 9월 8일에는 제14기 최고인민회의 제7차 회의에서 '조선민주주의인민공화국 핵 무력에 관한 정책 법령'이 채택됐다. 이는 본질상 북한의 핵 독트린이 됐다(아래에서 자세히 설명함). 따라서 이 당연한 사실을 고려할 필요가 있다.

최근 주민들의 생활 여건이 2000년대 초반에 비해 크게 개선되기는 했지만(아래 참조), 북한의 매우 어려운 경제 상황은 현재 북한 지도부가 직면한 심각한 시련이 되고 있다. 게다가 팬데믹 상황에서는 양질의 의료용품과 장비가 필요하다. 이런 가운데 북한을 협상 테이블로 복귀시키는 가장 좋은 방법은 러시아와 중국이 제재의 부분적 해제를 기대하면서 2021년 유엔 안보리에 제출한 정치적-인도주의적 결의안 초안이다.

이 문서는 러시아 등 외국에서 일하는 북한인에 대한 금지 조치를 해제하고 남북 철도와 도로 협력 프로젝트에 대한 제재를 해제할 것을 제안하고 있다. 그러나 미국과 서방 국가들이 더 시급한 문제, 즉 세계의 다른 기존 질서를 고려하지 않는 자국의 이해관계를 관철하느라 바쁜 나머지 이 결의안 초안에 대한 표결은 이뤄지지 않았다.

한편, 2023년 7월 27일 세르게이 쇼이구 러시아 국방부 장관이 이끄는 러시아군 대표단이 1950~53년 한국전쟁 종전 70주년 기념행사에 참석했다.[29] 평양에서 쇼이구 장관은 조선인민군 육군 대장인 강순남 국방상과 회담했다. 양측은 국방부 간 협력을 포함하여 "모든 분야에서 양국 관계를 일관되게 발전시켜 나가자"는 의사를 표명했다.[30] 김정은 북한 국무위원장과의 회담에서 러-북 양측은 "국방·안보, 지역·국제 안보 분야의 상호 관심사에 대한 평가와 견해를 교환하고 합의에 도달했다."[31] 이 방문과 관련하여 세계 언론은 북한이 우크라이나에서 수행되는 러시아군의 특수군사작전을 지원하기 위해 무기를 보내고 있으며 심지어 그곳에 군대를 보낼 계획이라고 추측하기 시작했다.[32] 2023년 10월 26일 미국과 일본, 한국 외무부 장관 연합 협의회는 북한의 러시아행 '무기 선적'을 비난하는 공동 성명을 발표했다. 러시아와 북한의 제재 위반 혐의에 대해 양국 당국 모두 단호하게 부인했고 그것은 서방 언론의 추측이라고 말했다.[33]

2023년 9월 12일부터 17일까지 5일간 김정은이 이끄는 북한 대표단의 러시아 방문은 러-북 교류에 새로운 동력을 제공했다. 러시아는 이 방문에 매우 큰 관심을 기울였고, 그 준비 과정이 철저한 베일 속에 진행되어 방문 초반까지 세부 사항은 공개되지 않았다. 9월 13일에는 2019년 4월 이후 두 정상의 두 번째 만남이 아무르주 보스토치니 우주기지에서 열렸다. 방문 기간에 김정은은 앙가라 우주 발사체 조립과 이를 위한 소유즈-2 발사 단지 건설 진행 상황을 둘러봤고, 양국 정상 간 일대일 회담이 이뤄졌다.

9월 15일 김정은은 콤소몰스크나아무레의 항공기 공장을 방문해 러시아 Su-35 전투기 시범 비행을 참관했다. 그 후 김정은은 쇼이구 국방부 장관과 함께 블라디보스토크에 있는 태평양 함대 호위함 마샬 샤포시니코프에 도착했다. 이어서 북한 대표단은 연해주 정부를 방문하여 올레크 코제먀코 연해주 주지사, 알렉산드르 코즐로프 러시아연방 천연에너지부 장관과 회담했고 극동연방대학교(FEFU)를 방문했다. 블라디보스토크에서 러시아는 김정은에게 광범위한 문화 프로그램(마린스키 극장 연해주 무대의 발레 '잠자는 미녀', 루스키섬 해양 수족관)을 선보였다. 이와 동시에 이번 방문이 러-북 관계와 역내 전체의 발전에서 중요한 시기에 이뤄졌다는 점에 유의할 필요가 있다. 바로 이 시점에 아시아·태평양 지역에서 미국의 존재가 강화되고 미국, 일본, 한국의 군사·정치 협정을 통한 '아시아 나토' 수립이 사실상 이뤄지고 있었기 때문이다(2023년 8월 18일).[34]

김정은의 러시아 극동 방문에서 러시아와 북한 간 합의의 중심 주제 중 하나가 된 것은 한반도와 동북아 안보·안정이었다. 이는 2023년 10월 12일 양국 외교 관계 수립 75주년을 맞아 푸틴 대통령이 김정은 국무위원장에게 보낸 축전에서 언급됐다.[35] 보스토치니 우주기지에서 열린 정상회담의 또 다른 중요한 주제는 러시아-북한 국민의 이익을 위한 건설적인 양자 협력 강화였다.[36]

푸틴 대통령과 김정은 국무위원장이 보스토치니 우주기지에서 합의한 내용에 따라 세르게이 라브로프 러시아 외무부 장관은 2023년 10월 18~19일 외교 관계 수립 75주년을 기념하기 위해 평양을 방문했다. 이번 방문 과정에서 라브로프 장관은 김정은 위원장을 예방했고 최선희 북한 외무상과 회담했다. 그는 이 자리에서 양국 간 접촉 확대를 위한 이니셔티브를 제안했다. 그중에는 정치적 대화 강화, 팬데믹 여파 극복에 따른 대외정책 접촉 재개(2024~25년 부처 간 교류 계획 서명), 무역·경제 협력 전망(2023년 11월 무역, 경제, 과학·기술 협력 정부 간 위원회 제10차 회의 개최), 2022년 2월 24일 이후 세계의 지정학적 재편과 관련된 지역 및 세계 안보 문제 등이 있다.[37]

김정은의 견해에 따르면, 북-러 정상회담에서 합의된 사항은 현재의 지역 및 국제 정세에 대응하기 위한 효과적인 협력과 모든 방향으로 양국 관계를 체계적으로 확대할 수 있는 여건을 조성해야 한다.[38]

러시아, 중국과의 대표단 교류 강화로 시작된 북한의 국경이 점차 개방됨에 따라 중·단기적으로 러시아와 북한 간 접촉이 강화될 것으로 전망된다. 북한 지도부는 러-북 정상회담에서 합의한 사항의 이행뿐만 아니라 안보 문제에서의 협력 필요성, 한반도 안정 지원, 동북아에서 미국의 패권적 열망에 대응하는 데도 관심이 있다.

제3장

경제·통상 관계 발전의 주요 문제와 해결 전망

2016년 이후 북한의 미사일·핵실험에 대응하여 채택된 유엔 안보리 결의안과 새로운 제재 도입 이후 러시아-북한의 실질적인 협력 발전 기회가 급격히 감소하여 여러 분야에서 관계가 위태로워졌음을 인식해야 한다.

10년 전만 해도 러-북 무역의 역학 관계는 긍정적인 특징을 보였다. 2013년 러-북 무역액은 2012년 대비 64.2% 증가했으며 러시아의 대북 수출 1억 340만 달러(77% 증가), 대북 수입 930만 달러(9.1% 감소)를 포함하여 총 1억 2,270만 달러에 달했다. 그러나 [표 1]에서 볼 수 있듯이 2014년 이후 무역액은 점진적으로 감소했다(2014~16년 40%, 2017년 이후에는 무역액이 미미함).[1]

[표 1] (세관 통계에 따른) 2000~19년 러시아연방과 북한의 대외 무역
(실제 유효 가격, 백만 달러)[2]

러시아와 북한의 대외무역	2000	2005	2010	2015	2016	2017	2018	2019
수출	38,4	228	82,3	78,3	68,0	74,2	32,1	44,9
수입	7,7	6,9	16,4	6,0	7,0	3,7	2,0	3,0

2017년 1분기에는 러-북 간 무역액이 급증했다. 1월부터 3월까지 러시아가 북한에 2,670만 달러 상당의 석탄과 120만 달러 상당의 석유를 공급하여 무역액이 85% 증가했다.[3] 그러나 2017년 에너지 자원의 대북 공급을 제한하는 새로운 제재(석유 제품 및 원유의 대북 공급 쿼터 도입 - 연간 석유 제품 50만 배럴 이하, 원유 400만 배럴 이하)로 인해[4] 에너지 부문 협력이 둔화했다.

2020년 이후 경제 관계는 제재 외에도 코로나19 팬데믹으로 인해 부정적인 영향을 받았다. 역학 조치의 일환으로 러시아 에너지 수입이 다른 상품 수입과 함께 중단됐다. 따라서 2020년 러-북 무역액은 양국 상품을 포함하여 총 4,274만 달러였다. 2020년 러-북 무역액 규모는 러시아 수출 4,203만 달러, 수입 71만 4천t을 포함하여 4,274만 달러에 달했다. 무역은 대부분 러시아 극동 지역에서 이뤄졌으며, 2020년 북한과의 대외무역량은 5.8천t을 기록했다.[5]

2021년 러-북 무역액은 겨우 4.1만 달러에 불과했다.[6] 2021년 10월 현재 극동 세관에 따르면 북한과의 대외무역량은 300배 감소한 20t이었다.[7] 이와 동시에 러시아로부터의 수출은 없었으며 북한으로부터는

유기 화합물(전체 공급량의 99.2%)과 기계 및 기계장치(0.8%)만 수입됐다.[8] 1년 후인 2022년 10월 극동 관세청은 극동 세관을 통한 북한과의 무역이 완전히 중단됐다고 밝혔다.[9] 그러나 러시아 측은 가까운 장래에 북한과 무역 관계를 재개할 준비가 되어 있다. 예를 들어, 그들은 적절한 양의 석유 및 석유 제품 공급에 대해 논의하고 있다.[10] 2023년에는 북한 기업에 대한 곡물 작물과 육류 공급을 위한 협상이 진행됐다.[11] 이처럼 장벽(제재, 격리 조치)이 있음에도 불구하고 양국 간 무역·경제 교류는 실무 접촉 수준에서 이뤄지고 있다.

러-북 양자 간 차원에서 또 국제기구를 통해서 이뤄지는 러시아의 인도적 지원에도 주목할 필요가 있다. 러시아 대통령의 결정에 따라 2020년에 5만t의 밀이 양자 간 차원에서 북한에 제공됐다. 러시아는 2020~21년에 유엔 세계식량계획을 통해 대북 식량 지원으로 700만 달러를 할당했다.[12]

3년간 휴지기 이후 2022년 6월 23일 러-북 간 무역, 경제, 과학·기술 협력에 관한 정부 간 위원회는 화상 회의 형식으로 협력 작업을 강화했다. 양국이 공동 인프라 프로젝트를 시행하고 팬데믹으로 중단된 무역·경제 협력을 복원하는 데 관심을 기울였다는 점에 주목할 필요가 있다. 협상 결과 양측은 4개 분과위원회(임업, 교통, 과학·기술, 지역 협력)와 3개 실무 그룹(임시 노동 활동, 전력, 무역·경제 협력)의 작업을 재개하기로 합의했다.

양국 관계에서 매우 중요한 것은 2008년에 시작된 '하산-라진'

프로젝트이다. 이것은 북한 라진항의 운송 능력을 이용하여 하산-두만강-라진 철도 구간을 따라 시베리아횡단철도에서 중국으로 가는 화물(주로 러시아 경질 석탄)을 해상으로 환적하는 것을 골자로 한다. 따라서 이 프로젝트는 극동 지역의 환적 용량 부족을 해결하기 위해 설계됐다고 할 수 있다.[13]

2013년 9월에는 재건된 철도 구간이 가동됐고 2014년 7월에는 라진항의 범용 환적 터미널이 운영을 개시했다.[14] 2014년 운송 화물량은 약 28만t이었다. 이후 2015년 120만t 이상, 2016년 165만t, 2017년 약 200t을 기록했다. '라선콘트랜스' 합작회사는 2018년부터 사실상 가동을 중단했지만, 높은 가격과 수출 물량 부족으로 2021년 러시아 측이 북한을 통한 석탄 운송을 재개하기로 했다.[15]

유라시아 경제 통계 자료에 따르면 2021년 1분기에 러시아는 석탄 15,000t을 철도로 북한에 전달했는데, 이는 다시 라진항을 통해 중국으로 건너갔다.[16] 이 경로를 통한 석탄 공급 재개와 아시아·태평양 국가로의 석탄 공급 재개는 러시아 석탄 가격 상승과 수요 변화를 배경으로 정기적으로 이뤄질 것으로 예상된다. 한편, 러시아는 원래 계획했던 '하산-라진' 프로젝트[17]에서 한국 기업들과 공동 작업을 계속하고 라진항을 통한 화물 운송을 재개하는 데에 관심이 있다.

북한은 두만강 도로 교량 건설을 위해 러시아의 지원을 기대하고 있다. 계획된 길이는 830m(러시아 측 300m, 북한 측 530m)이며, 연간 600만t의 화물을 처리할 수 있도록 설계됐다. 북한 측은 노동자와 건설 자재를 제공하고 러시아는 필요한 장비를 제공하기로 되어 있었다. 그러나 현재 대북 제재와 코로나19 팬데믹 여파로 고립된 북한으로 인해 프로젝트 이행 전망은 가까운 장래에 불투명하다.

또 다른 어려움은 신규 다리 건설을 위한 자금 조달이다. 연해주에 있는 717개의 비상 교량은 현지 당국의 우선적인 관심이 요구된다.[18] 러시아 영토 진입로에는 인프라를 새로 구축해야 한다. 이와 동시에 연해주 정부는 교량 건설 사업을 포기하지 않고 있으며 북한의 팬데믹 상황이 개선되면 북한 측과 다시 논의할 계획이다.[19]

추가 육로 구조물의 필요성은 두 나라 사이의 '우호' 다리를 통한 철도 연결이 과부하 상태였던 소련 시대로까지 거슬러 올라간다. 현재는 양측 국경을 따라 이어지는 영토 개발 맥락 안에서 건설 문제가 검토되고 있다. 블라디보스토크 주재 북한 외교단의 견해에 따르면 어업, 벌목, 건설 분야에서 양국 간 협력은 서방의 제재에도 불구하고 계속될 것이므로 추가 운송 통로를 만들 필요가 있다.

차량용 부교 건설의 장기적 전망을 고려할 때 블라디보스토크-라선 페리 노선과 북한 노동자 수송에 사용될 계획이었던 승객 최대 200명과 화물 1,500t 운송 용량의 북한 선박 '만경봉' 호를 이용하면 기대를 충분히 충족시켰을지도 모른다.[20] 그러나 2017~18년 이 계획은 외신들에서 가십거리가 되었다. 이들은 북한과 러시아 당국이 이 선박을 이용해 제재 연료(결의안 2375호 11항 위배)를 북한으로 운송하려 했다고 확신했다.[21]

현재 상황에서는 하산-두만강 국경 통과를 통한 러시아-북한 간 철도 재개가 더 현실적으로 보인다. 현재 북한 측은 소독 시설 건설을 완료하고 있으며, 이를 통해 상품 교류를 재개할 수 있을 것으로 보인다. 또한 제재에 저촉되지 않는 물품을 판매하기 위해 북-러 전자상거래 무역회사를 설립할 계획도 있다. 이를 위해 고려인단체협회가 전자 거래 플랫폼을 준비하고 있다.

러-북 관계에서 또 다른 중요한 프로젝트는 연변 조선족 자치구와 연해주 하산군이 접경하는 연해주 지역 안에 북-중-러 무역·산업 단지를 설립하는 것이다. 2023년 6월 19일 올레크 코제먀코 연해주 주지사는 텔레그램 채널을 통해 연해주 항구로 가는 도로를 슬라비얀카, 자루비노에 중국 파트너와 공동으로 건설할 계획이라고 밝혔다.[22] 이 경로를 따라 산업 단지와 자유 무역 지대가 조성될 계획이다. 이와 동시에 이 지역은 추가 일자리, 새로운 도로망, 무역, 관광 및 관련 비즈니스 분야에서 발전 전망이 있을 것이다. 향후 러시아, 중국, 북한의 제품과 상품을 무역에 포함하고 코로나19로 인한 제한의 해제 후 북한 노동 자원도 사용할 계획이다.[23]

가까운 미래에 러-북 간 교류는 새로운 지정학적 조건과 상관없이 평화·협력 관련 평양(2000), 모스크바(2001) 선언에 명시된 노선을 따라 발전할 것이다. 양측은 무역·경제 분야에서 이전에 합의한 모든 프로젝트를 계속하는 데에 관심이 있다. 프로젝트 실행은 시간문제일 뿐으로, 코로나19로 인한 제한 조치가 해소되고 국제선 교통편이 재개되기만 하면 가능할 것이다.

북한은 자국 상품과 서비스를 홍보하는 데서 러시아의 지원에 의존하고 있지만, 제재 조건에서 현재 북한의 모든 노력은 2022년 4월 코로나19 바이러스의 북한 영토 침투와 관련된 위기를 극복하는 데에 집중돼 있었다. 북한 당국은 즉각적 조치와 엄격한 규율 덕분에 주변 국가들(한국, 러시아, 중국)의 지원에 의존하지 않고도 팬데믹 상황에 부분적으로 대처할 수 있었다.

이와 동시에 북한이 러시아와의 상호 관계 복원에만 아니라 신규 프로젝트 개발에도 기울이는 관심과 열망에 주목해야 한다. 따라서 '유휴 노동력이 존재하지만, 제재 조건에서 경제적 잠재력이 완전히 실현되기 어렵다는 점을 고려할 때 북한이 도네츠크, 루간스크 공화국과 협력한다면, 북한 주민들에게 새로운 기회가 열릴 수 있다. 하산-두만강 철도 연결 재개, 도로 교량 건설, 라진항의 물류 능력을 활용한 러시아 석탄의 아시아·태평양 국가 공급, 인도주의 분야의 협력 필요성도 특별히 논의할 필요가 있다.

제3부

동북아 국제 관계 체제와 러시아-북한 상호 관계

제1장
2018~20년 북한의 대미 정책 변화 전제조건

    2017년 미국 대선 승리 이후 도널드 트럼프는 전임 버락 오바마 대통령의 '전략적 인내' 시대의 종언을 공식적으로 선언하고 모든 수단을 동원해 북한 문제를 해결하겠다는 확고한 의지를 표명했다. 그는 미국의 새로운 '그랜드 전략'[1] 개발을 목적으로 한-미-일 삼각 군사·정치 동맹을 강화하고, 북한의 미사일·핵무기를 파괴하고 북한 영토 깊숙이 침투해 북한 지도부를 제거하는 작전·전술 과제를 연습하기 위해 군사 훈련 규모와 빈도를 늘리는 조치를 단행했다.[2]

    미국 행정부의 계산은 경제 제재 도입과 함께 한반도에서 '정전협정이 갑자기 중단되는' 위험성이 증가하면 북한이 미사일·핵 프로그램을 포기할 수밖에 없으리라는 점에 근거하고 있었다. 미국은 유엔 안보리 결의안 2356, 2371, 2375, 2397호에 명시된 대북 제재 외에도 북한 정권으로 흘러 들어가는 석유와 외화 흐름을 차단하기 위한 제재를 일방적으로 시행해 왔다.

    2018년 2월에는 북한, 중국, 싱가포르, 대만, 홍콩, 탄자니아에 등록되어 있고 북한과 불법적으로 석유 제품을 거래하는 것으로 의심되는 27개 단체와 28개 해상 화물 운송업체의 명단이 포함된 전례 없는 제재 패키지가 또다시 채택됐다. 미국과 동맹국들(한국, 호주, 싱가포르 등)은 의심스러운 선박을 해안경비대가 차단하는 조치를 강화했다.

2018년 1월 12일 미국 국무부 성명에 따르면, 대량살상무기확산방지구상(Proliferation Security Initiative) 참여국들[3]은 어떤 선박이 안보리 결의로 금지된 화물을 운반하고 있다는 정보가 있으면 해당 선박을 검사할 의무를 준수하고, 어떤 이유로든 해상에서 선박을 검사할 수 없으면 해당 선박을 항구로 호송하고, 북한에서 나오거나 북한으로 들어가는 상품을 적재한 북한 국적 선박의 화물 운송을 자국민(개인과 법인 모두)에게 금지하겠다는 의지를 재확인했다.

이런 식으로 미국은 사실상 대북 해상 봉쇄를 확립했다. 2018년 2월 23일 백악관에서 열린 기자회견에서 스티븐 므누신 전 미국 재무부 장관이 이를 인정하지 않고서, 미국이 "검증할 수 있고 불가역적인 북한 비핵화를 달성하기 위해" 경제적 압박 수단을 최대한 사용하고 있다고 회피적으로 답변했다는 점은 주목할 만하다. 군사 봉쇄 확립 문제는 미군에 의해 제기됐다. 또한, 미국은 2005년부터 대북 제재를 가하고 있는데, 일방적, 국제적 제재 지정 건수가 450건에 달했고, 그중 절반은 트럼프 대통령 임기 시작 이후 등재됐다.

경제적 압박과 함께 군사적 준비도 강화됐다. 2017년 3~4월에는 미군 2만 명과 한국군 36만 명(전년 대비 1.5배)이 참가하는 사상 최대 규모의 군사 훈련인 '키 리졸브/독수리 훈련'이 진행됐다. 이 훈련은 대규모 폭격 공격과 적 영토 깊숙이 침투하는 등 유사시 초기 및 후기 북한 내 전투 작전 시나리오 연습을 중심으로 이뤄졌다.[4]

한국군은 정보 수집과 지휘 본부 정밀 타격을 위한 '그레이 이글' 무인 항공기와 같은 최신예 무기를 갖추고 있다. '을지 프리덤 가디언(을지 자유의 방패)'(2017년 8월), '비질런트 에이스(Vigilant ACE)'(2017년 12월)와 같은 군사 훈련도 이어졌다. 한-미 공군의 공중 연합훈련인 '비질런트 에이스'에는 스텔스 기술이 적용된 최신형 항공기 F-22 랩터, F-35A, F-35B를 포함하여 전례 없는 230대의 항공기가 동원됐다.[5]

한반도 연안에서는 미국 항공모함 USS 칼 빈슨과 로널드 레이건, 스테니스 호로 구성된 타격 그룹이 거의 교대로 훈련에 참여했다. 미국 공군 기지 캠프 앤더슨(괌)에서는 초음속 B-1B 랜서 전략 폭격기들이 출격하여 한때 북한 영공에 가장 가까이 다가가 비행했다. B-52 스트래토포트리스 항공기 장착용 GBU-57 슈퍼 폭탄도 괌으로 반입됐다.[6]

트럼프 대통령이 자신의 트위터 계정에서 김정은을 향해 '화염과 분노', '완전 파괴', 외교가 효과가 없으면 이른바 '두 번째 단계'로 전환하겠다는 약속 등 강경 발언을 퍼부으면서 상황이 주기적으로 복잡해졌다. 헨리 키신저 전 국무부 장관은 북한 지도부에 대한 트럼프 대통령의 공격적 발언을 지지하며 대북 선제공격이 가능하다고 말했다.

그의 말에 따르면, "북한은 그 자체로 문제"이며 "동결"과 같은 중간 단계의 문제 해결은 적합하지 않다. 키신저는 "북한 핵 프로그램의 즉각 파괴"를 선택지로 제안하기도 했다.[7]

아시아·태평양 지역에서 글로벌 미사일방어체계 수립은 한국 '방호'를 구실로 2017년 말까지 사드 포대 6개를 한국 영토에 배치하는 것으로 구체화됐다.[8] 이는 러시아와 중국의 거센 반발을 불러일으켰다. 양국은 이 시스템이 역내 평화와 안정 유지에 이바지한다는 미국과 한국의 '보증'에 의문을 제기했다. 이와 관련하여 2018년 2월 8일 언론 브리핑에서 마리야 자하로바 러시아 외무부 대변인은 이렇게 말했다. "본질상 도널드 트럼프의 새 행정부는 미국이 수년 동안 추구해 온 방향, 즉 경쟁국보다 우위를 확보하고 세계 여러 지역에서 방해받지 않는 권력 투사를 보장하기 위해 군사력을 강화하는 정책을 고착화하고 있다."[9]

그러나 2018년이 시작되자, 한반도 긴장 상황은 대결에서 완화로 급전환됐다. 남북한의 노력으로 남북 정상회담의 전제조건이 마련됐고, 양측은 북-미 정상회담 개최 가능성을 논의하기 시작했다. 이와 함께 역내 군사 활동이 대폭 줄어들었다. 2018년 1월부터 남북 관계 정상화 과정이 시작됐다. 북한 선수와 임원들로 구성된 대규모 사절단이 평창 올림픽에 참가했다. 2018년 4월 20일 조선로동당 제7기 제3차 중앙위원회 전원회의 결의에서는 2018년 4월 21일부터 북한이 핵실험과 대륙간탄도미사일 시험발사를 중지한다고 결정했다.

2018년 4월 27일 판문점(비무장지대)에서는 제3차 남북 정상회담이 열렸고, 곧이어 공동 선언문이 발표됐다. 한 달 후인 5월 24일 북한은 풍계리 핵 실험장 해체식을 개최했고, 러시아를 비롯한 여러 국가의 기자들이 참관했다. 트럼프 대통령은 2018년 6월 12일 기자회견을 통해 북한과의 포괄적 합의 상황에서 한-미 군사 훈련을 시행하는 것이 "부적절하다"라고 말했고, 6월 19일 한국 국방부는 대규모 한-미 연합 군사 훈련을 무기한 연기하기로 한-미 양국이 결정했다고 발표했다.

북-미 정상회담을 앞두고 미국과 한국 국방부는 2018년 2월 평창 동계올림픽으로 인해 시기가 두 달 가까이 연기된 한-미 연합 군사 훈련 '키 리졸브/독수리 훈련'의 공격 수위를 공식적으로 하향 조정했다. 이 훈련에는 미국 전략군이 참여하지 않았고 북한과의 군사 충돌 가능성에 대비한 방어 시나리오를 연습했다. 북한 최고 지도부를 가능한 한 신속히 제거한다는 목표도 명시되지 않았다.[10] 그리고 가장 중요한 점은 지난 몇 년간 처음으로 북한이 이 훈련에 대해 주한 유엔군사령부를 통해 통보받았다는 것이다.[11] 이에 따라 긴장이 완화되면서 양측이 자제력을 발휘하고 정상회담 협상 과정을 성공적으로 마무리할 수 있었다.

외교적 방법을 지지했던 허버트 맥매스터 백악관 국가안보보좌관이 '매파' 진영을 확실하게 대표하는 존 볼턴으로 교체되자, 처음에는 북-미 관계가 풀리지 않을 수 있다고 생각될 이유가 충분했다. 볼턴은 새로운 직책을 맡고 나서 곧바로 여러 발언을 쏟아냈는데, 그중에는 미국을 겨냥한 북한의 핵·미사일 위협이 실재하므로 선제타격을 가해도 정당하다는 발언도 있었다.[12] 그는 '리비아 시나리오'를 북한에 적용할 수 있다는 발언으로 싱가포르 정상회담을 거의 중단시킬 뻔했다.[13] 이에 대해 북한 외무성은 김정은과 트럼프의 회담을 재고하겠다는 의사를 여러 차례 밝혔다.[14]

볼턴은 첫 인터뷰에서 예정된 회담이 "열려 있어야 한다"라고 말했지만, 북한은 그러한 설정이 리비아와의 회담 맥락에서 나왔던 점에 즉각 주목했다. 2003년 미국과 영국의 비밀 회담이 있고 나서 9개월 후인 2003년 당시 리비아 지도자 무아마르 카다피는 자국 보유 핵무기를 모두 제거하기로 합의했다. 하지만 그 이후 결과가 어떻게 됐는지는 익히 알려져 있다.[15] 따라서 북한 측이 미국 정치인들을 전혀 신뢰하지 않고 모든 단계를 신중하게 검토하는 것은 지극히 자연스러운 일이다.

이런 상황에서 김정은 위원장이 시진핑 중국 국가주석의 초청으로 2018년 3월 25일부터 28일까지 베이징을 비공식 방문하여 미국 측에 '놀라움'을 안겨줬고[16] 북-미 외교전과 북한 핵 프로그램의 미래를 둘러싼 큰 그림에 빠진 퍼즐 한 조각을 추가했다.[17]

세라 샌더스 백악관 대변인은 김정은의 베이징 방문에 대해 "중국 정부가 트럼프 행정부에 방문 사실을 통보했다"라고 말하고 이 통보에는 "시 주석이 트럼프 대통령에게 보내는 개인적인 메시지"가 포함되어 있다고만 밝힐 수 있었다. 샌더스 대변인은 한반도 문제에 대한 백악관의 상황 통제 약화를 정당화하기 위해 트럼프 행정부가 이런 사태 전개를 "미국의 최대 압박 캠페인이 북한과의 대화를 위한 적절한 분위기를 조성하는 데 도움이 됐다는 결과적 징후"로 볼 수 있다고 말했다.[18] 김정은의 정상회담 참석 초청에 응한 트럼프는 2018년 3월 시진핑과 전화 통화에서 "북한이 완전하고 확인 가능하며 불가역적인 비핵화를 향한 가시적 조치를 마련할 때까지" 압박과 제재를 계속할 것이라고 밝혔다. 따라서 미국 정부는 정상회담 준비 단계에서 이미 미국의 제재 완화는 없을 것임을 분명히 했다.

김정은이 4월 조선로동당 중앙위원회 전원회의에서 새로운 비핵화 노선을 발표하고,[19] 문재인 대통령과 두 차례 정상회담을 개최하고, 전통적인 북-중 우호 관계를 대폭 강화하고, 시진핑 주석을 세 차례나 방문하며 보여준 명백한 평화 조성 조치에도 불구하고 미국은 양보를 서두르지 않았다. 판문점 합의 이후 모든 적대 행위 중단에 대한 남북 대화가 진행되는 와중에 미국은 한국과 합동으로 맥스선더(Max Thunder) 공중 연합훈련을 진행했다. 이에 대해 북한은 장관급 회담을 거부하며 트럼프와의 정상회담도 같은 운명을 맞을 수 있다고 넌지시 위협했다.[20]

표현력이 풍부한 것으로 유명한 트럼프가 정상회담 합의를 놓고 북한 측 성명에 대해 어떤 반응을 보였는지는 잘 알려져 있다. 그는 자신의 트위터 계정에 김정은에게 보낸 공식 서한 사본을 게재하고서 북한의 성명에 나타난 "매우 강한 분노와 노골적 적대감"으로 인해 예정된 회담을 개최하는 것이 부적절하다고 생각한다고 말했다. (서한에 대한 논평에서 트럼프는 "회담을 취소할 수밖에 없다"라고 썼다[저자 주]). "당신은 당신의 핵 잠재력을 이야기하고 있지만, 우리(핵 잠재력 [저자 주])도 아주 크고 강력하니 절대 사용되지 않기를 바란다고 신에게 기도한다"[21]라고 트럼프는 밝혔다.

양측이 적대 발언을 서로 주고받았음에도 정상회담 준비는 계속됐다. 더욱이 월스트리트저널 보도에 따르면 미국은 트럼프가 앞서 언급한 서한을 발표한 이후 도입 준비에 착수했던 대북 제재를 "무기한 연기했다."[22]

결국 트럼프와 김정은 양측의 복잡하고 때로는 충동적인 행보 끝에 6월 12일 싱가포르에서 두 정상의 역사적인 만남이 성사됐다. 두 사람이 서명한 4개 항의 공동성명은 선언적 성격이 강했다. 따라서 북한 비핵화와 1950~53년 한국전쟁 정전협정을 대체할 평화협정 체결과 같은 핵심 사안에 대한 양측의 구체적 약속은 포함되어 있지 않았다.

새로운 북-미 관계 수립 염원과 북한 비핵화 준수 같은 추상적인 표현들은 신원 확인자[23] 등 전쟁포로/실종자 유해를 북한이 2018년 6월 21일 즉각 송환하는 의무 이행으로 보완됐다.[24]

정상회담 이후 열린 기자회견에서 트럼프는 다소 성급하게 미국이 한국과의 값비싼 군사 훈련을 중단할 것이라고 깜짝 발표했다.[25] 그러나 많은 미국 전문가는 북한 '독재자'와의 특별한 관계를 운운하는 트럼프의 '기괴한' 주장을 '연극 공연'과 같은 것으로 간주했다. 북한의 의미 있는 양보 없이 트럼프가 직접 나서서 김정은의 이미지만 좋게 해줬다는 사실에 대해 분노의 물결이 미국 언론을 휩쓸었다.

미국 전문가들의 견해에 따르면, 미국과 북한은 비핵화 목표와 방법, 시기를 각각 다르게 보고 있어서 '특별한 관계'가 있을 수 없었다.[26] 북한이 트럼프의 싱가포르 기자회견 전 화면에 비친 밝은 미래에 대한 막연한 약속을 대가로 자국의 핵 능력을 쉽게 포기하리라고 기대하는 것은 미국의 순진한 생각이었다.[27]

북-미 간 근본적 이견은 싱가포르 정상회담에서 극복되지 못했다. 북한에는 철통같은 안전 보장이 중요하며, 이는 미국의 적대 정책 포기로 확인되어야 한다. 이것은 다시 제재 해제, 평화 조약 체결, 그에 따른 군사적 위협 제거 의무가 뒤따라야 함을 의미한다. 여기서 28,000명 규모의 주한 미군, 비무장지대의 유엔 사령부, 일본 요코타 주둔 미국 공군 기지 후방 본부의 운명을 둘러싸고 질문이 자연스럽게 제기된다.[28] 당시 문재인 대통령에 따르면, 한국 내 미군 주둔은 북-미 간 평화 조약 체결과는 아무런 관련이 없었다.[29]

북한은 미국의 장기적, 궁극적 목표가 군사적 수단이나 다른 방법을 통한 북한의 정권 교체에 있는 것이 분명하다고 보기 때문에 핵·미사일 능력을 포기하지 않을 것이다. 이런 이유에서 김정은은 트럼프와 벌인 외교전 당시 미사일과 핵 능력의 점진적 해체에 착수하고 나서, 점진적, 체계적 비핵화와 한반도의 항구적 평화 구축에 대한 견해를 공유하는 시진핑을 개인적 보증인으로 선택했다.

미국과 북한은 서로 양보를 기대하지만, 약속 자체를 지키기 위해 서두르지는 않는다. 2018년 5월 북한은 풍계리 핵 실험장을 폐쇄했다. 이 실험장은 필요한 실험 주기가 완료되어 더는 필요하지 않았다.[30] 미국 전문가들의 견해에 따르면 2018년까지 북한의 핵 시설은 약 3천 개였다.[31] 따라서 북한은 한반도 비핵화 의지를 미국에 보여줄 수 있는 충분한 자원을 보유하고 있다. 이에 미국은 8월로 예정된 연례 군사 훈련인 '을지 프리덤 가디언'을 중단했을 뿐이다.[32] 1990년대에 '팀스피릿' 훈련이 취소됐다가 재개됐을 때도 비슷한 조치가 관찰됐다.

사실 지금까지 미국의 군사 정책은 한반도에서 상호 안보와 안정적 공존을 보장하는 장기 메커니즘 구축에 이바지하지 못하고 오히려 세계의 군사적 지배를 목표로 해왔다. 한반도 상황은 다시 대결 양상으로 바뀌면서 미국의 한반도 정책에서 군사적 요소의 강화로 이어졌다.

러시아전략연구소 소속 전문가인 그리고리 티센코가 2018년 채택된 미국 국방부 예산안을 분석한 결과에 따르면, 트럼프가 한반도에서 보여준 평화 시위와 대조적으로 미국은 미군 전투력 강화만을 위해 2019년 국방부 예산을 최대 7,160억 달러까지 기록적으로 늘리면서 적극적인 군사력 증강 노선을 설정했음을 알 수 있다. 북한에 무장을 해제하라고 요구하는 소리가 들리는 가운데 미국의 핵 잠재력 증강이 활발하게 진행됐던 것이다.[33] 주한 미군 고위직에 임명된 미군 장군들의 전투 경험(아프가니스탄, 이라크)을 고려한다면, 한국은 완전한 전투 준비태세를 갖추고 있고 이런 준비가 어디를 겨냥하고 있는지는 자명하다.

2019년 2월 27~28일 베트남 하노이에서 제2차 북-미 정상회담이 열렸지만, 최종 성명서에 서명하지 못한 채 조기 종료됐다. 트럼프 대통령과 김정은 위원장의 다음 회담에서 성과가 없었는데도 양측은 서로 공개 비판을 자제하고 대화를 계속해 나가기로 합의했다. 2019년 6월 30일 방한 중이던 트럼프 대통령과 김정은 위원장의 세 번째 만남이 판문점(비무장지대)에서 자연스럽게 이뤄졌다. 짧은 회담이 끝나고 나서 한반도 핵 문제와 기타 문제를 논의하기 위해 실무 차원에서 북-미 접촉을 강화키로 합의했다고 발표됐지만, 북-미 실무 회담은 2019년 10월 5일 스톡홀름에서 처음 열렸다. 미국 측은 유용한 회담이었다고 평가한 반면, 북한 대표단은 회담을 비판하며 미국 측에 2019년 말까지 "적대 정책을 포기하기 위한 구체적인 조치를 마련할 것"을 요구했지만, 이는 받아들여지지 않았다.

모스크바국립대학교 아시아·아프리카국가연구소 소장인 알렉세이 마슬로프는 5년 후 역사적인 정상회담의 결과와 의의에 대해 평가하면서, 미국의 노력이 실패한 것은 협상 목표와 수행 방법에 대한 평가에서 초기에 잘못된 방식으로 접근했기 때문이었다고 지적했다. 그의 견해에 따르면, 트럼프는 김정은의 임무가 단순히 '사업 거래'를 체결하는 것이 아니라 국방 능력을 강화하고 국가 발전을 보장하는 것이라는 사실을 고려하지 않았다. "베트남 회담의 실패는 트럼프가 아무런 제안도 들고 오지 않았음을 보여줬다. 그는 북한이 세계 정치에 참여하도록 허용한다는 핵심 제안을 제시하지 못했다."[34] 다시 말해 북한은 미국이 여전히 고려하고 싶지 않은 나라 그대로 머물러 있었다.

마슬로프 소장은 트럼프 대통령의 행동에 담긴 또 다른 부정적 측면, 즉 한반도 문제에 대한 6자회담 형식(러시아, 중국, 미국, 북한, 한국, 일본)의 틀 안에서 노력이 정체되고 있다는 점에 주목했다. 러시아와 중국은 회담 직전에 어떤 형식의 협상 과정에도 참여할 준비가 되어 있다는 성명을 발표했지만, 결과적으로 북한이 여전히 협상에 열려 있던 2019년에 미국 측이 기회를 놓치자, 북한 핵 문제와 함께 한국의 핵 프로그램 개발 문제가 불거졌다.

2020년 1월 1일 김정은은 "핵실험과 장거리 미사일 발사 유예를 더는 유지할 필요가 없다"라면서 곧 "새로운 전략 무기"를 선보일 것이라고 발표했지만, 그런 결정의 실질적 측면은 미국의 추가 조치에 따라 달라질 수 있다고 언급했다. 북한은 한국과의 접촉도 축소한다면서 이것이 미국의 의지에 따른 것이라고 비난했다. 2020년 6월 6일 북한은 한국 당국의 지원을 받지 않은 남한 활동가들이 휴전선에서 선전 전단을 살포하는 활동을 비판하고 나서 남한과의 통신선 연락을 차단했고, 2020년 6월 17일에는 개성의 남북 연락사무소가 북한의 결정에 따라 폭파됐다.

2021년 1월 김정은은 미국을 북한의 '주적'이라고 부르며 대규모 군산복합체 개발 계획을 발표했다. 2021년 9~10월 북한과 남한은 잠수함 발사 탄도미사일과 순항미사일을 포함한 여러 가지 신형 미사일을 시험 발사했다. 2022년 1월부터 11월까지 북한은 3월 24일 신형 대륙간탄도미사일(ICBM) 화성-17 발사를 포함한 25건의 미사일 시험을 진행했다. 이는 2017년 11월 이후 북한의 사실상 자발적 미사일 발사 중지가 끝난 것임을 의미했다. 2022년 4월 18일부터 28일까지 한-미 양국 군대는 컴퓨터 시뮬레이션 형식으로 연합지휘소훈련을 진행했다.

이런 상황에서 볼 때 '악수 외교'와 '특별한 관계' 보장보다는 오히려 러시아와 중국의 중재 지원을 받아 새로운 북-미 관계 구축을 위한 체계적인 메커니즘이 마련되어야 할 것이다. 정치·외교 과정 전반에 걸친 어려움을 극복하고 당사자들이 도달한 합의의 이행을 촉진하고 가장 중요한 지역 문제들에 관한 다자 대화 출범이라는 '로드맵' 제3단계로 신속히 전환하기 위해 중국과 러시아는 2019년부터 한반도 문제의 포괄적 해결을 위한 '행동 계획'을 새롭게 마련했다. 중-러 양국의 계획은 모든 당사자가 다양한 분야에서 구체적인 조치를 서로 똑같이 점진적으로 이행하는 것을 전제로 한다.[35]

제2장

북-미 협상 과정과 한반도 핵 프로그램 타결에서 러시아의 중재 역할

러시아가 북-미 대화 조성에 기울이는 관심은 러시아연방 대외정책 개념 이행에서 필수 부분이다. 이 문서에 따르면 러시아는 한반도에서 대결 수준을 낮추고 긴장을 완화하고자 하는 동시에 정치적 대화를 개진하여 화해를 이룩하고 남북 협력을 발전시키고자 한다(89항).[1]

미국이 대북 협상에 나서기로 하고 이런 의향을 트럼프 대통령과 김정은 국무위원장의 두 차례 정상회담(2018년 6월 12일 싱가포르, 2019년 2월 28일 하노이)을 통해 실행한 상황에서 러시아는 중국, 한국과 함께 6자회담의 정식 참가국으로서 사실상 북-미 대화 조성에서 중재자 역할을 떠맡았다.[2] 이 문제에 관한 러시아의 입장은 지속적인 활동(정례 회의와 협의 개최)과 한반도 문제의 평화로운 정치적 해결에 이바지하기 위해 가능한 모든 것을 하려는 준비 자세로 뒷받침됐다.[3]

러시아와 북한의 효과적인 상호 관계 결과로 2019년 4월 25일 블라디미르 푸틴 러시아 대통령과 김정은 북한 국무위원회 위원장의 정상회담이 블라디보스토크에서 열렸다. 회담에서 두 정상은 한반도 상황과 동북아시아 평화·안보 상황에 대해 평가했다. 김정은 위원장은 대미 관계 문제에 대한 북한의 원칙적인 입장을 강조했다. 두 정상의 만남을 배경으로 사회단체 대표단 교환이 이뤄졌고 과학·기술 협력과 무역 관계 발전을 위한 작업이 진행됐다.

실무 회담의 틀 안에서는 세르게이 라브로프 외무부 장관이 러시아가 북-미 간 협상 과정에 개입할 필요가 없다고 강조하면서 한반도 비핵화 협상에 대한 신중하고 점진적인 접근 방식을 옹호했다. 이는 북한의 핵무기 포기를 대가로 한 대북 제재의 점진적 해제를 시사했다. 러시아 지도부의 이런 입장은 2018년 6월 12일 북-미 정상의 공동성명에 반영됐다.[4]

북-미 간 협상 과정을 중재하는 데서 러시아의 주도적 역할이 강화되면서 중국과 입장이 일치했다. 2018년 4월 라브로프 장관은 러시아와 중국이 제안한 한반도 문제 해결을 위한 '로드맵'에 따라 한반도 상황 발전을 긍정적으로 평가했다.[5] 러시아는 2018년 4월 20일 조선로동당 중앙위원회 전원회의 결의에 명시된 조선민주주의인민공화국 국무위원회 위원장 김정은의 성명을 환영했고 2018년 4월 21일부터 핵·미사일 실험 중단과 자국 영토 내 영변 핵실험장 사용 중지에 대한 성명도 환영했다.[6]

중국과 함께 동북아 다자 대화를 재개하려는 러시아의 열망으로 한반도 정세는 정상화 국면으로 바뀌었다. 이고리 모르굴로프 외무부 차관이 언급했듯이, 러시아와 중국의 일관된 노선 덕분에 대립하는 상대방들이 직접 접촉에 나설 수 있게 되었다. 모르굴로프 차관은 6자회담 재개도 배제하지 않는다고 전망하기도 했다.[7] 이 단계에서 역내의 적극적 행위자로서 러시아는 한국, 북한, 미국, 일본, 중국을 포함하는 모든 이해 당사자의 대화와 참여를 바탕으로 한반도 문제를 해결할 방법을 모색하려고 노력했다.

'로드맵' 출범 이후 러시아 측은 핵 잠재력과 관련된 근본 문제 해결의 장기적 특성으로 인해 협상 참여자들이 인내심을 발휘해야 한다고 촉구했다.[8] 이와 동시에 트럼프 대통령과 김정은 위원장 간의 회담 이후 채택된 6월 12일 선언의 이행 전망에 대한 러시아 전문가들의 평가는 한결같이 유보적이었다. 주요 걸림돌은 용어의 혼동이었다. 당시 서방 분석가들은 북한 비핵화부터 시작한다는 합의를 암시했지만,[9] 북한은 미국과 기본 합의에 서명할 때 한반도 전체의 비핵화부터 시작했다고 주장했다.

2018년 7월 17일 폭스 뉴스와 인터뷰에서 푸틴 대통령은 북한 비핵화를 위한 협력 과제에 대해 말했다. 그는 한반도의 완전한 비핵화 문제를 해결할 협력 과제 중에서 국제적 보장 제공을 분명하게 꼽았으며, 러시아가 필요한 범위 안에서 이바지할 준비가 되어 있다고 덧붙였다. 이와 동시에 푸틴 대통령은 북-미 정상회담 개최에서 관련 당사자들의 노력이 더 나은 방향으로 변화하는 데 이바지했다고 언급했다.[10] 정상회담 사실 자체가 이미 큰 외교적 성과였다. 당사자들은 각자 입장을 솔직하게 밝힐 수 있었다.

대북 제재의 전면적 해제 문제에서 미국이 주로 요구한 것은 북한의 완전한 비핵화였다. 한반도 비핵화 문제를 유엔 안보리와 제1718호 대북 제재위원회 틀 안에서 엄격하게 해결하려는 러시아의 활동은 일련의 사건에서 보듯이 북한 경제를 완전히 교살하기 위해 북한에 제재 올가미를 씌우려는 미국의 계획과 어긋나는 것이었다.

미국의 신규 제재(당시 55개에 달함)에 대한 대응으로 2018년 8월 10일 러시아는 유엔 안보리의 제1718호 대북 제재위원회에서 러시아 상업은행 아그로소유즈(Agrosoyuz)를 포함한 개인 한 명과 여러 법인을 대상으로 한 미국의 국제 제재 도입안을 가로막았다.[11] 이런 식으로 미국은 북한 측과의 협상 당시에도 제재 정책을 포기하지 않으려 했다.

세르게이 랍코프 러시아 외무부 차관은 "양자 문제와 국제 문제 해결에 대한 미국의 강경하고 폐쇄적이며 공격적인 접근 방식과 대조적으로 우리는 건설적인 의제에 대해 차분하고 체계적으로 작업해 나갈 것이다"라고 입장을 설명했다.[12] 미국과 달리 러시아는 대북 압박 제재 정책을 지지하지 않았지만, 점진적 제재 완화 필요성과 모든 관련국이 한 테이블에서 회담을 개최하는 것이 중요하다고 지적하기 시작했다.

2018년 9월 27일 세르게이 라브로프 러시아 외무부 장관은 북한 문제 해결에 관한 유엔 안보리 장관급 회의(뉴욕)에서 연설하면서 미국과 북한 간의 신뢰 부족이 문제 해결을 위한 전반적인 과정을 진전시키기 위해 양측이 동시적이고 단계적으로 취할 수 있는 조치

마련을 방해하고 있다고 말했다. 또한, 라브로프는 한반도 비핵화 문제를 해결하기 위한 결정적인 전제조건이 될 국제 안보 보장 시스템에 대해 공동으로 생각해 보자고 제안했다.[13]

라브로프 장관의 연설에서 중요한 요소는, 그의 견해에 따르면, 당시 북한이 협력할 준비가 되어 있음을 보여줬는데도 대북 '제재 강화'의 고삐를 더 당겼던 미국의 행동에 대한 평가였다. 평양 선언과 판문점 선언에 따라 북한이 비핵화를 향한 여러 가지 중요한 조치를 단행했다는 점을 고려할 때, 미국은 당시 존재한 긍정적 모멘텀을 유지하기 위해 북한의 그런 노력을 지원하고 그에 대한 대가로 뭔가를 제공했어야만 했다는 것이 라브로프의 입장이었다. 라브로프 장관은 경제 제재가 "이란 핵 합의 탈퇴와 유사하게 억지스러운 구실로 일방적으로 적용되고 있다"라며 불공정 경쟁의 도구이자 제3국 사업자들을 겁주는 행위라고 비판했다. 그의 평가에 따르면 러시아는 모든 이해 당사자가 참여하는 평등하고 비차별적인 협상을 바탕으로 평화와 안정, 한반도 문제의 포괄적 해결을 보장하기 위해 가능한 한 가장 긴밀하게 협력할 준비가 되어 있었다.[14]

평화적 해결에 대한 미국의 파괴적 행동을 배경으로 한반도 상황을 둘러싼 러시아와 중국 간 협력 강화와 동북아 안보 관련 양자 간 대화 발전을 위한 역학 구도가 형성됐다. 다시 말해, 2018년 1월, 8월, 10월 모스크바와 3월, 7월, 12월 베이징에서 이고리 모르굴로프 러시아 외무부 차관과 쿵쉬안유 중국 외교부 부부장이 잇따라 만났다.

2018년 10월 북-중-러 차관들은 모스크바 회의 결과에 관한 공동성명에서 한반도 문제에 대한 삼국의 공통된 접근 방식을 표명하고 비핵화를 향한 북한의 중요한 조치에 주목하면서 유엔 안보리의 대북 제재 재검토를 적시에 진행할 필요가 있다고 간주하고 일방적 제재에 반대하는 공동 입장을 재확인했다.[15] 이와 함께 북-미 협상 과정 내내 북-중-러 사이에 강도 높은 대화가 이어졌다.

러-중 협력으로 마련된 새로운 개념의 '행동 계획'에는 군사, 정치, 경제, 인도주의 네 가지 분야에서 양측이 활용할 수 있는 구상이 담겨 있었다. 한반도 전역에서 군사 활동을 최대한 동결하고, 정치적 대화, 외교적 교류, 남북한 이웃 국가를 포함한 경제적 관계 복원 등의 일부 조항은 다른 조항들과 관계없이 이행할 수 있다는 점이 이전 초안과 다른 주요 차이점이었다. 미국, 한국, 북한 등 6자회담의 모든 참가국이 이 초안 편집에 참여했다.[16]

이 제안의 연장선에서 2019년 12월 러시아와 중국은 북한의 인도적 상황을 개선하기 위해 대북 제재 완화를 촉구하는 결의안 초안을 유엔 안보리에 제출했지만,[17] 사실상 양측은 각자의 길을 계속 걸어갔다.

미사일·핵 능력 시위를 중단한 북한 지도부는 2019년 말까지 타임아웃 상태에서 미국 상대방으로부터 '행동에 대한 행동'을 기다렸다. 그러나 2020년 초 북한 군부는 다시 핵·미사일 프로그램으로 돌아갈 수밖에 없었다.

김정은 국무위원장은 2019년 4월 제14기 북한 최고인민회의 제1

차 회의 정책 연설에서 미국과의 대화 재개를 위한 조건으로 미국이 연말까지 남은 시간 동안 제안하고 실행에 옮겼어야만 했던 "새로운 계산법"[18]을 제시했다. 6월 30일 판문점에서 열린 북-미 정상회담장에서 미국인들은 북한의 이 '새로운 계산법'이 의미하는 바에 대해 자세한 설명을 들었다.

2019년 9월 저자가 평양을 방문했을 때 만난 리영진 북한 외무성 유럽 1국 제3부장은 인터뷰에서 북한 지도부가 '새로운 계산법'에서 의미하는 것은 무엇보다도 "6월 12일 공동성명을 충실하고 일관되게 이행하는 것"이라고 설명했다. 무엇보다도 미국은 적대시 정책을 포기해야 한다는 것이었다.[19]

하노이 정상회담 전에 북한은 부분적인 제재 해제를 대가로 비핵화를 향한 모든 조치를 미국 측과 논의할 준비가 되어 있었다. 그러나 회담 이후 북한 지도부는 이런 대화 방식을 단호하게 거부했다. 리영진 부장은 북한이 제재 해제를 더는 요구하지 않을 것이며, 북한 정치 지도부는 평화적 대화 재개를 위한 조건으로 전쟁 위협의 완전 제거와 전략 자산의 한반도 유입 전면 포기를 생각하고 있다고 강조했다.[20] 이는 이전 협상 조건에 대한 거부를 가리키는 것이었다. 당시 미국이 대북 제재 완화에 동의하지 않았을 뿐만 아니라 위에서 언급했듯이 새로운 제한을 도입하려고 시도했기 때문이다.

나중에 공식 소식통에서 세부 사항이 공개됐다. 북한은 CVID(Complete, Verifiable, Irreversible, Dismantlement) 공식(완전하고 검증

가능하며 돌이킬 수 없는 핵 폐기 조치 이후에만 광범위한 경제 지원을 제공하는 것)을 먼저 거부했고 곧이어 이를 관계 정상화를 위한 방법으로 더는 고려하지 말 것을 미국에 요청했다.

북한 지도부의 안전 우려는 근거 없는 것이 아니었다. 트럼프 대통령이 김정은과 회담에서 '키 리졸브', '독수리 훈련', '을지 프리덤 가디언' 등 대규모 연례 합동 군사 훈련을 포기하겠다고 약속했지만, 미국은 2019년 8월 5일 하반기 한-미 연합 '독수리 훈련'(기존 명칭은 '동맹 19-2'[저자 주])을 시행했다.[21] 그런데도 북한은 오랫동안 미사일·핵실험을 자제했다. 그러나 최소한 부분적으로라도 제재가 해제될지 모른다는 환상을 품지는 않았다.

2019년 9월 북한 외무성 군축평화연구소에서 열린 제재 체제하의 한반도 안보 문제에 관한 워크숍에서 김예진 부장은 2019년 8월에도 똑같은 '을지 프리덤 가디언' 훈련이 실제로 시행됐다는 의견을 표명했다.[22] 즉, 이름이 어떻게 바뀌었든 군사 훈련의 본질은 변하지 않았다는 것이다. 북-미 관계를 자극하는 요인 중 하나는 현재 한국 공군에 스텔스 기술이 적용된 미국의 최신형 F35A 폭격기를 2020~24년 공급 예정이었다는 점이다. 당시 한 북한 외교관은 이런 적대감 고조로 인해 대화 가능성이 줄어들고 있다고 지적했다.[23]

2019년 여름 북-미 대립은 협력 거부로 인한 위험 고조로 새로운 단계에 진입했다. 2019년 8월 3일 마크 에스퍼 미국 국방부 장관은 미국이 중거리핵전력(MTCR) 조약에서 탈퇴한 후 아시아에 지상 기반

중거리 미사일을 조기 배치해야 한다고 주장했다.[24] 2019년 6월 21일 트럼프 대통령은 대북 제재를 1년 연장했다.[25] 이런 맥락에서 북한 지도부가 비핵화를 거부하고 이에 대해 미국이 비난하자, 북한이 이에 대응한 것은 당연해 보인다. 북한은 추가 접촉을 거부했다.

북한 측 인사들의 입장에 따르면, 미국 측이 기존의 낡은 계산법을 계속 고수한다면 대화에 대한 전망은 있을 수 없었다. 동시에 2019년 9월 10일 존 볼턴 백악관 국가안보보좌관의 사임은 북한 당국 대표들로부터 환영을 받았다. "볼턴의 아버지가 소방관으로 일했다고 한다면 볼턴 자신은 (북-미 관계에[저자 주]) 불을 지른 것뿐이었다."[26] 볼턴의 후임으로 로버트 오브라이언이 임명된 후 미국의 대북 정책은 더 공격적이지는 않았지만(더 중요한 국내 사건으로 인해 산만해졌기 때문에), 내용 면에서 여전히 볼턴식이었다. 하지만 이와 동시에 2019년 말 스티븐 비건 미국 국무부 대북정책 특별대표가 국무부 부장관으로 임명되면서 미국과의 건설적인 대화에 대한 기대가 높아졌다.

리영진 부장은 러시아와 중국이 위기 해결을 위해 많이 노력해 왔다고 인정했다. 양국은 유엔을 통해 긴밀히 협력해 왔다. 러시아는 이 문제에서 건설적인 대화를 나눌 수 있는 파트너로 확인됐다.[27] 러시아가 부당한 제재 압력 문제에 대해 보인 유사한 입장은 당시 북-중-러 삼각관계에서 상호 이해와 협력을 크게 강화했다.

그러나 트럼프 대통령이 2019년 5월 19일 폭스 TV와 인터뷰에서 비핵화 문제의 '빅딜'은 북한이 자국 영토 내 5개 핵 시설을 제거하는 것이라고 발언하면서 김정은과의 우호 관계는 금방 끝이 났다. 더욱이 트럼프는 어떤 시설인지 구체적으로 밝히지 않아 미국 연구자들 사이에서 당혹감을 불러일으켰다.[28] 사실, 미국과 한국 전문가들에 따르면 북한 전체 영토에는 영변 핵 단지 안팎의 개별 시설을 포함하여 약 30개의 핵 시설이 있다.[29]

트럼프 대통령은 "한두 개의 시설을 없애고 싶었다"라고 말해 영변 핵 실험장 파괴를 암시했다.[30] 그러나 트럼프의 발언 당시에는 이미 미국 측이 대북 제재 수위를 높인 상태였고, 미국은 일회성 조치로 인식되는 것과 대북 제재를 맞바꿀 의사가 없었던 것으로 보인다.

또한, 알렉산드르 마체고라 북한 주재 러시아 대사는 2019년 10월 5일 스톡홀름에서 열린 북-미 회담 실패가 한편으로는 미국이 이 새로운 알고리즘을 받아들이지 않으려는 의지와 다른 한편으로는 어떤 대가를 치르더라도 이를 따르겠다는 북한의 결의를 분명히 보여줬다고 지적했다.[31] 2020년 1월 11일 김계관 북한 외무성 고문의 공식 성명은 북한의 입장을 분명히 반영했다. "조-미 대화 재개는 미국이 우리의 요구를 전적으로 받아들여야만 가능하다. 그러나 우리는 미국이 그럴 준비가 되어 있지 않고 더구나 그렇게 할 수 없다는 것을 잘 알고 있다."[32]

이런 상황 인식은 '정면 돌파', 즉 내정에 집중하고 국방력 강화로 돌아가는 새로운 정치 노선의 토대를 형성했다. 마체고라 대사의 견해에 따르면 북한은 현재 미국과의 대화가 어떤 의미도 없다고 봤다.[33]

또한, 미-중 갈등이 고조되는 상황에서 북한 외교의 전망은 밝았다. 그 무렵 북한은 중국이 제재를 우회해서라도 북한을 도우리라고 확신했다. 게다가 중국 지도부는 향후 북한의 핵 프로그램에 대해서도 더 느슨한 태도를 보일 가능성이 있었다. 그렇다고 해서 중국이 암묵적으로나마 북한을 지지한다는 의미는 아니었지만, 북한의 일부 행동에 대해 눈을 감아줄 가능성이 컸다.[34] 코로나19 확산과 관련된 전 세계 팬데믹 상황으로 인해 대화 발전 과정이 조정 국면에 들어갔다. 2020년 상반기에 한-미 연합훈련이 취소됐기 때문이다.

이와 동시에 북한 주재 러시아 대사는 회담이 조만간 재개되리라고 평가했다. 러시아는 한반도 문제의 포괄적 해결을 위해 중국과 공동 '행동 계획'을 계속해서 추진할 용의가 있었다.[35] 물론 한반도 비핵화 단계와 안전 보장을 포함한 북-미 간의 문제 해결이 중요했지만, 이 문제가 양자 간 형식으로는 완전히 해결되기 어렵다는 것은 분명했다. 6자회담의 모든 참가국은 이 과정이 동북아 전체의 평화, 안보, 안정 체계 구축으로 마무리되어야 한다고 일관되게 주장해 왔다.[36]

2018년 6월 12일 공동성명은 북-미 간 대결 관계를 둘러싼 일반적 성격을 근본적으로 바꾸지는 못했다. 견해 차이의 원인은 북한 정권 제거와 한반도에 대한 영향력 확대라는 미국의 명백한 목표에서 찾을 수 있다. 북한 당국은 이를 완벽하게 이해하면서 미국과 직접 협상에 의식적으로 나섰으며 자칫 오산하면 그들의 행동이 생명과 주권 상실을 초래할 수 있다는 점을 잘 알고 있었다. 그러나 미국은 북한에 대한 비타협적인 태도를 계속해서 보이며 북한 당국에 대해 점점 더 많은 주장을 펼쳤다. 북한은 자국의 안전에 대한 상응하는 보장 없이는 핵·미사일 개발을 계속할 수밖에 없었다.

이와 동시에 러시아 당국은 미국이 북한에 가하는 혹독한 제재 압박이 정당하지 않다고 생각했다. 러시아는 중국과 함께 6자회담 틀에 합류할 가능성이 있는 만큼 북-미 교착 상태의 평화적 해결을 위한 협력을 계속할 것으로 보인다. 대화 재개는 그 자체로 지난 70년 동안의 큰 성과라고 할 수 있지만, 당사자 간의 기존 이견을 극복하는 데 시간이 걸리기 때문에 한반도 문제 해결은 먼 미래로 연기될 것이다. 과거의 오류를 거울삼아 차근차근, 한 걸음 한 걸음 외교적으로 행동하는 것이 필요하다.

제3장

러시아-북한-한국 삼각 프로젝트: 미래를 위한 청사진

앞 장에서 설명한 바와 같이 2018년은 남북 관계 등 한반도를 둘러싸고 대외정책 활동이 눈에 띄게 강화된 한 해였다. 이 한 해 동안 남북 정상회담이 세 차례 열렸으며, 이 자리에서 남북한과 러시아가 참여하는 삼각 프로젝트 추진이 우선 현안으로 논의됐다.

2018년 4월 27일 판문점에서 열린 남북 정상회담은 남-북-러 삼각 프로젝트 재개 시도에서 핵심 역할을 담당했다. 당시 회담에서 한국의 문재인 대통령은 김정은 북한 국무위원장에게 남-북-러 경제 협력을 활성화하자고 제안했다. 이 제안은 2018년 6월 문재인 대통령의 러시아 방문과 블라디미르 푸틴 대통령과의 회담에서도 이어졌다. 두 정상은 이를 위해 삼국 협력 사업 추진과 공동연구 수행의 중요성을 강조했다.[1]

잠재적으로 가장 중요한 프로젝트의 핵심은 하산(연해주)에서 항구도시 라진(북한)까지 단일 철도 노선을 만들고 그곳에 아시아·태평양 지역 국가들의 화물 운송과 석탄 환적을 위한 종합 터미널인 북-러 합작법인 '라선콘트랜스'를 설립하는 것이었다.[2] '하산-라진' 프로젝트는 푸틴 대통령의 평양 방문에서 이뤄진 합의에 따라 추진키로 결정됐다. 푸틴은 2001년 김정일의 개인 초청으로 평양을 방문한 바 있다.

삼국 협력 실행을 위한 선결 조건에 관해 말하자면, 모든 것은 당연히 한반도의 군사적, 정치적 상황이 어떤 방향으로 전개될 것이냐와 삼각 프로젝트의 실질적 착수를 위한 핵심 조건으로서 국제 대북 제재가 완화될 것이냐에 달려 있었다.

러시아가 균형 잡힌 우호 관계를 유지하고자 하는 한반도에서 남북한 양국과의 지리적 근접성은 철도와 가스 운송, 전력 분야에서 대규모 경제 프로젝트를 수행하기 위한 삼각 협력을 구축하는 데서 결정적인 요인이다.

앞서 언급했듯이, 2018년 4월 27일 판문점에서 열린 남북 정상회담에서 문재인 대통령이 김정은 위원장에게 남-북-러 경제 협력 활성화를 제안한 것이 삼각 프로젝트를 재개하려는 데서 핵심 역할을 담당했다. 이 이니셔티브는 같은 해 6월 문재인 대통령이 러시아를 방문하여 블라디미르 푸틴 대통령과 만나 진행한 정상회담을 통해 후속 조치로 이어졌다. 두 정상은 삼국 협력 사업 추진과 이를 위한 공동연구 수행이 중요하다고 강조했다.[3]

2018년 9월 12일 블라디보스토크에서 열린 동방경제포럼(EEF) 본회의에서 푸틴 대통령은 한반도 정세가 해결된다면 러시아와 남북한이 참여하는 삼각 프로젝트 논의에 복귀하자고 제안했다.[4] 발렌티나 마트비옌코 러시아연방 상원의장은 2018년 10월 10일 서울에 있는 한국외국어대학교 학생들을 대상으로 한 연설에서 삼국 프로젝트 패키지가 이미 준비되어 있다고 말했다. 마트비옌코 의장의 말에 따르면 러시아와 한반도 철도 시스템이 연결된다면 거대한 경제 통합을 이끄는 기관차가 될 수 있다.[5] 따라서 러시아는 문재인 대통령의 동아시아 철도공동체 창설 구상을 지지했다.[6] 러시아 지도부는 극동 지역에 인프라 클러스터를 형성하면 역내 경제 문제를 해결하는 데에 큰 도움이 될 수 있으리라고 판단한 것 같다.

러시아와 북한이 참여하기로 계획된 모든 조치는 문재인 대통령이 참석한 2019년 9월 블라디보스토크 동방경제포럼에서 합의됐다. 당시 포럼에서는 러시아와 남북한이 참여하는 3대 경제 프로젝트, 즉 한반도종단철도(TKR)-시베리아횡단철도(TSR) 연결, 러시아에서 북한을 거쳐 한국으로 대규모 가스와 전력을 공급하는 사업이 실행되도록 하는 준비 작업을 활성화하기로 결정됐다. 한국 정부 관계자에 따르면, 이는 문재인 대통령이 김정은 위원장에게 제안한 '신경제구상'이란 명칭의 사업이다.[7]

남-북-러 삼각 프로젝트 실행 역사

2000년대 한반도를 둘러싼 우호적인 정치적 분위기 덕분에 러시아와 남북한은 철도 연결, 단일 가스·전기 공급망 구축과 같은 메가 프로젝트 형식의 협력을 논의하기 시작했다.

하산-라진 간 러시아 구간의 철도 운송 및 물류 프로젝트는 남-

북-러 삼각 경제 협력 프로젝트 중 하나인 한반도종단철도(TKR)와 시베리아횡단철도(TSR) 연결 프로그램의 일환이다. 운영사는 2008년에 설립된 북-러 합작법인 '라선콘트랜스'[8]로, 이 회사는 아·태 지역 최대 석탄 터미널 가운데 하나이다.[9]

아·태 지역 국가를 대상으로 화물 운송 및 석탄 환적 서비스를 제공하는 '라선콘트랜스' 터미널은 화물 운송·석탄 환적용 현대식 첨단 다기능 복합 터미널이다. '라선콘트랜스'의 공식 웹사이트에 따르면, 이 합작회사는 "유럽과 아시아를 잇는 자연스러운 무역·경제 가교"로, 무역·경제 관계를 발전·강화하고, 역내 터미널 용량 부족을 해소하고, 화주가 아·태 시장으로 수출할 기회를 확대하고 비용을 절감하며, 한반도의 유리한 위치와 시베리아횡단철도를 이용해 석탄 수출 화물 흐름을 재분배하고 최적화하기 위해 설립됐다.[10]

현재까지 러시아 하산역과 북한 라진항을 잇는 54km 구간의 철도는 러시아철도공사와 북한이 공동으로 재건했다. 전문가들에 따르면 러시아철도공사는 이 프로젝트에 약 3억 달러를 투자했다.[11] 2014~16년 라진항을 통해 약 200만t의 화물이 운송됐으며, 철도 구간과 항구 터미널의 화물 처리 능력은 연간 500만t, 저장 용량은 20만t에 달한다.

한국은 2013년 11월 러시아철도공사와 한국 기업 컨소시엄이 '하산-라진' 프로젝트 참여와 관련된 문제를 해결하기 위한 양해각서를 체결하면서 이 프로젝트에 공식적으로 참여했다. 2014~15년에 한국 측은 총 30만t의 석탄을 세 차례 시범 운송하며 프로젝트 운영과 인프라에 대한 모든 세부 사항을 검토했다. 2016년에는 포스코와 코레일, 현대상선으로 이뤄진 한국 기업 컨소시엄이 '라선콘트랜스'와 함께 이 프로젝트를 더욱 구체화하기 위해 합작회사를 설립할 계획이었다. 당시 합의에 따르면 이들 회사는 러시아에서 철도를 통해 하산역까지 석탄을 운송한 다음 북한 라진항을 거쳐 해상을 통해 한국으로 운송할 수 있었다.

그러나 북한의 핵실험으로 인해 한국 기업들은 이 프로젝트에 참여하지 않았다. 2016년 3월 2일 채택된 유엔 안보리 결의안 2270호가 대북 제재를 대폭 강화하는 내용을 담고 있지만,[12] 러시아 측의 노력 덕분에 '하산-라진' 프로젝트는 유엔 제재 대상에서 제외됐다.[13]

2018년 4월 27일 남북 정상회담에 이어 2018년 7월 말에 열린 문재인 대통령과 푸틴 대통령의 한-러 정상회담을 계기로 '하산-라진' 삼각 프로젝트 이행 재개 동향이 나타났다. 남북 관계에 데탕트가 형성되면서 송영길 북방경제협력위원회 위원장이 이끄는 한국 대표단이 2018년 7월 13~14일 북한을 방문할 수 있었다.

이는 삼국 대표들이 같은 플랫폼에서 협상을 진행하는 형태의 삼국 협력 가능성을 논의한 첫 번째 사례였다. 이에 따라 러시아 측은 한국 대표단과 북한 전권 대표자들과 함께 프로젝트 발전 방안을 논의할 수 있었다.[14]

'라선콘트랜스'의 보도자료에 따르면, 한국 대표단은 라진항의 인프라, 부두의 장비, 항구로 접근하는 철로 등을 시찰했다. 이들은 한국 기업들과 함께 석탄·물류 프로젝트 협력 방안들을 논의했다. 러시아 측은 한국이 북한에 부과한 일방적인 제재[15]에서 이 프로젝트를 제외해야 한다는 입장을 밝혔다. 이후 한국 측은 성명에서 북한 측과의 협력을 거부했지만, 실제로는 투자 매력 덕분에 이 프로젝트의 실행에 큰 관심을 기울이고 있음을 보여줬다.

현재 이 프로젝트는 주로 러시아 석탄을 수입하는 중국 업체들을 대상으로 하고 있다. 2019년 2월 '라선콘트란스'에서는 러시아 직원 60여 명과 북한 직원 160여 명이 근무했다.

2006년 러시아와 한국 정부 간 가스 산업 협력에 관한 협정 체결로 러시아에서 북한 영토를 거쳐 한국으로 들어가는 가스관 프로젝트 실행을 위한 전제조건이 마련됐다. 프로젝트 초기 단계에서는 해상 가스관이 고려됐지만, 당사자들은 확인된 위험과 기술적 난관 때문에 이 선택지를 포기했다.

2010년 가스프롬과 한국가스공사는 러시아 천연가스의 한국 공급을 담당하는 회사로 승인되어 가스관을 통해 한반도 북부 영토를 통과하는 공급 프로젝트의 공동연구를 수행했다. 곧이어 2011년 9월 15일 가스프롬과 북한 원유공업성은 프로젝트 실행을 위해 협력하기로 합의하는 양해각서에 서명했다.

북한의 지원을 받은 가스프롬과 한국가스공사는 같은 날 프로젝트 실행을 위한 로드맵에 서명했다. 로드맵은 이를 위해 필요한 우선 활동 계획을 나타낸다. 계약 준비 첫 단계로 가스프롬과 한국가스공사는 주요 공급 조건에 합의하여 가스 공급량과 공급 기간, 중대 역학, 가격 설정, 한국 공급 시점을 확정하기로 했다.[16]

2015년 한국가스공사의 의뢰를 받아 삼정 회계법인이 추산한 바에 따르면, 가스관을 부설할 수 있는 최단 노선은 러시아 국경에서 원산, 철원, 파주, 인천을 거쳐 남한의 평택시에서 끝나는 총 길이 1,202km이며, 한국 측에서 가스관을 부설할 수 있는 최단 노선은 총 길이 약 1,000km에 달한다. 북한의 가스 수요가 증가하면 평양과 개성을 경유하는 노선을 연장하여 총 길이를 1,505km로 늘릴 필요가 있다.

2018년 남북 관계에서 해빙 분위기가 조성되면서 한국 정부 기관을 대상으로 이 프로젝트에 대한 로비가 활발해졌다. 한국가스공사가 내놓은 계산에 따르면, 러시아와의 에너지 프로젝트가 실현되면, 가스관이 통과하는 북한은 가스 수송에 대한 보상으로 연간 1억 6천만 달러 이상을 받을 수 있다.[17]

2018년 10월 23일 한국가스공사는 국회 산업통상자원위원회에 한반도 종단 가스관 사업의 전망을 평가한 보고서를 제출했다. 이 보고서에 따르면, 100km당 1,000㎥의 가스를 운송하는 가격을 기준으로 북한을 통과하는 연간 비용은 총 1,840억 원(약 1억 6천만 달러)에 달할 것으로 예상했다. 한국 측의 계산에 따르면 북한이 받는 운송료는 연간 2억 달러를 웃돌 것으로 예상됐다.[18]

남북 가스관 건설은 다른 나라에서 해상으로 액화천연가스(LNG)를 구매하는 것보다 훨씬 더 싸기 때문에 러시아가 한국에 에너지를 더 저렴하게 공급할 수 있다는 점에 유의할 필요가 있다. 이와 동시에 한국의 에너지 복합체는 원자력에서 더 안전한 형태의 에너지로 전환할 수 있다.[19] 북한 영토를 통과하는 것은 경제적으로도 이익이 된다. 그러나 오늘날 관련 이니셔티브들이 과도하게 정치화되고 지정학적 요인들이 전면에 등장하면서 이 프로젝트 실행 가능성이 불투명해졌다.

하지만 한국가스공사와 가스프롬은 이 프로젝트의 공동 개발을 포기하지 않겠다고 선언했다. 한국 측의 보고서에 따르면 장애물은 예비 지질 작업과 북한의 국내 가스 수요 분석에 대한 북한 당국의 허가를 받아야 한다는 것이다. 이 프로젝트에 대한 최종 결정은 제재 상황이 어떻게 전개되느냐에, 경제적 효율성, 공급 안정성, 외교·안보 측면에서 얼마나 유리하느냐에 달려 있다.[20] 안타깝게도 현재 한국과 러시아 관계를 둘러싼 상황은 명시된 요건을 충족시키지 못하고 있어 이 문제의 해결은 무기한 연기됐다.

러시아와 한국 간 에너지 브릿지 프로젝트의 토대는 2015년 6월 16일 제14차 한-러 에너지·천연자원위원회 회의에서 러시아 에너지 기업 Inter RAO와 러시아전력망공사, 한국전력공사 간에 체결된 2017년 6월 16일까지 2년간 *한반도 전력 수출 조직화* 가능성 연구를 위한 양해각서에서 마련됐다.

Inter RAO와 러시아전력망공사, 한국전력공사 간 삼자 양해각서는 러시아에서 한국으로 전기를 수출하기 위해 양국의 에너지 시스템을 대용량 송전선으로 연결할 가능성을 살펴보는 연구 작업을 예정해

두고 있었다.

당시 러시아-한국 에너지 브리지는 러시아, 몽골, 중국, 남북한, 일본의 에너지 시스템 간 상호 연결을 계획하는 대아시아 에너지 고리 메가 프로젝트의 일부가 될 것으로 예상됐다. 러시아 전문가들에 따르면 이 프로젝트의 실행은 동북아시아 지역에서 근본적으로 새로운 수준의 국가 간 에너지 통합에 진입하는 것을 의미할 수 있다.[21]

러시아, 일본, 한국, 중국의 에너지 시스템을 연결하는 데 드는 비용은 300억 달러로 추정되며, 투자 기업의 연간 수익은 30억 달러에서 70억 달러에 달한다.[22]

2016년 1월부터 2월까지 Inter RAO는 한국 측과 실무 접촉을 통해 프로젝트의 경제 모델을 계산하기 위한 공통 시나리오 조건을 결정하는 작업을 조직하기 시작했다. 이와 동시에 Inter RAO는 한국 측으로부터 합의에 따라 기초 자료 제공을 기대했다.

2016년 2월 남북한을 둘러싼 정치적 상황이 악화했다. 2016년 3월 한국전력공사는 2017년 6월 16일 만료되는 각서 이행을 책임지는 관리팀을 다시 한번 변경했다. 자동 갱신 관련 조항은 없었다. 하지만 이와 동시에 2016년 3월 31일 러시아전력망공사와 한국전력공사, 중국 국가전망공사, 소프트뱅크 그룹이 동북아시아 상호연계 전력망 개발 계획을 수립하기 위한 각서에 서명했다.

위에 언급한 삼각 프로젝트들의 실현 가능성에 대한 러시아 전문가들의 평가는 엇갈린다. 활발하게 개발되고 있는 북방 항로를 고려할 때 철도 연결 개발은 대안으로서 우선순위로 간주되지 않는다. 나머지 두 프로젝트도 불리한 대외정책 환경으로 인해 실행 가능성이 낮아 보인다.[23] 유라시아 협력 이니셔티브를 기반으로 최근 몇 년 동안 등장한 다른 국제 프로젝트에 대한 북한의 참여와 관련하여 러시아 과학아카데미 중국·현대아시아연구소 분석가인 스베틀라나 수슬리나의 공정한 견해에 따르면 이런 프로젝트에 '북한이 지리적으로 포함된다'는 것은 부인할 수 없다. 우호적인 정치 환경에서는 외부 세력이 북한 내부의 개혁 시행에 필요한 조건을 제공하는 데서 긍정적인 역할을 할 수도 있다.[24]

러시아는 자국 경제 발전 목표에 따라 삼국 협력 이행에 적극적인 입장이다. 2019년 남북한 대표들과 진행한 회담 결과에 대해 이고리 모르굴로프 러시아 외무부 차관은 "우리는 한반도 철도와 시베리아횡단철도의 통합, 북한 경유 가스·전기의 한국 운송 공급을 포함하여 한반도에서 삼각 프로젝트 이행을 일관되게 지지한다"라고 밝혔다.[25]

러시아 전문가들의 평가에 따르면 운송 프로젝트가 가장 유망해 보인다. 2018년 4월 27일 남북 정상회담 말미에 서명된 판문점 선언에서 남북한 도로·철도 운송 통로를 연결하고 개선할 필요성을 강조했다는 점이 주목된다. 한반도 철도망과 시베리아횡단철도의 연결 가능성을 예상하여 한국 철도 관계자들은 수년 동안 열차를 러시아 철도 궤도에 맞게 개조하는 작업을 진행해 왔다. 북한의 낡은 철도망을 재건하고 남한 철도망과 연결하며 나아가 시베리아횡단철도와 연결하는 것은 수십억 달러의 투자와 많은 시간이 필요한 프로젝트이다.[26]

남-북-러 삼각 프로젝트는 무역과 경제, 정보 교류 발전을 자극하는 역할을 할 수 있으므로 뒷전으로 밀려나서는 안 된다. 삼국 모두의 지정학적 위치와 경제적 수익성이라는 관점에서 볼 때 이 이니셔티브는 경제 협력 발전에 이바지할 수 있다. 동시에 이 프로젝트는 설계, 자금 조달, 생산·사회적 관계, 각국의 국내 정치 발전 특성 등의 문제들과 결부되어 있어서 현재 상황에서는 실현이 어렵다.

그러나 삼각 프로젝트 추진에 어려움이 따르고 참가국들의 이해관계가 서로 어긋날지라도 당연히 이것을 저버릴 수는 없다. 글로벌 프로세스는 유동적이기 마련이고 현대 지역 인프라는 국가들이 통합 프로세스에 순차적으로 참여할 수 있는 조건을 조성하고 있어서 심지어 북한이라는 가장 폐쇄적인 사회조차도 조만간 이 과정에 동참할 수밖에 없으리라는 점을 기억할 필요가 있다. 삼각 협력의 이행 조건은 의심할 여지 없이 한반도의 군사적, 정치적 상황이 어떤 방향으로 전개되느냐와 가장 중요하게는 국제 대북 제재가 완화되느냐에 달려 있다.

제4장

러시아-북한 협력과 중국

한반도는 지정학적 위치로 인해 세계 주요 강대국들에 항상 관심의 초점이 되었고 지정학적 이해관계가 교차하는 지역이다. 최근 북한-미국·한국의 관계가 악화하고 러시아-북한의 협력이 미국 주도의 북대서양 동맹과 대립 속에 강화되는 가운데 중국은 한반도에서 자신의 입지를 굳건히 하기 위해 적극적으로 노력해 왔다.

중국의 관심은 항상 북한에 집중되어 있었지만, 중-북 관계는 2001년 9월 3~5일 장쩌민 중국 국가주석이 평양을 방문하면서 최고조에 달했다.[1] 2000년과 2001년에 푸틴이 평양을, 김정일이 모스크바와 상트페테르부르크를 방문한 역사적인 사건 이후 중국의 영향력이 두드러졌다. 장쩌민의 방북에는 중화인민공화국 국무원인 첸지천 부총리, 중화인민공화국 중앙군사위원회 위원 궈보슝, 기타 여러 중국 고위 관리가 동행했다.

김정일 조선민주주의인민공화국 조선로동당 위원장이 장쩌민 중국 국가주석을 직접 만나 배웅했다. 회담에서 두 정상은 양국의 초대 지도자인 마오쩌둥과 김일성이 토대를 마련한 중-북 관계의 특수성을 재확인했다. 양측은 또한 21세기에 양국 우호 관계를 강화하고 발전시키려는 열망을 재확인했다. 장쩌민 주석은 새로운 세기의 요구에 따라 양국 우호·협력 관계를 새로운 차원으로 끌어올릴 준비가 되어 있다고 밝혔다.[2]

장쩌민은 김정일의 지도력 아래 조선민주주의인민공화국이 사회주의 건설, 대외정책, 통일 분야에서 큰 성과를 거뒀다고 언급했다. 그는 북한이 미국, 유럽연합(EU)과 관계를 개선하는 과정을 지지했다. 김정일은 중국이 중국 특유의 사회주의 현대화에서 큰 진전을 이뤘다고 평가했다. 동시에 북한의 전례 없는 가뭄과 관련하여 장쩌민의 방문 후 중국 정부는 20만t의 식량과 디젤 연료 3만t을 무상 지원했다.[3]

당시 북한의 국내 정치 상황은 1998년 4억 5천만 달러였던 무역액이 1999년 4억 달러로 감소한 데서 알 수 있듯이 중국 대표들이 무역·경제 협력의 추가 전망에 회의적일 정도로 심각한 위기를 겪고 있었다. 2000년 3월 18~22일 중국을 공식 방문한 백남순 북한 외무상이 중국 측 카운터파트인 탕자쉬안 외교부장에게 북한 학생 500만 명의 교복용 원단(2,500만 달러)[4]을 제공해 달라고 요청해야 할 정도로 국내 상황이 심각했다. 이 요청은 중국 당국에 의해 받아들여졌지만, 중국은 대북 무상 지원을 계속할 계획이 없었다.

대북 연료 공급과 관련하여 중국 측은 북한이 한국, 미국 또는 일본과 이 문제에 대한 합의에 도달하지 못할 경우에만 공급량을 늘릴 준비가 되어 있었다. 일반적으로 대북 인도주의 지원 분야에서 중국의 정책은 실용적인 고려 사항에 따라 결정됐다. 중국은 북한 주민들이 질병에 걸리거나 굶어 죽지 않고 살아남을 수 있을 만큼만 정확히 맞춰 원조를 제공했다.[5] 이것이 21세기 초 중국과 북한 관계의 패러다임이었다.

남북 관계 문제를 논의할 때 북한 민족화해협의회는 한국 김대중 대통령의 '베를린 선언'을 비판하며 새로운 것이 없다고 지적했다. 백남순은 남한 당국이 반북 정책과 남한 내 애국자 박해를 포기하는 조건에서만 평양이 서울과 대화할 준비가 되어 있다고 말했다. 탕자쉬안 중국 외교부장은 북한의 남북 연방제 창설 계획을 지지해 달라는 요청에 대해 한민족의 이익에 부합하는 것이면 어떤 형태의 통일도 중국이 받아들일 수 있다고 말했다.[6] 이런 식으로 중국 외교부는 남북 관계에 대해 중립적인 태도를 유지하려고 노력했다.

북-미 관계 정상화 논의와 관련해 중국은 "'일국양제' 원칙에 입각한 중국의 대만과의 평화통일 과정에 대한 북한의 지지를 의심할 이유가 없다"라고 확신했다.[7] 이 경우 북한은 중국으로부터 전폭적인 지지를 받았다.

중-북 관계는 꾸준히 발전해 왔다. 김정일은 2004년 1월 베이징을 방문했고, 2003년 선출된 후진타오 중국 국가주석은 2005년 10월 평양을 방문했다. 후진타오 주석은 북-중 관계의 기본 원칙으로 과거의 전통을 계승하는 동시에 우호·협력을 발전시켜 미래로 나아갈 필요성을 언급했다. 김정일의 베이징 방문에 대해 중국은 고위급 방문이 두 우호 국가에 있어 정상적이며 관계 발전에 이바지한다고 언급했다.[8] 그러나 실제로 중국 지도부는 북한 정치에서 거리를 유지하려고 노력해 왔다.

한반도에서 중국의 존재감이 커지기 시작한 것은 2003년 1월 북한이 NPT 탈퇴를 거듭 선언한 이후부터였다. 북한 측의 설명에 따르면, 북한은 에너지와 군사 안보를 보장하기 위해 NPT 의무 이행을 중단할 수밖에 없었다.[9] 중국은 미국, 중국, 러시아, 일본, 북한, 한국이 참여한 6자회담을 주도하여 '상황의 주인', 즉 참가국들과 북한 간의 핵 문제에서 주요 중재자 역할을 했다.[10] 2003년 8월 베이징에서 1차 6자회담이 열렸지만, 2005년 9월 19일 4차 회담에서야 기본 목표와 원칙에 대한 합의된 이해가 담긴 공동성명이 발표됐다.

이 문서의 가장 중요한 요소는 북한이 핵무기와 현존하는 모든 핵 프로그램을 포기하고 가능한 한 빨리 NPT와 IAEA에 복귀하겠다는 약속과 미국이 북한을 공격할 의사가 없으며 북한과의 양자 관계를 정상화할 준비가 되어 있다는 선언이다. 협상 대표들은 북한의 평화적 핵 이용 권리에 대한 존중을 선언하고 수용 가능한 기간 내에 북한에 경수로를 제공하는 문제를 논의하기로 합의했다.[11]

2006년 이전에도 북한 핵 문제에 대한 5차 회담이 열렸지만, 참여국들의 견해차로 합의에 이르지 못했다.[12] 그러나 전문가들의 평가에 따르면 중국의 노력으로 긴장 고조를 막고 상황을 통제할 수 있었다. 이와 동시에 북-중 대화가 성사되고 중국이 북한의 주요 무역·경제 파트너로 인정되었다. 현재 북한의 대외무역액에서 중국이 차지하는 비중은 90%가 넘는다.

6자회담 성과를 분석한 러시아 전문가들은 중국이 북한의 핵무기 유혹과 대미 협상에서 '벼랑 끝 전술'을 좋아하지 않았다고 지적한다.[13] 북한에 영향을 미치기 위해 중국은 '송유관의 기술적 문제'라는 구실로 대북 석유 공급을 완전히 중단했다. 이에 따라 북한 당국이 국가 경제 성장을 촉진하기 위해 중국과 접경한 신의주 지역에 경제특구를 만들려는 시도는 실패했다.[14]

당시 중국 당국은 이 문제가 그들과 합의되지 않았다는 사실이 마음에 들지 않았다.

그러나 시간이 지남에 따라 북한이 이미 출범시킨 핵 메커니즘에 대한 통제가 더는 중요하지 않다는 것이 분명해졌다. 2005년 2월 북한은 자국이 핵보유국임을 선언했고 2006년 10월 9일에는 첫 번째 지하 핵실험을 단행하고 같은 날 이를 전 세계에 공식적으로 통보했다.

이에 대한 보복으로 유엔 안보리는 결의안 1718호를 채택하여 모든 유엔 회원국에 구속력 있는 대북 제재를 부과했다. 이 결의안과 그 이후의 모든 결의안은 중국과 러시아가 지지했다.[15] 하지만 중국과 러시아는 대북 군사력 사용 권한을 부여하는 조항을 지지하지는 않았다.

중국은 1961년 우호·협력·상호원조 조약을 조정할 필요성에 관해 이야기하기 시작했다. 이 조약은 당사국 중 하나가 제3국 또는 국가 그룹에 의해 군사적 침략 대상이 될 경우 자동 군사 지원을 제공하도록 규정하고 있었다. 결국, 중국 정부는 앞서 언급한 북한과의 조약을 변경할 의사가 없다고 밝히며 협상을 통해 모든 문제를 해결해야 한다고 강조했다. 한편, 러시아는 우호·협력·상호원조 조약에 대한 해석을 순전히 방어적인 것으로 바꾸어 평양에 전달했다.[16]

중국은 외부 세계와 북한 간의 중재에서 지배적인 위치를 차지할 수 있었다. 김정일은 2010년 5월과 2011년 5월 사이에만 세 차례 중국을 방문했는데, 그 목적은 중국 지도부로부터 북한 노선에 대한 지지를 구하기 위한 것이었다. 그의 후계자 김정은도 같은 노선을 추구하고 있다. 김정은은 2018년 3월 25일부터 28일까지 베이징을 첫 공식 외국 방문지로 정하고 시진핑 주석과 만났다. 그는 시진핑과의 회담이 성공적이라고 말했고, 회담 내용은 중국 공산당과 북-중 양국의 관계 발전, 국내 상황 전망, 한반도 평화와 안정 유지에 관한 것이었다.[17]

이런 접근 방식은 한반도 문제 해결 '로드맵'의 주요 내용을 담은 2017년 7월 4일 러시아와 중국 외교부의 공동성명에도 반영되었다. 이미 언급했듯이 첫 번째 단계는 북한의 핵무기·대륙간탄도미사일 실험의 자발적 유예와 한-미 연합훈련 축소 또는 중단이었고, 두 번째 단계는 북한과 미국, 북한과 한국 간의 관계 일반 원칙에 관한 양자 협정 체결이었으며, 세 번째 단계는 동북아시아 지역 안보 체제 형성을 목표로 한 다자 협상 개시였다.[18]

2018년 초부터 한반도 상황은 전반적으로 러시아와 중국의 '로드맵'

에 따라 발전하기 시작했다. 김정은과 문재인, 트럼프 간의 (위에서 언급한) 정상회담은 한반도 정세 안정화라는 관점에서 중요한 의미가 있었다.

이후 북-미 관계의 불안정성에도 불구하고 중국 측의 지원으로 정상회담은 성공적으로 열렸고 관련 선언이 채택됐다. 당시 이 지역에서 군사 활동은 대폭 감소했다. 합의에 따라 2018년부터 북한은 핵실험을 시행하지 않았다.[19]

가까운 장래에 중국이 동북아에서 자국의 입지를 공고히 하고 역내 안보 문제를 해결하기 위해 계속해서 중재자 역할을 담당할 것이라는 결론은 합리적인 것처럼 보인다. 북한 정권을 포함한 비민주 정권을 물리적으로 제거한다는 목표를 항상 추구하는 미국과 북대서양 동맹의 다른 국가들은 이 점을 고려해야 할 것이다.

이와 동시에 러시아 등 다른 국가들과 북한의 협력 문제에서 중국의 정책이 변함없다는 점에 유의해야 하는 것도 중요하다. 중국은 자국의 이익을 추구하면서 이웃 국가인 북한에 결정적인 지원을 제공하지는 않기 때문이다.[20] 한편, 북한은 북한대로 대외정책에서 자주적 입장을 견지하고 독립성을 천명했다.[21] 이와 함께 북한 영토는 중국에 자국 국경 근처에서 미군 주둔 확산을 막기 위한 완충지대로서 중요하다.

러-북 관계는 1948년 외교 관계 수립 이후 설정된 방향을 따라 발전하고 있다. 동시에 현재 상황에서 러시아와 중국은 서방의 대북 제재 압력을 억제하기 위해 대북 정책 노력을 조율해야 한다.

유엔 안보리는 2022년 초부터 6차례에 걸친 북한의 대륙간탄도

미사일 발사와 관련하여 2022년 5월 27일에 제출된 대북 제재 강화 결의안 초안을 채택하지 못했다. 안보리 상임이사국인 러시아와 중국이 거부권을 행사했고, 나머지 국가들은 결의안에 찬성표를 던졌다. 미국이 준비한 초안은 원유와 정제유의 대북 수출 허용량을 줄이고 북한의 광물 연료와 광유 수출을 금지하는 데 맞춰졌다.[22] 그러나 이때 러시아와 중국은 대북 경제 압박 조치가 부적절하다고 판단했다.

바실리 네벤지야 유엔 주재 러시아 대사의 견해에 따르면, 대북 제재 확대는 "쓸모없을 뿐만 아니라 그런 조치의 결과 측면에서도 매우 위험했다." 네벤지야 대사는 "2016~17년에 채택된 제재[23]가 무엇보다도 북한 일반 주민들의 삶을 강타했다"[24]라고 지적했다.

이와 동시에 로이터 통신에 따르면 유엔 주재 중국 대표부는 이 결의안이 기존의 문제를 해결할 수 없으리라는 견해를 밝혔다. 중국 측에 따르면 미국은 대북 관계에서 돌파구를 마련하려면 "더 많은 진정성과 유연성"을 보여줘야만 한다.[25] 따라서 단기적으로는 중국과 러시아가 북한 문제에서 상호관계를 강화할 것으로 예상할 수 있다. 장기적인 전망에서는 중국이 자국의 이익 안에서 북한 정권을 계속해서 지원할 가능성이 크다.

제5장

북한-러시아의 국가 안보 전략

2022년 9월 8일 김정은 국무위원장 주재로 열린 조선민주주의인민공화국 최고인민회의 제14기 제7차 회의에서 '조선민주주의인민공화국 핵 무력 건설에 관한 법령'이 채택됐다. 본질상 '핵 독트린'인 이 문서는 2013년 4월 1일 '자위적 핵보유국의 지위를 더욱 공고히 할 데 대하여'라는 또 다른 법령의 후속편이다.[1] 이 개정 법령은 북한이 예방적 목적을 포함하여 핵무기를 사용할 수 있는 권리를 법적으로 보장하고 그 조건을 명시하고 있다.[2]

북한은 다음과 같은 경우에 핵무기를 사용할 수 있다. 1) 국가, 북한 핵군 지도부와 지휘부, 국가 중요 전략 시설에 대한 핵 국가 및 비핵 국가의 공격, 2) 전쟁 발발 방지 필요성, 3) 국가의 존재, 국민의 생명 안전에 치명적인 위기를 초래하는 기타 상황의 출현에 대한 대응책. "국가 핵 무력 지휘 및 통제 체계에 대한 위협"이 발생하면, 이런 때를 대비해 개발되고 승인된 계획에 따라 미사일 타격이 자동으로 수행된다는 조항도 '북한 군사 교리'에 새로 도입됐다.[3]

또한, 북한의 '군사 교리'는 북한 핵 무력의 구성과 지휘, 국가 핵무기의 완전한 통제에 관한 조항을 규정하고 있다. 북한 핵 무력은 유사시 즉시 타격할 수 있도록 상시 준비태세를 유지한다고 명시되어 있다. 북한 핵 무력은 김정은 북한 국무위원장의 통합 지휘하에 있다.

김정은의 이 조치는 자체 핵 능력을 구축하고 강화하는 역사에서 새로운 이정표가 되었다. 이는 미국과 한국에서 상당한 반발을 불러일으켰다. 한-미 동맹은 합동 군사 훈련 규모와 강도를 높이고 워싱턴이나 서울에 대한 북한의 핵 공격이 '북한 정권의 종말'로 이어질 것이라며 북한 지도자를 겨냥한 공격적인 수사를 강화했다. 더욱이 이 문구는 미국과 한국의 군사·정치 지도부가 공개적으로 반복하는 주문 구호처럼 되었다.[4]

북한의 '핵 독트린'은 미국과 한국의 정치 담론에 먹잇감을 제공해왔으며, 북한이 핵무기를 절대 자발적으로 포기하지 않으리라는 점을 정당화하는 또 다른 논거를 추가해줬다. 한국의 대중 담론에서는 자체 핵무기 개발 필요성을 주장하는 말들이 나돌기 시작했는데, 윤석열 대통령이 직접 이런 주장을 펴면서 1992년에 철수한 미국의 전술 핵무기를 한반도로 되돌려 놓겠다는 등의 비슷한 계획을 실행할 의향을 밝히기도 했다. 그러나 나중에 한국 정부는 북한의 핵 위협이 커지고 있어서 이에 대응할 조치를 마련할 필요가 있다는 국가수반의 반응일 뿐이라고 말하며 한발 물러섰다.[5]

김정은의 핵폭탄에 대한 '반격'은 2023년 4월 26일 윤석열과 바이든 대통령의 정상회담 이후 채택된 워싱턴 선언에 명시됐고 한-미 동맹을 핵 대응 가능한 수준으로 강화했다.[6] 이는 한반도 비상사태 시뮬레이션을 돌려보는 양국 간 협의체 안에서 한국이 미국의 핵 전략 계획에 직접 참여한다는 내용이다. 이와 함께 탄도미사일을 탑재한 핵잠수함을 포함한 미국 전략 자산의 순환배치도 확대된다.

한국과 미국은 이런 조치를 북한의 핵 공격에 대한 방어책으로 제시하려고 노력하고 있다. 그러나 실상은 모든 것이 그와 달랐다. 2012년 북한 헌법은 북한에 핵 지위를 부여한다는 조항이 있다. 핵 무력에 관한 조선민주주의인민공화국 정책에 관한 법령을 채택할 때는 어떤 국제 조약도 위반하지 않았다. 게다가 북한은 핵무기 비확산 이념에 충실하고 "다른 국가의 영토에 핵무기를 배치하지 않고, 공동으로 소유하지 않으며, 기술, 장비 및 무기급 핵 물질을 다른 국가에 이전하지 않을 것"을 약속하고 있다.[7] 이런 식으로 북한은 러시아와 마찬가지로 핵무기 이용에 대해 전적으로 억지 수단으로서만 접근하며 이 수단은 극단적이고 어쩔 수 없을 때만 적용된다.

관련 법령에 따르면, "북한은 책임 있는 핵보유국으로서 핵전쟁을 포함한 모든 형태의 전쟁에 반대하며 국제 정의가 실현되는 평화로운 지구를 건설하고자 한다." 이와 관련하여 해당 법령은 "조선민주주의인민공화국의 핵 무력은 국가의 주권과 영토 보전, 근본 이익을 수호하고 한반도와 동북아 지역의 전쟁을 방지하며 세계의 전략적 안정을 보장하는 강력한 수단"이라고 전제하고 있다.[8]

러시아 군사 전문가들은 북한이 이 문서를 통해 핵 정책 고수를 뒷받침함으로써 비핵화 협상에 나서지 않으리라고 보고 있다.[9] 알렉산드르 보론초프는 '핵 독트린'을 분석하면서 이전 법령과 비교할 때 새 법령이 북한의 핵무기 보유국 지위 강화에 이바지하는 매우 정교한 법령이라는 사실에 특별한 주의를 기울였다.[10] 그의 의견에 따르면, 문제의 법령 채택은 조 바이든과 윤석열 대통령이 양국에서 집권한 후 미국과 한국의 대북 '적대 정책'에 대응해 부득이하게 나온 것이었다.

이 독트린은 북한의 대외정책 주요 적대국인 미국을 겨냥한 것이다. 미국 관리들은 북한 지도부를 물리적으로 파괴해야 한다고 끊임없이 밝히고 있으며, 2022년 8월 5년 만에 재개된 '을지 프리덤 쉴드' 한-미 연합훈련을 비롯하여 한반도에서 한-미 합동 훈련을 통해 수많은 시나리오가 시험되고 있기 때문이다.

외교적 노력의 무용성을 북한에 보여주는 중요한 신호는 북한이 거듭 거부한 CVID 공식으로 미국과 한국이 복귀한 것이다(위에서 논의함).[11] 2018년 이후 남북한과 북-미 사이에서 진행된 일련의 정상회담에서 북한 지도부가 협상 테이블에 앉아 북한의 비핵화를 제외한 '새로운 해결 방법'을 대가로 자신들의 입장과 조건을 제시할 의지와 준비가 되어 있음을 보였을 때, 미국은 북한의 제안을 고려하지 않았을 뿐 아니라 오히려 대결을 격화시키기도 했다.

현재 북한의 '군사 독트린'에서 보이는 특징은 북한의 안보 문제가 이제는 대미 관계 프리즘을 통해서만 아니라 한국, 일본과 같은 잠재적으로 위험한 적의 존재라는 관점에서도 고려되고 있다는 사실이다. 북한의 독트린은 이런 상황을 잘 인식하고 있다. "조선은 비핵무기 국가들이 다른 핵무장 국가들과 공모하여 조선에 대한 침략이나 공격적 행동에 연루되지 않는 한, 비핵무기 국가들에 대해 핵무기를 위협하거나 사용하지 않는다."[12]

2022년 12월 조선로동당 중앙위원회 제8기 제6차 전원회의에서 2023년 목표는 핵 반격을 위한 고체 추진체 대륙간탄도미사일(ICBM) 개발, 정찰 위성 발사, 전술핵을 포함한 핵탄두의 기하급수적 증산을 공식화했다.

이와 동시에 북한은 세계 핵보유국으로서 북한의 지위가 최종적이고 불가역적이며, 핵무기 보유의 본질은 미국의 위협으로부터 일관되게 자국을 방어하기 위해 비자발적으로 보유하는 것이지 다른 사람의 인정을 받기 위한 것이 아니라고 설명했다.[13]

김정은이 참석한 가운데 2023년 6월 16~18일 열린 조선로동당 중앙위원회 제8기 제8차 확대 전원회의 최종 보고에서는 북한이 핵 능력을 더욱 강화하고 위협이 발생할 경우 '핵무기에 핵무기로 대응할 것'이라고 선언했다. 또한, 이 문서는 북한 방위 산업의 핵무기 개발 목표와 핵 무력 증강 노선을 명시했다.[14]

현재의 국제 정세는 북한 주변과 내부의 전반적인 상황, 북한 대내외 정책의 우선순위, 북한의 자원 확보 기회에 대해 새롭게 재고해볼 것을 요구한다. 2022년 2월 24일에 시작된 러시아의 우크라이나 특수군사작전과 세계 질서의 변화는 이 과정에 명확한 계기를 추가로 제공했다.

의심할 여지 없이 북한의 새로운 '억지 개념'은 안보 조치의 효과적인 이행 보장에 대한 북한 지도부의 견해 체계를 나타내는 가장 중요한 문서이다. 북한으로서는 핵무기 보유가 합법적이고 양도할 수 없는 자위권이며 국가의 존립과 국민과 국가의 안보가 여기에 달려 있다. 김정은은 법령 채택 당일 최고인민회의 회의 연설에서 핵무기를 포기하지 않고 어떠한 조건에서도 비핵화에 동의하지 않을 것이며, 북한의 핵 정책을 조정하기 위해서는 한반도의 정치·군사적 조건뿐만 아니라 세계 정치 환경도 변화해야 한다고 밝혔다.[15]

핵 능력에 의존하는 북한의 국가 안보 전략은 러시아에 직접적인 위협이 되지는 않지만, 과거와 마찬가지로 무력 충돌로 이어질 수 있는 한반도 긴장의 온상을 유지하는 전제조건이 될 수 있다.

현재 상황에서 북한 핵 프로그램의 수혜자는 미국이다. 미국이 북한 ICBM의 조준선에 있는 것이 말도 안 된다고 할지라도 북한의 핵·미사일 위협은 바이든 행정부가 새로운 형태의 한-미-일 군사·정치 삼각 동맹을 적극적으로 강화하는 촉매제이다. 이와 동시에 나토(NATO)는 아시아·태평양 지역으로 확산하고 있으며, AUKUS(오커스)[16] 같은 작은 기하학 형태로 다양하게 나타나고 있다. 미국의 이런 조치는 러시아와 중국을 봉쇄하고 이른바 인도·태평양 지역에서의 지배력을 강화하려는

전략에 부합한다.[17]

아시아·태평양 지역을 자신의 틀에 따라 재편하려는 미국은 역내 모든 국가의 요구를 상호 고려하면서, 동북아 안보 구조를 구축하려는 러시아와 중국의 노력을 약화시키고 있다. 문제는 러시아가 중국과 함께 미국의 패권적 열망에 대응하기 위해 무엇을 할 수 있느냐 하는 것이다. 워싱턴이 서울과 도쿄를 포함하는 축을 구축하자, 모스크바와 베이징이 평양에 가까워지고 있는데, 이는 동북아 세력 균형에 새로운 방정식을 설정하고 있다. 러시아, 중국, 북한 간에 트로이카(삼각 동맹) 같은 군사·정치적 동맹이 형성될 가능성은 크지 않다.

그러나 한반도의 장기적 평화와 안정이라는 공동의 목표를 달성하기 위해 삼국 간 동등한 상호관계 시나리오는 실현될 수 있다. 러시아연방 대외정책 개념(2023년 3월 31일 푸틴 대통령 승인)[18]에 따르면 러시아는 포괄적이고 개방적이며 불가분하고 투명하고 다자적이며 공평한 안보 구조와 집단적 비동맹 기반의 역내 상호 호혜적 협력 형성에 우선적인 관심을 기울일 것이라고 명시되어 있다.

결 론

 2011~23년 김정은이 이끄는 러시아-북한 관계는 지속적인 군사·정치적 긴장이 특징인 한반도의 지정학적 상황에서 영향을 받았다. 할아버지 김일성과 아버지 김정일로부터 핵 능력 강화 정책을 물려받은 김정은은 다음과 같이 몇 단계로, 잠정적으로 구분할 수 있는 균형 잡힌 러시아 정책을 추구했다.

 2017년 이전까지 김정은은 국내 의제에 치중하며 국가 권력을 강화하고 경제와 핵 능력 강화를 병행하는 '병진' 정책을 실행했다. 이 기간에 러-북 관계는 유엔 안보리의 국제 제재로 인해 침체를 겪었다. 당시 한반도 핵 문제 해결을 위한 6자회담 참여 5개국 중 하나였던 러시아도 유엔 안보리의 대북 제재에 합류했다. 러시아는 기탁국으로 가입한 NPT에 따른 국제 의무를 준수하기 위해 동북아에서 핵 군비 경쟁을 유발할 수 있는 북한을 핵보유국으로 인정할 수 없다는 태도를 재확인했는데, 이것이 러시아가 대북 제재에 합류한 이유였다.

 그러나 이런 조치는 양국 간 무역·경제 협력 분야에서 부정적인 결과를 초래했다. 러시아는 유엔 안보리의 대북 결의안을 지지함으로써 과학, 기술, 금융, 북한 노동력 사용을 포함한 모든 주요 분야를 차단했다. 이런 제한이 끼친 영향은 양측 경제에, 특히 농업, 임업, 어업, 건설 분야에서 북한 주민을 고용한 러시아 극동 지역에 영향을 미쳤다.

이와 동시에 러시아는 자국 외교관들의 큰 노력 덕분에 제재 압박에서 벗어난 '하산-라진' 프로젝트와 인도주의 분야를 중심으로 국제 제재의 영향을 받지 않는 분야에서 접촉과 교류를 유지하고자 노력했다. 북한이 어려운 시기에 러시아는 유엔 세계식량계획을 통해 호혜적 차원에서 무상 원조를 제공하는 등 북한에 도움의 손길을 항상 내밀어 왔다.

한편, 2017년 핵 위기는 한반도 정세의 평화적 해결과 긴장 완화를 위한 러시아와 중국의 정치·외교적 노력이 중요하다는 점을 다시 한번 강조해 줬다. 김정은은 집권 후 7년 만인 2018년에야 러시아와 중국의 지원을 받아 대외정책 무대에 뛰어들었다. 그는 중국, 미국, 한국과 진행한 일련의 회담 과정에서, 또 2019년과 2023년 블라디미르 푸틴 대통령과의 정상회담에서 전략적 이웃 국가들과 관계를 한층 더 강화하는 동시에 역사적인 적대국들과도 협상을 통해 자국의 안보 이익을 보호하는 쪽으로 북한의 대외정책 방향을 확실히 잡았다. 그러나 미국, 한국과의 관계에서 북한의 외교적 책략이 실패하고 코로나19 대유행으로 북한의 자체 고립이 심화하면서 러시아와의 관계도 모두 동결되고 말았다.

이후 2022년 우크라이나 위기는 러-북 관계에서 결정적 요인으로 작용했다. 북한 당국에 따르면 국제 군사·정치 상황에 큰 영향을 미치는 우크라이나에서 러시아의 특수군사작전이 시작되자, 북한은 유엔 무대와 국가 안보 관련 군사 교리를 통해 러시아 지도부의 대외정책 노선에 대해 전폭적인 지지를 표명했다.

러시아로서는 대북 정책을 재고하고 서방의 영향 아래 범한 실수를 바로잡는 시기가 도래했다. 미국은 역내 동맹국인 한국, 일본과 함께 워싱턴-서울-도쿄 축을 따라 새로운 세력 구도를 형성하고 있다. 이는 북한의 미사일과 핵 위협을 겨냥하고 있지만, 실제로는 국경을 따라 항구적으로 통제되는 긴장의 온상을 조성하여 중-러 양국을 전략적으로 억지하는 것을 목표로 한다. 이런 상황에서 한-미-일 3국의 대결적 움직임은 그 자체로 러시아와 중국이 동북아에서 미국의 패권적 열망에 대항할 수 있는 삼국 안보 협력을 구축하도록 압박하고 있다. 김정은이 조선로동당 중앙위원회 제8기 제5차 확대 전원회의(2023년 6월 16~18일)에서 그와 같은 조치를 하겠다는 정치적 의지를 표명했기 때문에 핵 문제 해결에 대한 서로 다른 접근 방식에도 불구하고 러시아와 중국이 대북 협력을 구축하는 것은 어렵지 않을 것이다[1]. 이런 맥락에서 2023년 '러시아의 날'을 맞아 푸틴 대통령에게 보낸 축전에서 김정은이 밝힌 러시아와의 전략적 파트너십 구축에 대한 열망은 중요해 보인다.[2]

러-북 무역·경제 협력은 현재 대북 제재와 북한의 고립으로 인해 극도로 제한되어 있다. 이런 상황에서 북한의 국경 개방은 실질적인 관계 회복과 기존 프로젝트('하산-라진')와 신규 프로젝트(연해주 무역·산업 단지)의 공동 실행을 위한 촉매제가 될 것이다. 그러나 러-북 밀착은 러시아 지도부를 딜레마에 빠뜨린다. 서방이 러시아를 상대로 벌이는 대규모 하이브리드 전쟁의 맥락에서 대북 제재를 시행하는 것이 바람직한가? 이 질문에 대한 답은 명확하지 않고 많은 국제적 요인에 따라 달라진다. 따라서 러시아로서는 다단계 접근과 비표준적 접근 방식이 필요하다.

러-북 양자 대화와 러-북-중 3자 대화가 무르익는 또 다른 요인은 미-중 대립이 격화되고 있다는 점이다. 중국에 북한은 항상 한반도 내 미군 주둔에 대한 완충 역할을 해왔다. 따라서 동북아에서 러시아-중국의 전략적 파트너십은 다극적 국제 관계의 새로운 체제라는 맥락에서 자연스러운 과정이다. 이는 정치·외교적 노력을 뒷받침하는 추가적인 지렛대가 될 뿐 아니라 한반도 핵 문제 해결을 위한 6자회담 틀의 부활을 위한 토대도 마련해 줄 것이다.

미 주

서 론

1 http://naenara.com.kp; http://www.kcna.kp/kp; http://rodong.rep.kp/ko/ (검색일: 01.12.2023).

2 Бажанова Н. Е. Внешнеэкономические связи КНДР. В поисках выхода из тупика. М.: «Наука», Издательская фирма «Восточная литература», 1993; Усова Л. А. Братская помощь Советского Союза в становлении и развитии КНДР (1945–1961). Дальний Восток и Юго-В осточная Азия. История, экономика и культура. М., 1984; Грязнов Г. В. Восстановление и развитие промышленности КНДР в послевоенный период (1953–1956). Корея. История и экономика. М., 1958; Экономика КНДР. Современная Корея. Справочное издание. М., 1971; Актуальные проблемы экономического развития КНДР (1980–1990). Корея на рубеже веков. М., 2002; Изучение экономики Северной Кореи. Изучение Кореи в России: история и современность. Сеул, Корея, 1999 (кор. яз.); Шабшина Ф. И. История международных отношений на Дальнем Востоке. 1945–1977. Хабаровск, 1978; (В соавт. с В. К. Паком и В. Д. Тихомировым). Корейско-китайские отношения с древнейших времен до наших дней. Новейшее время. Специальный бюллетень Института народов Азии АН СССР. 1965. № 58. (В соавт. с В. К. Паком и М. Н. Ханом); Ким Г. Ф. Некоторые актуальные проблемы современного развития освободившихся стран Востока. Всемирная история и Восток. М., 1989; Пак В. К. Современная Корея. Справочное издание. (В кол. авторов). М., 1971; История Кореи. Т. 2. (В кол. авторов). М., 1974; История международных отношений на Дальнем Востоке. 1945–1977. (В соавт. с В. Д. Тихомировым и Ф. И. Шабшиной). Хабаровск, 1978; Отношения Советского Союза с народной Кореей. 1945–1980. Документы и материалы. М., 1981. (Один из сост.).

3 Тихомиров В. Д. История Кореи (с древнейших времен до наших дней). Т. 2. М., 1974 (автор

разделов); 30 лет Народной Корее. // Международная Жизнь. 1975. № 8; Международные отношения в азиатско- тихоокеанском регионе на рубеже 1970–1980-х годов. // Проблемы мира и безопасности в Азии. М., 1987. (В соавт.); Корейский полуостров в системе безопасности на Дальнем Востоке. // Международные отношения и актуальные проблемы обеспечения мира и безопасности на Дальнем Востоке. Ч. 2. М., 1988; СССР и Корея. М., 1988. (Автор разделов); Корейская проблема и международные факторы (1945 – начало 80-х годов). М., 1998.

4 Ванин Ю. В. Советский Союз и Северная Корея, 1945–1948. М.: ИВ РАН, 2016; История Кореи. Избранные статьи. М.: ИВ РАН, 2016; СССР и Корея. М.: ГРВЛ, 1988. (Автор глав); Корея на рубеже веков. М., 2002. (Автор глав); Корейский кризис: позиция России. // Правда. 29 октября 2017 г.

5 Жизнь и труд посвятившие Корее. Т. I. М.: ИВ РАН, 2004. С. 184.

6 Альтов А., Панин В. Северная Корея. Эпоха Ким Чен Ира на закате. М.: ОЛМА-ПРЕСС Образование, 2004. https://www.e-reading.club/book.php?book=148887 (검색일: 01.12.2023).

7 Ланьков А. Н. Северная Корея: вчера и сегодня. М., 1995.

8 Воронцов А. В. Корейская проблема в системе международных отношений с середины 80-х до середины 90-х годов XX в. / Тихомиров В. Д. Корейская проблема и международные факторы (1945 – начало 80-х годов). М., 1998.

9 Стратегический потенциал КНДР и безопасность на Корейском полуострове: взгляд в будущее. Совместное исследование Международного института стратегических исследований (IISS) и Центра энергетики и безопасности (ЦЭБ) // Сайт Центра энергетики и безопасности. Публикация 2021 г. http://ceness-russia.org/data/doc/Joint_IISS-CENESS_report_on_Korean_Peninsula_Russian.pdf (검색일: 01.12.2023).

10 Асмолов К. В., Захарова Л. В. Отношения России с КНДР в XXI веке: итоги двадцатилетия. // Вестник РУДН. Серия: Международные отношения. 2020. Т. 20. № 3. С. 58–604. https://cyberleninka.ru/article/n/otnosheniyarossii-s-kndr-v-xxi-veke-itogi-dvadtsatiletiya/viewer (검색일: 01.12.2023).

11 Толорая Г. Д., Яковлева Л. Н. Экономическая стратегия КНДР после VII съезда Трудовой партии Кореи: выводы для России // Вестник Института экономики Российской академии наук. 2016. № 4. С. 7–19.

12 Безик И. В. Участие граждан КНДР в хозяйственном освоении советского Дальнего Востока (1950-е – начало 1960-х гг.) // Известия Восточного института Дальневосточного государственного университета. 2011. № 17 (1). С. 64–75.

13 Бажанова Н. Е. Внешнеэкономические связи КНДР. В поисках выхода из тупика. М., 1993.

14 Забровская Л. В. Корейская Народно-Демократическая Республика в эпоху глобализации от затворничества к открытости. Владивосток, 2006; Она же. Миграционный вектор сотрудничества России с КНДР // Таможенная политика России на Дальнем Востоке. 2014. № 4 (69). С. 65–71.

15 Михеев В. «Берлинской стены-2» не будет» // Газета.Ru. Сетевое издание. 20.07.2009. https://www.gazeta.ru/comments/2009/07/20_x_3224740.shtml?ysclid=lo1k3flgha995684888 (검색일: 01.12.2023).

16 같은 곳; Основные тенденции социально-экономического и внутриполитического развития КНДР. Отв. ред. А. Н. Федоровский. М.: ИМЭМО РАН, 2012. С. 62.

17 Кирьянов О. Лидер КНДР объявил о больших проблемах в экономике страны // Российская газета. 06.01.2021.

18 Денисов В. И., Жебин А. З. Корейское урегулирование и интересы России. М.: ИДВ РАН, 2008; Толорая Г. Д. У восточного порога России. Эскизы корейской политики в начале XXI века. «Дашков и К», 2019; Курбанов С. О. Очерки истории Северной Кореи. СПб., 2022.

19 Ланцова И. С. Эволюция отношений КНР и КНДР в конце XX – начале XXI века // Политическая экспертиза: ПОЛИТЭКС. 2014; Кирьянов О. В. История развития политических и торгово-экономических связей между КНР и КНДР в 1992–2010 гг. М.: МГУ, 2016; Асмолов К. В. КНР и государства Корейского полуострова // КНДР и РК – 70 лет. М.: ИДВ РАН, 2018.

20 Pak Jung H. Becoming Kim Jong Un. A Former CIA Officer's Insight into North Korea's Enigmatic Young Dictator. New York: Ballantine Books, 2020; Джеппсен Т. Добро пожаловать в Пхеньян. СПб.: Питер, 2019; Ан Мун Сок. История северокорейского народа. Сеул, 2020 и др.

제1부. 김정일 체제하의 러시아-북한 관계 (1994~2011)
제1장. 러시아-북한의 정치·경제·통상 관계 (21세기 이전)

1 "주체 깃발 높이 사회주의 길로." 민주조선. 2018년 5월 6일; Шарафетдинова А. И. Восприятие политики современной России в КНДР: оценки и суждения // Проблемы национальной стратегии. 2018. № 6 (51). С. 92–101.

2 Альтов А., Панин В. Северная Корея. Эпоха Ким Чен Ира на закате. М.: ОЛМА-ПРЕСС Образование, 2004. С. 163–165.

3 Ланьков А. Н. Северная Корея: вчера и сегодня. М.: Издательская фирма «Восточная литература» РАН, 1995.

4 Жизнь и труд посвятившие Корее. Т. I. М.: ИВ РАН, 2004. С. 192–193, 250.

5 Шабшина Ф. "Можно ли распутать Корейский узел" // Известия. 1989. 1 сент.

6 Воронцов А. В. Корейская проблема в системе международных отношений с середины 80-х до середины 90-х годов XX в. // Тихомиров В. Д. Корейская проблема и международные факторы (1945 – начало 80-х годов). М.: «Восточная литература», 1998. С. 263.

7 같은 곳. C. 265.

8 한반도 비핵화 공동선언. 1992년 1월 20일. http://elib.biblioatom.ru/text/yadernoe-nerasprostranenie_t2_2002/go,176/ (검색일: 01.12.2023).

9 서방 전문가들에 따르면 김일성은 1970년대 초 자체 핵무기 개발 방향을 설정했고, 이와 동시에 북한 전문가들이 주요 군사 핵 기술을 습득하기 시작했다. 1974년 국제원자력기구(IAEA) 회원국이 된 북한은 핵에너지 물질에 대한 접근 권한을 얻게 됐다. 이를 통해 북한 전문가들은 핵심 핵 기술을 습득하는 과정을 가속화하고 자체 핵무기 개발 가능성에 관한 연구를 강화할 수 있었다. https://tass.ru/info/15705573?ysclid=livqk693bz148844827 (검색일: 01.12.2023).

10 IAEA 전문가들은 1990년에 연구용 플루토늄을 90g밖에 생산하지 않았다는 북한의 주장에 의문을 제기했다. 러시아 전문가들의 계산에 따르면, 1990년대 초까지 북한은 가스 흑연 원자로에서 연간 최대 67kg의 플루토늄을 생산할 수 있었다고 한다. 같은 곳.

11 1980년대에는 영변에 가스 흑연 원자로 두 기가 건설 중이었다. 첫 번째 원자로인 5MW 원자로는 1986년에 가동을 시작했으며 무기급 플루토늄 생산의 기반이 된 것으로 추정된다. 두 번째로는 1985년에 50MW 용량의 원자로가 건설됐고, 1989년에는 태천시 인근에 200MW 용량의 세 번째 가스 흑연 감속로 건설이 시작됐다. 이들 원자로는 모두 1950년대에 개발된 프랑스 G-1와 영국 매그녹스 원자로와 구조적으로 유사했다. 이 프로젝트 관련 기술 문서는 IAEA를 통해 입수했다. 같은 곳.

12 핵무기 비확산 조약. 1968년 6월 12일 총회 결의안 2373(XXII)호로 승인. https://www.un.org/ru/documents/decl_conv/conventions/npt.shtml (검색일: 01.12.2023).

13 러시아연방 대외정책 개념, 1993-2023. // Сост. Д. В. Кузнецов / Сост. Д. В. Кузнецов // Концепция внешней политики Российской Федерации от 23 апреля 1993 года. С. 5–32. https://vk.com/doc16716709_660876641?hash=bZhAu2Ts14d6rKZwMzqhWdPXHqwRpaEqmRZwcpJqU7L (검색일: 01.12.2023).

14 같은 곳. C. 23.

15 같은 곳. C. 22.

16 Захарова Л. В. Межкорейские экономические отношения: от истоков до современности. М., 2014. С. 41.

17 Порвать договоры: как КНДР создала ядерное оружие // Газета.Ru. Сетевое издание. 10.01.2018. https://www.gazeta.ru/politics/2018/01/10_a_11602664.shtml?ysclid=lo3zzw6lcu374700841&updated (검색일: 08.12.2023).

18 같은 곳.

19 같은 곳.

20 Платонов О., Рыжков Н. Перестройка в СССР: какой ущерб был нанесен экономике // Рамблер/финансы. Сетевое издание. 20.08.2017. https://finance.rambler.ru/business/37749351-perestroyka-v-sssr-kakoy-uscherb-byl-nanesen-eko nomike/?ysclid=liwtbyyjto306743375 (검색일: 01.12.2023).

21 같은 곳.

22 Российско-корейские отношения в формате параллельной истории. М.: Аспект Пресс, 2022. С. 568.

23 같은 곳. C. 578.

24 같은 곳. C. 577.

25 Отношения Советского Союза с Народной Кореей (1945–1980). М.: Наука, 1981. С. 407.

26 같은 곳.

27 소련 시절 채무 정산에 관한 2012년 9월 17일 자 러시아연방 정부와 조선민주주의인민공화국 정부 간의 협정. (2014.05.05 연방법 제88-FZ호 비준, 2014.05.22 발효). // Официальный интернет-портал правовой информации. http://publication.pravo.gov.ru/document/0001201406250003?ysclid=lo3yhc7rr575653672&index=1 (검색일: 01.12.2023).

28 Кирьянов О. Из интервью с Толорая Г. Д. // Российская газета. Сетевое издание. 08.07.2012. https://rg.ru/2012/07/08/ekspert-site.html?ysclid=livp7u3t9f386636387 (검색일: 01.12.2023).

29 Шарафетдинова А. И. Сотрудничество России и КНДР в области привлечения трудовых ресурсов в условиях международных санкций // Корея перед новыми вызовами. М.: ИДВ РАН, 2017. С. 312–323.

30 전후 소련에서 다른 국가 출신 고용 노동자를 가리키는 일반적인 용어이다.

31 Безик И. В. Участие граждан КНДР в хозяйственном освоении советского Дальнего Востока (1950-е – начало 1960-х гг.) // Известия Восточного Института. Владивосток, 2011. С. 64–65.

32 장작과 산업 가공에 부적합한 목재를 제외한 둥글고 잘게 잘린 목재.

33 Бажанова Н. Е. Внешнеэкономические связи КНДР. В поисках выхода из тупика.М., 1993. С. 96.

34 소련 정부와 조선민주주의인민공화국 정부 간 산업 및 기타 시설의 건설·확장에 관한 경제·기술 협력 협정. 1966년 6월 20일 // Отношения Советского Союза с народной Кореей 1945–1980. Документы и материалы. М., 1981. С. 244.

35 Бажанова Н. Е. Внешнеэкономические связи КНДР. В поисках выхода из тупика. М., 1993. С. 97.

36 Забровская Л. В. Корейская Народно-Демократическая Республика в эпоху глобализации: от затворничества к открытости. Владивосток: Изд-во ТЦСР, 2006. С. 123.

37 러시아연방 정부와 조선민주주의인민공화국 정부 간 국민의 상호 여행에 관한 협정. 1997년 1월 24일 // Внешняя политика России. Сборник документов 1997. МИД России. М., 2001. С. 9–15.

38 Забровская Л. В. Миграционный вектор сотрудничества России с КНДР // Таможенная политика России на Дальнем Востоке. 2014. № 4 (69). С. 66.

39 2017년 12월 22일 유엔 안보리가 채택한 결의안 2397호에 따르면, 모든 북한 노동자와 동반 인원은 24개월 이내에 북한으로 추방되어야 한다.

제2장. 러시아-북한의 협력 활성화 단계 (2000~2001년)

1 소련과 조선민주주의인민공화국 간 우호·협력·상호원조 조약은 1961년 7월 6일 조선로동당 중앙위원회 위원장이자 조선민주주의인민공화국 내각 의장인 김일성이 이끄는 북한 당과 정부 대표단의 모스크바 방문을 계기로 체결됐다. 2000년까지 이 조약은 양국 간 우호·협력·동맹 관계를 법적으로 규정하는 주요 문서였다.

2 2000년 2월 9일 평양에서 이고리 이바노프 외무부 장관과 백남순 외무상이 서명했다.

3 Альтов А., Панин В. Северная Корея. Эпоха Ким Чен Ира на закате. М.: ОЛМА-ПРЕСС Образование, 2004. С. 222–223.

4 소련과 조선민주주의인민공화국 간 우호·협력·상호원조 조약. 1961년 7월 6일 // Отношения Советского Союза с Народной Кореей (1945–1980). М.: Наука, 1981. С. 196–197.

5 러시아 조선민주주의인민공화국 간 우호·친선·협력 조약 / 러시아연방 법무부 공식 사이트. 2000년 2월 9일. http://www.mid.ru/foreign_policy/international_contracts/2_contract/-/storage- viewer/

bilateral/page-219/46817 (검색일: 04.07.2018); http://pravo.gov.ru/proxy/ips/?docbody=&link_id=7&nd=201005724&collection=1&ysclid=liw6h31z6z793418770 (부록 참조).

6 "조로 친선 관계 발전의 력사적 리정표. 로동신문." 2017년 7월 19일. http://www.rodong.rep.kp/ko/index.php?strPageID=SF01_02_01&newsID=2017-07-19-0035 (검색일: 12.05.2018).

7 러시아연방 대외정책문서고. Ф. 102. Оп. 60. П. 131. Д. 7, Л. 64–65.

8 러시아연방 대외정책 개념. 2000년 6월 28일 푸틴 대통령 승인 // Консорциум Кодекс. Электронный фонд правовых и нормативно-технических документов. https://docs.cntd.ru/document/901764263?ysclid=lbgvlqh7x0780885291 (검색일: 01.12.2023).

9 같은 곳.

10 러시아연방 대외정책문서고. Ф. 102. Оп. 60. П. 131. Д. 7. Л. 64–65.

11 같은 곳.

12 2000년 7월 19일 러-북 공동선언은 미사일 방어를 포함한 많은 문제에 대해 동일한 접근 방식을 표명하고 있다. 이 선언에는 러시아 또는 북한에 대한 침략 위험이나 평화와 안전을 위협하는 상황이 발생하고 협의와 협력이 필요한 경우 러시아와 북한은 즉시 서로 접촉할 준비가 되어 있음을 명시하는 단락이 포함되어 있다. 양측은 또한 1972년 탄도미사일 조약의 보존과 강화를 지지했다. (러시아연방 대통령실 공식 사이트: http://www.kremlin.ru/supplement/3183 (검색일: 01.12.2023).

13 러시아연방 대외정책문서고. Ф. 102. Оп. 60. П. 131. Д. 4. Л. 25.

14 1999년 6월 20일 쾰른에서 보리스 옐친 러시아 대통령이 미사일 및 미사일 기술의 비확산에 대한 글로벌 통제 시스템(GCS)을 만들자는 구상을 제시했다. 이 프로젝트는 미사일 발사의 투명성 체제 및 해당 국제 센터의 설립, 대량살상무기(WMD)용 미사일 운반 시스템을 보유하지 않거나 보유를 포기한 해당 시스템 참여국에 대한 안전 보장, WMD용 미사일 운반 시스템 보유를 포기한 국가를 지원하는 메커니즘, 비확산 통제 체제 및 메커니즘 개선을 위한 정기 국제 협의 체제 등을 포함하는 일련의 국제 체제 및 메커니즘을 구축하기 위한 것이었다. GSC 설립 초안은 러시아연방의 주도로 2000년 3월 47개국, 2001년 2월 71개국이 참가한 가운데 소집된 국제 전문가 실무회의에서 두 차례 논의됐다. 그러나 문서는 채택되지 않았다.

15 러시아연방 대외정책문서고. Ф. 102. Оп. 60. П. 131. Д. 7. Л. 68..

16 같은 곳.

17 같은 곳. С. 75.

18 러시아연방 대외정책문서고. Ф. 102. Оп. 60. П. 131 Д. 7. Л. 100–101.

19 같은 곳. С. 142

20 http://www.kremlin.ru/events/president/transcripts/articles/21132?ysclid=l9wl735e64377307262 (검색일: 01.12.2023).

21 러시아연방 대외정책문서고. Ф. 102. Оп. 60. П. 131. Д. 4. Л. 30.

22 러시아연방 대외정책문서고. Ф. 102. Оп. 61. П. 135. Д. 031. Л. 24–25.
23 러시아연방 대외정책문서고. Ф. 102. Оп. 60. П. 131. Д. 7. Л. 97.
24 같은 곳. С. 130.
25 같은 곳.
26 https://koreanradio.info/joint-declaration-of-north-and-south-korea-15-june-2000/ (검색일: 01.12.2023).
27 러시아연방 대외정책문서고. Ф. 102. Оп. 60. П. 131. Д. 4. Л. 32.
28 같은 곳. С. 33.
29 같은 곳. С. 34.
30 같은 곳.
31 당시 양형섭 북한 최고인민회의 상임위원회 부위원장은 남한의 주요 언론사 사장단(그의 견해에 따르면, 동아일보, 중앙일보, 연합뉴스는 북한 지도부에 반동적이라고 여겨져 포함되지 않았다)과 김정일 조선로동당 위원장의 회동과 관련해 "남한 측이 북한 측에 말 그대로 구걸하고 있다"라며 "북한 지도자가 이를 받아들이지 않으면 남북 화해에 반대하는 사람들의 비판을 받게 될 것"이라고 주장한 것은 주목할 만한 대목이다. 당시 북한이 과거를 잊고 남한의 여야 대표들과 협력할 용의가 있다는 김정일의 발언에 대해 양형섭은 "이러한 촉구는 한국의 통일을 추구하는 모든 이에게 대화의 문을 열어준 것"이라고 강조했다. 러시아연방 대외정책문서고. Ф. 102. Оп. 60. П. 131. Д. 7. Л. 128. 양형섭 부위원장은 남측 언론인들의 방북 결과를 긍정적으로 평가하면서도 의회 관계를 포함한 남북 관계의 발전 전망에 대해서는 신중한 태도를 보였다. 그에 따르면 남한이 의회 간 접촉을 제안했지만, 북한은 먼저 대한민국 국회의 정상적 운영을 제안했다.
32 러시아연방 대외정책문서고. Ф. 102. Оп. 60. П. 131. Д. 7. Л. 128.
33 같은 곳. С. 123.
34 러시아연방 대외정책문서고. Ф. 102. Оп. 60. П. 131. Д. 7. Л. 125.
35 러시아연방 대외정책문서고. Ф. 102. Оп. 61. П. 135. Д. 031. Л. 19.
36 '김정은' // 타스통신 백과. https://tass.ru/encyclopedia/person/kim-chenyn?ysclid=lbdv9xp7na593103059 (검색일: 02.12.2023).
37 같은 곳. С. 33.
38 러시아연방 대외정책문서고. Ф. 102. Оп. 61. П. 135. Д. 031. Л. 28–29.

제3장. 2000년 조약 체결 이후 북한 대외정책과 경제 상황

1 러시아연방 대외정책문서고. Ф. 102. Оп. 60. П. 131. Д. 7. Л. 62–63.

2 러시아연방 대외정책문서고. Ф. 102. Оп. 61. П. 135. Д. 031. Л. 32–34.

3 러시아연방 대외정책문서고. Ф. 102. Оп. 60. П. 131. Д. 7. Л. 102.

4 러시아연방 대외정책문서고. Ф. 102. Оп. 61. П. 135. Д. 031. Л. 168–169.

5 1970년 일본 항공기를 납치해 북한에 정치적 망명을 신청한 다섯 명의 무장 세력에 관한 이야기이다. 일본 적군은 활동가들의 특별한 광신주의가 특징이었다. 테러 행위를 저지른 '적군 병사'들은 사무라이처럼 적의 손에 넘어가기보다는 무기를 손에 들고 죽거나 자살하는 것을 택했다. 주저하고 신뢰할 수 없는 활동가들에 대한 처벌의 불가피성을 바탕으로 한 극도의 규율로 다른 좌익 조직과 차별화된 일본 적군은 곧 세계에서 가장 심각한 좌익 급진 무장 조직 중의 하나가 되었다.

6 러시아연방 대외정책문서고. Ф. 102. Оп. 61. П. 135. Д. 031. Л. 168–169.

7 러시아연방 대외정책문서고. Ф. 102. Оп. 61. П. 135. Д. 031. Л. 170–171.

8 러시아연방 대외정책문서고. Ф. 102. Оп. 61. П. 135. Д. 031. Л. 173–175.

9 같은 곳.

10 러시아연방 대외정책문서고. Ф. 102. Оп. 60. П. 131. Д. 4. Л. 26–27.

11 러시아연방 대외정책문서고. Ф. 102. Оп. 61. П. 135. Д. 031. Л. 170–171.

12 1990년 10월 3일 동독이 독일연방공화국 헌법에 따라 독일연방공화국에 편입된 것을 말한다.

13 러시아연방 대외정책문서고. Ф. 102. Оп. 60. П. 131. Д. 7. Л. 76–77.

14 같은 곳 Л. 78.

15 유고슬라비아연방공화국은 1992년 4월 27일 유고연방공화국이 해체된 후 세르비아와 몬테네그로 두 공화국으로 구성되어 설립됐다.

16 러시아연방 대외정책문서고. Ф. 102. Оп. 60. П. 131. Д. 7. Л. 130.

17 러시아연방 대외정책문서고. Ф. 102. Оп. 61. П. 135. Д. 031. Л. 173.

18 러시아연방 대외정책문서고. Ф. 102. Оп. 60. П. 131. Д. 7. Л. 105.

19 러시아연방 대외정책문서고. Ф. 102. Оп. 60. П. 131. Д. 7. Л. 148.

20 러시아연방 대외정책문서고. Ф. 102. Оп. 61. П. 135. Д. 031. Л. 16.

21 러시아연방 대외정책문서고. Ф. 102. Оп. 61. П. 135. Д. 031. Л. 161.

22 같은 곳.

23 러시아연방 대외정책문서고. Ф. 102. Оп. 60. П. 131. Д. 7. Л. 114.

24 포괄적핵실험금지조약은 1996년 9월 24일 유엔 총회에서 승인됐으며, 서명 개시일에 러시아, 중국,

미국, 프랑스, 영국이 서명했다. 현재 183개국이 서명하고 166개국이 비준했다. 미국, 중국, 이집트, 이스라엘, 이란이 서명했지만 비준하지 않았고 인도, 파키스탄, 북한이 서명하지 않아 아직 발효되지 않았다. 이 조약은 핵실험 폭발뿐만 아니라 평화적 목적의 핵폭발도 금지하고 있다. 이 금지는 대기권, 우주, 수중, 지하 등 모든 영역에 적용되며 절대적이고 포괄적이다.

25 러시아연방 대외정책문서고. Ф. 102. Оп. 60. П. 131. Д. 7. Л. 145.

26 아시아개발은행(ADB)은 1966년에 설립됐으며, 직접 대출과 기술 지원을 통해 아시아 국가의 경제 성장을 촉진하는 것이 주요 목표이다. 본사는 필리핀 마닐라에 있다. 아시아개발은행의 공식 웹사이트는 www.adb.org이다.

27 러시아연방 대외정책문서고. Ф. 102. Оп. 60. П. 131. Д. 7. Л. 150–160.

28 Гринюк В. А. Проблема «похищенных японцев» в отношениях Японии и КНДР // Япония: Ежегодник. 2006. С. 55–70.

29 Похищения японских граждан Северной Кореей. https://www.ru.emb-japan.go.jp/major_policies/abduction/index.html (검색일: 03.12.2023).

30 유엔 세계식량계획은 1995년부터 북한에 지원을 제공해 왔다.

31 러시아연방 대외정책문서고. Ф. 102. Оп. 61. П. 135. Д. 031. Л. 162.

32 같은 곳. Л. 32–34

33 남북한을 연결하는 철도는 1945년 해방과 분단 이후 끊겼다.

34 러시아연방 대외정책문서고. Ф. 102. Оп. 60. П. 131. Д. 7. Л. 143, 144.

35 러시아연방 대외정책문서고. Ф. 102. Оп. 60. П. 131. Д. 7. Л. 96.

36 1949년 1월 19일 채택되어 1980년 개정됐고(법률 제3318호) 1994년 최종 재개정됐다(법률 제4704호). 러시아 출신의 한국학 연구자인 이고리 톨스토쿨라코프에 따르면, 제6공화국 정치 체제 내에서 국가보안법이 지속되고 있다는 것은 한국 사회가 아직 냉전의 이념적 흔적이나 권위주의적 과거의 유산에서 완전히 자유롭지 못하다는 것을 나타낸다. 국가보안법의 여러 조항은 매우 구체적이지 않아 폭넓은 해석이 가능하며, 국가 안보와 직접 관련이 없는 경우도 많지만 필요한 경우 개인의 권리를 박탈할 수 있는 조항도 있다. Толстокулаков И. А. Эволюция законодательства Республики Корея в сфере национальной безопасности // Вестник ДВО РАН. 2007. № 5. С. 78.

37 러시아연방 대외정책문서고. Ф. 102. Оп. 60. П. 131. Д. 7. Л. 94–95.

38 러시아연방 대외정책문서고. Ф. 102. Оп. 61. П. 135. Д. 031. Л. 20.

39 같은 곳. Л. 25–26.

40 Корейское урегулирование и интересы России. М.: ИДВ РАН; Русская панорама, 2008. С. 190.

41 2003년 8월 27일부터 29일까지 베이징에서 북한 핵 프로그램 위기 해결을 위한 1차 6자 회담이 열렸다. 러시아 대표단은 A. 로슈코프 외무부 차관보, 북한 대표단은 김용일 외무성 부상, 미국 대표단은 존 켈리 국무부 차관보, 중국은 왕이 외교부 부장조리, 일본은 야부나카 미토지 외무성 아시아·오세아니아 국장, 대한민국은 이수혁 외교통상부 차관보가 수석대표로 참석했다. 북한은 핵무기 개발을 하지 않겠다는 조건으로 네 가지 기본 요구 사항을 미국에 제시했다. 네 가지 사항은 미국과의 불가침 조약 체결, 북한과의 외교 관계 수립, 일본 및 남한과의 경제 협력 보장, 마지막으로 북한에 에너지 수요를 위한 경수로 제공이었다. История ядерной программы КНДР // Сайт информационного агентства ТАСС. 09.09.2022. https://tass.ru/info/15705573?ysclid=loqz6x4s4q998499987 (검색일: 03.12.2023).

42 2005년 2월 북한은 "오직 자위와 억지력만을 위한" 핵무기 보유를 선언했고, 2006년 10월 9일 함경북도 길주군 풍계리 핵실험장에서 첫 지하 핵실험을 실행했다(서방 추정치에 따르면 TNT 환산 1킬로톤 미만). 이후 다섯 차례의 실험이 더 이어졌다(2009년 5월 25일, 2013년 2월 12일, 2016년 1월 6일과 9월 9일, 2017년 9월 3일). 네 번째와 여섯 번째 실험은 북한에서 열핵 실험이라고 주장했다. 최근까지 대륙간 탄도미사일에 소형 핵탄두를 장착할 수 있는 기술적 가능성에 대한 신뢰할 수 있는 정보는 없었다(북한은 2006년부터 그와 같은 미사일을 발사해 왔다). 미국 연구자들은 북한이 10~20개의 사용 가능한 핵탄두를 보유하고 있으며, 핵물질은 30~60개의 핵탄두를 만들기에 충분한 것으로 추정하고 있다. Пахомов А. Американские эксперты считают, что Пхеньян может располагать 10–20 ядерными боеголовками // Сайт информационного агентства ТАСС. 18.01.2018. https://tass.ru/mezhdunarodnaya-panorama/4882515?ysclid=loqzbdt84b608997563 (검색일: 03.12.2023); Ядерная программа КНДР. Досье // 같은 곳. 09.01.2018. https://tass.ru/info/4862173?ysclid=loqzdzpfuz198063150 (검색일: 03.12.2023).

43 1950~53년 한국전쟁 기간에 북한의 행동을 규탄하는 5개의 결의안이 채택됐다.

44 1차 6자 회담은 2003년 8월에 열렸다. 2005년 9월 19일에는 무력 사용 없이 한반도의 '비핵화'를 추구한다는 협상 참가국들의 의사를 담은 공동성명이 채택됐다. 미국이 북한에 압력을 가하려는 시도(방코델타아시아 은행의 북한 계좌 동결 등)는 북한의 반발을 불러일으켰다. 이에 따라 2006년 9월 10일 북한은 핵무기 실험을 발표했다. 2006년 10월 4일 유엔 안전보장이사회 결정에 따라 북한에 대한 국제 제재가 부과됐다. 2007년 2월과 10월 참가국들은 북한의 '비핵화'를 위한 공동 행동 프로그램을 마련했다. 2008년 말까지 영변의 북한 핵 시설 해체가 대부분 완료됐고, 북한은 핵 프로그램에 대한 신고서를 제출했다. 2008년 10월 미국은 북한을 국제 테러 지원국 명단에서 삭제하고 적성국 교역법에서 제외했으며 북한에 연료유를 계속 공급하고 다른 유형의 보상 지원을 제공했다. 2007년 10월에는 평양에서 제2차 남북 정상회담이 개최되어 한국전쟁을 끝낸 정전협정을 평화협정으로 대체하기로 합의하고 남북한 간의 경제·인도주의 협력을 확대하는 방안에 합의했다. 2008년 이명박이 이끄는 대한민국 신정부가 집권한 후 대북 관계 발전에서 핵 군축에 의존하게 되면서 공식적인 차원의 양국 간 접촉은 중단됐다. 2009년 5월 4일 북한은 위성을 탑재한 탄도 미사일을 발사했다. 2009년 4월 14일 유엔 안보리는 북한이 탄도 미사일 프로그램과 관련된 모든 활동을 중단할 것을 요구하는 유엔 결의 1718호 5항을 위반한 행위라고 규탄했다. 이에 대응하여

북한 지도부는 6자 회담에서 탈퇴하고 원자력 및 핵 억지력 개발을 재개했다. B. И. Денисов. Корея / Исторический очерк // Большая российская энциклопедия. 2004–2017. https://old.bigenc.ru/geography/text/2096962?ysclid=lo5lzg90jx300455004 (검색일: 03.12.2023).

45 2009년 6월 12일 유엔 안보리 결의안 1874호 이행 조치(2016.12.29.)에 관한 러시아연방 대통령령 제729호. 2019.04.12. 제161호로 개정됨 // 러시아 대통령실 공식 웹사이트. http://www.kremlin.ru/acts/bank/30805 (검색일: 22.08.2022); 드미트리 메드베데프는 "2010년 6월 9일 유엔 안보리 결의 1929호 이행 조치에 관한 법령"에 서명했다. // 같은 곳. 2010년 9월 22일. http://www.kremlin.ru/events/president/news/8986 (검색일: 2022.08.22); "2016.11.30 유엔 안보리 결의 2321 이행 조치에 관한 러시아연방 대통령령 제484호. 2017.10.14. 법률 정보 공식 인터넷 포털. http://publication.pravo.gov.ru/ocument/View/0001201710160039 (검색일: 22.08.2022).

제4장. 미사일·핵실험 속 러시아-북한 관계 발전 역학

1 В КНДР завершается перекрестный год дружбы между Россией и Северной Кореей // Информационно-аналитическое агентство «Восток России». 14.10.2015. https://www.eastrussia.ru/news/v-kndr-zavershaetsya-perekrestnyygod-druzhby-mezhdu-rossiey-i-severnoykoreey/ (검색일: 12.05.2018).

2 Миклашевская А. Северокорейская экономика растет быстрее южнокорейской. // Коммерсант.ru. 21.07.2017. www.kommersant.ru/doc/3365113 (검색일: 31.08.2017).

3 Lee J. North Korea's Economy Is Growing at Its Fastest Pace Since 1999. // Bloomberg. 21.07.2017. https://www.bloomberg.com/news/articles/2017-07-21/north- korea-s-economy-rebounds-from-drought-amid-missilefocus (검색일: 29.09.2017).

4 Торговля между Россией и КНДР (Северной Кореей) в 2020 г. Отчет о внешней торговле между Россией и КНДР (Северной Кореей) в 2020 году: товарооборот, экспорт, импорт, структура, товары, динамика. 13 февраля 2021 г // Внешняя торговля России. Электронный ресурс. https://russian-trade.com/reports-and-reviews/2021-02/torgovlya-mezhdu-rossiey-i-kndr-severnoy- koreey-v2020-g/?ysclid=lo7nq6xqz561557291 (검색일: 03.12.2023).

5 Анализ ситуации: Товарооборот Северной Кореи с внешним миром в 2020 г. сокращается небывалыми темпами // Сайт Ценкомпании Asia Risk Research Center («Центр исследования рисков в Азии»). Центра исследования рисков в Азии. 20.12.2020. https://asiarisk.org/novosti/49-analiz-situatsiitovarooborot-severnoj-korei-s-vneshnim- mirom-v-2020-

g-sokrashchaetsyanebyvalymi-tempami?ysclid=lo5lym9eq5601607991 (검색일: 03.12.2023).

6 Питалев И. МИД Северной Кореи объяснил желание сотрудничать с Россией // РИА Новости. 16.04.2017. https://ria.ru/world/20170416/1492355300.html (검색일: 13.05.2018).

7 "세계평화와 안전을 위협하는 장본인 과연 누구인가." 로동신문. 2017년 10월 5일. http://www.rodong.rep.kp/ko/index.php?strPageID=SF01_02_01&newsID=2017-10-15-0034 (검색일: 13.05.2018).

8 Зеленин О. РФ передала ООН данные Минобороны о проведенном КНДР ракетном испытании // Сайт Информационного агентства ТАСС. 2017. 9 июля. http://tass.ru/politika/4399599 (검색일: 14.05.2018).

9 "진짜 소경인가 아니면 소경 흉내를 내는가." 조선중앙통신. 2017년 8월 9일. http://kcna.kp/kp/article/q/921ce1ba77ac6a4523c0dec45ceb6cad.kcmsf (검색일: 16.05.2018).

10 Питалев И. Небензя: односторонние санкции в отношении КНДР ущербны и незаконны // РИА-Новости. 2017. 5 августа. https://ria.ru/world/20170805/1499829071.html (검색일: 12.05.2018).

11 Посол РФ заявил, что гуманитарная ситуация в КНДР ухудшается из-за санкций // Сайт Информационного агентства ТАСС. 2017. 6 февраля. https://tass.ru/politika/4932367 (검색일: 27.05.2018).

12 Комментарий Департамента информации и печати МИД России в связи с принятием резолюции Совета Безопасности ООН 2397 // Официальный сайт МИД РФ. 2017. 23 декабря. http://www.mid.ru/web/guest/maps/kp/-/asset_publisher/VJy7Ig5QaAII/content/id/3001355 (검색일: 26.05.2018).

13 В постпредстве КНДР заявили, что санкции ООН душат северокорейский народ // Сайт Информационного агентства ТАСС. 2018. 13 февраля. http://tass.ru/mezhdunarodnaya-panorama/4952488 (검색일: 27.05.2018).

14 Резолюции Комитета по санкциям 1718 (по КНДР) Совета Безопасности ООН // Сайт Совета Безопасности ООН. https://www.un.org/securitycouncil/ru/sanctions/1718/resolutions (검색일: 18.08.2022).

15 Федеральная служба государственной статистики. Россия в цифрах. 2016: Крат. стат. сб. / Росстат. М., 2016. С. 102–103. * 2015년부터 비자가 필요 없는 순서로 도착한 외국인의 노동 활동 수행 절차가 변경됐다. ** 2016년에는 러시아연방 통계청에서 데이터가 추가 확증했다.

16 Труд и занятость в России. 2015: Стат. сб. / Росстат. М., 2015. С. 180–181. https://rosstat.gov.ru/bgd/regl/B15_36/Main.htm (검색일: 28.03.2017).

17 Труд и занятость в России. 2015: Стат. сб. / Росстат. М., 2015. С. 182. https://rosstat.gov.

ru/bgd/regl/B15_36/Main.htm (검색일: 28.03.2017). * 2015~16년 데이터에 대한 정보는 러시아 외무부 1DA에서 추가 확증했다.

18 Перспективы строительства понтонного моста между Россией и Северной Кореей обсудили Администрация Приморья и МИД КНДР / Сайт правительства Приморского края. 13.09.2016. http://www.primorsky.ru/news/117980/ (검색일: 03.12.2023).

19 Miller G., Fifi eld A. U. N. condemns North Korean launch aft er an emergency meeting. February 7, 2016 // The Washington Post. https://www.washingtonpost.com/world/national-security/un-condemns-north-korean-launch-after-anemergency-meeting/2016/02/07/01a89d9a-cdb4-11e5-88cd-753e80cd29ad_story.html (검색일: 03.12.2023).

20 Wachtel J. Russia holds up vote on US-draft ed North Korea sanctions resolution at UN. February 29, 2016 // Fox News Channel. http://www.foxnews.com/world/2016/02/29/russia-holds-up-vote-on-us-drafted-north-korea-sanctionsresolution-at-un.html (검색일: 03.12.2023).

21 Саманта Пауэр: Поправки России не снизили жесткость санкций против КНДР // RT.com. Сетевое издание. 3 марта 2016 г. https://russian.rt.com/inotv/2016-03-03/Samanta-Pauer-Rossiya-pomogla-nam (검색일: 03.12.2023).

22 Трунина А. КНДР призвала страны ООН не поддерживать США для собственной безопасности // РБК. Сетевое издание. 17 окт. 2017. https://www.rbc.ru/politics/17/10/2017/59e55ace9a7947570f470397 (검색일: 03.12.2023).

23 유엔은 북한 주민들이 러시아에서 일하도록 강제 송출된 사실을 알아냈다. 2015년 10월 29일. https://www.rbc.ru/politics/29/10/2015/563222559a79479d2369649b (검색일: 03.12.2023).

24 Rights group accuses North Korea of using citizens as slave labor // DW. 12.04.2015. http://www.dw.com/en/rights-group-accuses-north-korea-of-using-citizensas-slave-labor/a-18894803 (검색일: 03.09.2018).

25 『러시아 드림: 러시아 지역 북한 노동자의 근로와 인권 실태』. 서울, 2016. P. 143.

26 Cho Yi-jun. U. S. Tries to Cut off N. Korea's Oil Supplies, Labor Exports. // Chosun. March 23, 2017. http://english.chosun.com/site/data/html_dir/2017/03/23/2017032301501.html (검색일 03.12.2023).

27 알렉산드르 마체고라 북한 주재 러시아 대사의 타스통신 인터뷰. 2017년 2월 10일. // 러시아연방 외무부 공식 사이트. https://www.mid.ru/tv/?id=1555166&lang=ru (검색일: 29.03.17).

28 S/RES/2375 (2017) // Сайт Совета Безопасности ООН. 11 September 2017. https://www.un.org/securitycouncil/ru/node/45240 (검색일: 08.12.2023).

29 Коростиков М. РФ и КНДР сближают США // Коммерсант.ru. Сетевое издание. 2018. 11 апреля. https://www.kommersant.ru/doc/3599390 (검색일: 25.05.2018).

30 151 Латышева А. В Пхеньяне состоялось 8 заседание Межправительственной комиссии России и КНДР // Официальный сайт Министерства РФ по развитию Дальнего Востока и Арктики. 2018. 22 марта. https://minvr.ru/press-center/news/14170/?sphrase_id=406768 (검색일: 27.05.2018).

31 "친선적인 협조관계의 전통을 계스하여." 로동신문. 2018년 3월 17일. http://www.rodong.rep.kp/ko/index.php?strPageID=SF01_02_01&newsID=2018-03-17-0038 (검색일: 27.05.2018).

32 Первое заседание военной комиссии КНДР и России началось в Пхеньяне // Известия. Сетевое издание. 2017. 14 декабря. https://iz.ru/683006/2017-12-14/pervoe-zasedanie-voennoi- komissii-kndr-i-rossiinachalos-v-pkheniane (검색일: 12.06.2018).

33 Осуждение жестких санкций США // Нодон синмун. 04.11.2017; Россия заявляет, что санкции не решат проблему // Нодон синмун. 01.11.2017; Требование России к США не обострять ситуацию на Корейском полуострове // Нодон синмун. 16.10.2017.

34 "경애하는 최고령도자 김정은 동지께 로씨야련방 대통령이 축전을 보내여 왔다." 로동신문. 2017년 8월 15일. http://www.rodong.rep.kp/ko/index.php?strPageID=SF01_02_01&newsID=2017-08-15-0005 (검색일: 05.07.2018).

35 "조선민주주의인민공화국 국무위원회 위원장 김정은 동지께서 로씨야련방 대통령에게 축전을 보내시였다." 로동신문. 2018년 3월 21일. http://www.rodong.rep.kp/ko/index.php?strPageID=SF01_02_01&newsID=2018-03-21-0001 (검색일: 05.07.2018).

36 이런 행동을 뒷받침해 줄 또 다른 설명은 파트너 간의 모순을 이용하려는 동양적 전통의 교활함에서 찾을 수 있다.

37 "제19차 공산당, 로동당들의 국제회의 진행." 로동신문. 2017년 11월 5일. http://www.rodong.rep.kp/ko/index.php?strPageID=SF01_02_01&newsID=2017-11-05-0037 (검색일: 04.07.2018); "조선로동당 중앙위원회가 로씨야련방공산당 중앙위원회에 축전을 보내였다." 로동신문. 2018년 2월 15일. http://www.rodong.rep.kp/ko/index.php?strPageID=SF01_02_01&newsID=2018-02-15-0007 (검색일: 04.07.2018).

38 Выступление и ответы на вопросы СМИ Министра иностранных дел России С. В. Лаврова по итогам переговоров с Министром иностранных дел КНДР Ли Ён Хо, Москва, 10 апреля 2018 года // Офиц. сайт МИД РФ. 2018 г. 10 апреля. http://www.mid.ru/web/guest/meropriyatiya_s_uchastiem_ministra/-/asset_publisher/xK1BhB2bUjd3/content/id/3162263 (검색일: 05.05.2018).

제2부. 러시아-북한의 기본 협력 분야 (2011~23)

제1장. 김정은 치하의 북한 정치

1 조선민주주의인민공화국 사회주의 헌법 // Нэнара – Корейская НародноДемократическая Республика (КНДР). http://naenara.com.kp/index.php/Main/index/ru/politics?arg_val=constitution (검색일: 03.12.2023).

2 Опубликование Закона о политике КНДР в отношении ядерных вооруженных сил // ЦТАК. http://kcna.kp/ru/article/q/5f0e629e6d35b7e3154b4226597df4b8.kcmsf (검색일: 03.12.2023).

3 Прошла IX сессия ВНС КНДР четырнадцатого созыва // Uriminzokkiri. http://uriminzokkiri.com/index.php?lang=rus&ptype=cforev&stype=2&ctype=3&mtype=view&no=49738 (검색일: 03.12.2023).

4 이해준 «항공기·전투차·헬기 상위 5위»…韓군사력 세계 6위, 북한은 // 중앙일보. 2023년 6월 17일. www.joongang.co.kr/article/25170545 (검색일: 03.12.2023).

5 Ким Чен Ын. Беседа с ответственными работниками ЦК ТПК. 6 апреля 2012 г. // Идеи чучхе в надежных руках. Маршал Ким Чен Ын. М.: Форум, 2015.

6 김정은 // 타스통신 백과 // https://tass.ru/encyclopedia/person/kim-chenyn?ysclid=lbdv9xp7na593103059 (검색일: 03.12.2023).

7 같은 곳.

8 같은 곳.

9 같은 곳.

10 같은 곳.

11 Glass A. President Bush cites 'axis of evil,' Jan. 29, 2002 // The Politico. Электронное СМИ. 01.29.2019. https://www.politico.com/story/2019/01/29/bush-axis-ofevil-2002–1127725 (검색일: 03.12.2023).

12 Pak Jung H. Becoming Kim Jong Un. A former CIA officer's insight into North Korea's enigmatic young dictator. New York: Ballantine books, 2020. P. 67.

13 이는 2006~2009년 북한 업무 출장 중 저자가 현지에서 개인적으로 인터뷰하고 관찰한 내용을 통해 알려진 사실이다.

14 Ким Чен Ын // Энциклопедия Информационного агентства ТАСС. Электронный ресурс. https://tass.ru/encyclopedia/person/kim-chenyn?ysclid=lbdv9xp7na593103059 (검색일: 03.12.2023).

15 Джеппсен Т. Добро пожаловать в Пхеньян. Спб.: Питер, 2019.

16 덩샤오핑: 1975~80년 중화인민공화국 국무원 부주석.

17 안문석. 『북한 민중사』. 서울, 2020. P. 539.

18 같은 곳. P. 560–565.

19 Pak Jung H. Becoming Kim Jong Un. A Former CIA Officer's Insight into North Korea's Enigmatic Young Dictator. New York: Ballantine Books, 2020. P. 67.

20 김정은 // 타스통신 백과. https://tass.ru/encyclopedia/person/kim-chenyn?ysclid=lbdv9xp7na593103059 (검색일: 03.12.2023).

21 Более ста южнокорейских рабочих вернулись на родину из совместной с Севером промзоны в Кэсоне // Сайт информационного агентства ТАСС. 27.04.2013. https://tass.ru/glavnie-novosti/514672 (검색일: 03.12.2023).

22 Кирьянов О. Эксперт: КНДР продемонстрировала колоссальный прогресс в военном ракетостроении // Российская газета. Сетевое издание. 12.01.202. https://rg.ru/2022/01/12/ekspert-kndr-prodemonstrirovala-kolossalnyjprogress-v-voennom-raketostroenii.html (검색일: 03.12.2023).

23 Асмолов К. В. Новые санкции против Ким Чен Ына. // Новое восточное обозрение. Сетевое издание. https://journal-neo.su/ru/2016/07/22/novy-e-sanktsiiprotiv-kim-chen-y-na/ (검색일: 03.12.2023).

24 Pak Jung H. Becoming Kim Jong Un. A Former CIA Officer's Insight into North Korea's Enigmatic Young Dictator. New York: Ballantine Books, 2020. P. 80.

25 집행정치위원회의 명칭이 '비서국'으로 변경됐다.

26 Ким Чен Ын // Энциклопедия Информационного агентства ТАСС. https://tass.ru/encyclopedia/person/kim-chenyn?ysclid=lbdv9xp7na593103059 (검색일: 03.12.2023).

27 Воронцов А.В, Шарафетдинова А. И. О распространении коронавируса COVID-19 в КНДР // Сайт Института востоковедения РАН. https://www.ivran.ru/articles?artid=210511&ysclid=lisria2fgk384699378 (검색일: 03.12.2023).

28 Лидер КНДР казнил практически всех родственников своего дяди // Forbes. Сетевое издание. 26.01.2014. https://www.forbes.ru/news/250139-lider-kndrkaznil-vsekh-rodstvennikov-svoego-dyadi?ysclid=lbepl13p1d842529899 (검색일: 03.12.2023).

29 Бывшие узники из КНДР рассказали ООН об ужасах корейских концлагерей// https://www.rbc.ru/society/23/08/2013/57040e4d9a794761c0ce0f49?ysclid=listymk6gk898443525 (검색일: 03.12.2023).

30 Корейский опыт преодоления коронакризиса. Дискуссия с Александром Воронцовым

и Ли Сангмином // Сайт Российского совета по международнымделам. 22.04.2020. https://russiancouncil.ru/analytics-and-comments/columns/asian-kaleidoscope/koreyskiy-opyt-preodoleniya-koronakrizisadiskussiya-s-aleksandrom-vorontsovym-i-li-sangminom/ (검색일: 03.12.2023).

31 러시아연방 대외정책문서고. Ф. 102. Оп. 60. П. 131. Д. 7. Л. 74.

32 Абдуллина А. Всё летит по плану. Росавиация предложила российским авиаперевозчикам начать полеты в Пхеньян. // Коммерсантъ. Электронное СМИ. 20.11.2023. https://www.kommersant.ru/doc/6349574 (검색일: 03.12.2023).

제2장. 새로운 지정학 조건 속의 러시아-북한 간 정치 대화

1 Россия предложила КНДР поставки своих вакцин против COVID-19. 01.06.2022 // Сайт информационного агентства РИА-Новости. 01.06.2022. https://ria.ru/20220601/vaktsiny-1792238735.html?ysclid=l6z0uo41m3137590789 (검색일: 18.08.2022).

2 Генассамблея ООН потребовала от России «немедленно» вывести свои войска из Украины // Сайт Организации Объединенных Наций. 02.03.2022. https://news.un.org/ru/story/2022/03/1419092 (검색일: 19.08.2022).

3 주권국가의 정당한 선택. 조선중앙통신. // 조선민주주의인민공화국 외무성. 2022년 7월 26일 http://www.mfa.gov.kp/view/article/15509 (검색일: 19.08.2022).

4 조선민주주의인민공화국 외무성 대변인 성명. 조선중앙통신. 2022년 7월 15일. http://www.mfa.gov.kp/view/article/15450 (검색일: 12.09.2022).

5 Украина разорвала дипотношения с КНДР. // Сайт информационного агентства РИА-Новости. 13.07.2022. https://ria.ru/20220713/ukraina-1802285402.html (검색일: 23.08.2022).

6 Портякова Н. «Северокорейцы не выставляют нам счета после каждого голосования в ООН»: Посол РФ в КНДР Александр Мацегора – о мотивации Пхеньяна в признании ДНР и ЛНР // Известия.ru. Сетевое издание. 18 июля 2022. https://iz.ru/1365120/nataliia-portiakova/severokoreitcy-ne-vystavliaiutnam-scheta-posle-kazhdogo- golosovaniia-v-oon?ysclid=l70cq2ax9y532738239 (검색일: 19.08.2022).

7 Пушилин выразил готовность посетить КНДР // Сайт информационного агентства РИА-Новости. 29.07.2022. https://ria.ru/20220729/kndr-1805858940.html?ysclid=l70ck4das9272109867 (검색일: 19.08.2022).

8 경애하는 김정은 동지께서 로씨야련방 대통령에게 축전을 보내시였다. 조선중앙통신. 2022년 5월 9일. https://kcna.kp/kp/article/q/a4cb6274ec7d6b31a0905b12d87254da.kcmsf (검색일: 09.09.2022). (Статья отправлена в архив).

9 경애하는 김정은 동지께서 로씨야련방 대통령에게 축전을 보내시였다. 조선중앙통신. 2022년 6월 12일. https://kcna.kp/ru/article/q/3fb ce4d12abb647d96780ae0f8ebb7ce.kcmsf (검색일: 09.09.2022). (Статья отправлена в архив).

10 경애하는 김정은 동지께서 조국 해방 77돐에 즈음하여 해방탑에 화환을 보내시였다. 로동신문. 2022년 8월 15일. http://rodong.rep.kp/ko/index.php?strPageID=SF01_02_01&newsID=2022-08-15-0003 (검색일: 19.08.2022).

11 같은 곳.

12 РФ и Китай наложили вето в СБ ООН на резолюцию о санкцияхпротив КНДР // Известия.ru. Сетевое издание. 26 мая 2022. https://iz.ru/1340667/2022-05-26/rf-i-kitai-nalozhili-veto-v-sb-oon-na-rezoliutciiuo-sanktciiakh-protiv-kndr (검색일: 03.12.2023).

13 Russia Sanctions Dashboard // Сайт американской технологической компании Castellum.AI. https://www.castellum.ai/russia- sanctions-dashboard (검색일: 03.12.2023).

14 Захарова: Россия ожидает от СБ ООН конструктивного отношения к резолюциио помощи КНДР // Сайт информационного агентства ТАСС. 3 ноября 2021 г. https://tass.ru/politika/12837081?ysclid=l7u9c5fvg1774649219 (검색일: 19.08.2022).

15 Ответ заместителя Министра иностранных дел России И. В. Моргулова на вопрос СМИ о российско-китайском проекте резолюции Совета Безопасности ООН в отношении КНДР. // Офиц. сайт МИД РФ. 12.11.2021. https://mid.ru/ru/foreign_policy/news/1785914/ (검색일: 19.08.2022).

16 Выступление заместителя руководителя делегации РФ на 10-й Конференции по рассмотрению действия Договора о нераспространении ядерного оружия И. С. Вишневецкого (общие прения), Нью-Йорк, 2 августа 2022 года // Офиц. сайт МИД РФ. https://mid.ru/ru/foreign_policy/news/1824889/ (검색일: 19.08.2022).

17 Выступление заместителя руководителя делегации РФ на 10-й Конференции по рассмотрению действия Договора о нераспространении ядерного оружия И. С. Вишневецкого, II Главный комитет, Нью Йорк, 8 августа 2022 года // Там же. https://mid.ru/ru/foreign_policy/news/1825672/ (검색일: 19.08.2022).

18 김여정 조선로동당 중앙위원회 부부장 담화. 조선중앙통신. 2023년 1월 27일. http://www.kcna.kp/kp/article/q/5d8e1c0cbb0d7d5830c453c815fd28f4.kcmsf (검색일: 04.12.2023).

19 First on CNN: US accuses North Korea of trying to hide shipments of ammunition to Russia // CNN Politics. 2.11.2022. https://edition.cnn.com/2022/11/02/politics/north-korea-russia-

ammunition/index.html (검색일: 04.12.2023).

20 Посол России в Пхеньяне: речи о поставках боеприпасов КНДР в Россию не идет // Сайт информационного агентства РИА-Новости. 25.05.2023. https://ria.ru/20230525/kndr-1873989077.html?ysclid=liu326qpmy300007703 (검색일: 04.12.2023).

21 Shweta Sharma North Korea insists it has never had arms dealings with Russia // Independent. 08 November 2022. https://www.independent.co.uk/asia/east-asia/north-korea-russia-arms-dealings-ukraine-b2220107.html (검색일: 08.12.2021).

22 Посол России в КНДР опроверг поставки оружия Пхеньяном для ЧВК «Вагнер» // РБК. Сетевое издание. 2 февраля 2023 г. https://www.rbc.ru/politics/02/02/2023/63da4ad59a7947eb59f1c579?ysclid=liu50fdthm347714589 (검색일: 04.12.2023).

23 조선민주주의인민공화국 외무성 임천일 부상 담화. 2023.04.25. http://mfa.gov.kp/view/article/16884 (검색일: 04.12.2023).

24 같은 곳.

25 Посол КНДР отметил, что пандемия не помешала развитию отношений Пхеньянаи Москвы // Сайт информационного агентства ТАСС. https://tass.ru/mezhdunarodnaya-panorama/17591777 (검색일: 04.12.2023).

26 같은 곳.

27 조선로동당 중앙위원회 정치국 상무위원회 위원이며 당 중앙위원회 비서이며 당 중앙군사위원회 부위원장인 리병철 원수가 조선중앙통신사를 통하여 미국의 도발적 행위에 대한 강경한 경고 립장을 발표. 조선중앙통신. 2023년 4월 17일.http://www.kcna.kp/kp/article/q/65e93d8a71e2fc200437c1459d7e1508ba1e9953f66e83db4d36b5f34a3d29ff 044887e01a724359dceb01b59a43b1c6.kcmsf (검색일: 04.12.2023).

28 Небензя В. А. в СБ ООН. Выступление по КНДР (17.04.2023). [Видео] // Яндекс/видео. https://yandex.ru/video/preview/5562190961638829760 (검색일: 04.12.2023).

29 Пресс-служба Министерства обороны России. https://t.me/mod_russia/28614 (검색일: 04.12.2023).

30 Пресс-служба Министерства обороны России. https://t.me/mod_russia/28624 (검색일: 04.12.2023).

31 경애하는 김정은 동지께서 로씨야련방 국방상을 접견하시였다. // Голос Кореи. http://vok.rep.kp/index.php/revo_de/getDetail/ikn230727003/ko (검색일: 04.12.2023).

32 Choe Sang-Hun. North Korea Vows Support for Moscow in Visit by Russian Delegation // The New York Times. 27.07.2023. https://www.nytimes.com/2023/07/27/world/asia/north-korea-russia-visit.html?searchResultPosition=1 (검색일: 04.12.2023); DeYoung K. North

Korea provided Russia with weapons, White House says // The Washington Post. 13.10.2023. https://www.washingtonpost.com/national- security/2023/10/13/north-korea-russia-weapons-ukraine/ (검색일 04.12.2023); Ye Hee Lee M., Sohyun Lee J. North Korea may be sending arms to Russia for Ukraine war, images suggest. // The Washington Post. 16.10.2023. https://www.washingtonpost.com/world/2023/10/16/north-korea-russia-weaponsukraine-war/ (검색일: 04.12.2023).

33 Заявление для печати министра иностранных дел КНДР Чвэ Сон Хи. Пхеньян. 28 октября 2023 г. // ЦТАК. http://kcna.kp/ru/article/q/c6d329c47ff 66a7cdfda93d1904ec660. kcmsf; Песков заявил, что Кремль не комментирует утверждения о поставках оружия из КНДР // Сайт информационного агентства ТАСС. 26.10.2023. https://tass.ru/politika/1 9121299?ysclid=lo9pgp4ej8570335685 (검색일: 04.12.2023); Заявление С. Лаврова в эфире программы «60 минут» на телеканале «Россия-1» от 20 октября 2023 г. https://60-minut.net/1263–60-minut-20–10–2023.html; Герейханова А. В Кремле ответили, может ли РФ снять санкции с КНДР // Российская газета. Сетевой ресурс. 13.09.2023. https://rg.ru/2023/09/13/v-kremle-otvetili-mozhet-li-rf-sniat-sankcii-s-kndr.html (검색일: 04.12.2023).

34 Воронцов А. В. Реинкарнация треугольника США – Япония – Южная Корея // Сайт Международного дискуссионного клуба Валдай. 23.08.2023. https://ru.valdaiclub.com/a/highlights/reinkarnatsiya-treugolnika/?ysclid=lo8p12kqx2138770632 (검색일: 04.12.2023).

35 Ким Чен Ыну, Председателю Государственных дел Корейской НародноДемократической Республики. Телеграмма. 12 октября 2023 г. // Официальный сайт Президента РФ. http://www.kremlin.ru/events/president/letters/72485 (검색일: 04.12.2023).

36 같은 곳.

37 Выступление и ответы на вопросы СМИ Министра иностранных дел Российской Федерации С. В. Лаврова на пресс-конференции по итогам визита в КНДР, Пхеньян, 19 октября 2023 года // Офиц. сайт МИД РФ. 19.10.2023. https://www.mid.ru/ru/press_service/minister_speeches/1910193/?lang=ru (검색일: 04.12.2023).

38 Уважаемый товарищ Ким Чен Ын встретился с министром иностранных дел РФ //ЦТАК. http://kcna.kp/ru/article/q/c10d24db95498f4c0b1f705ba7ce05c5.kcmsf (검색일: 04.12.2023).

제3장. 새로운 지정학적 조건 속의 러시아-북한 간 정치 대화 발전

1 Внешняя торговля Российской Федерации со странами дальнего зарубежья. // Россия в цифрах 2020. Сайт Федеральной службы государственной статистики. https://rosstat.gov.ru/storage/mediabank/GOyirKPV/Rus_2020.pdf (검색일: 06.08.2022).

2 같은 곳.

3 Россия активно снабжает энергоресурсами Северную Корею. 21 мая 2017 г. // Интернет-журнал «Биржевой лидер». 21.05.2017. www.profi-forex.org/novosti-rossii/entry1008307946.html (검색일: 09.08.2022).

4 Тадтаев Г. «Роснефть» решили подать в суд за статью о поставках в КНДР // РБК. Сетевое издание. https://www.rbc.ru/business/03/09/2020/5f50fd589a79470f4e007b1a?ysclid=l6hsy8lxa4839133495 (검색일: 06.08.2022).

5 Костерева М. Россия планирует начать поставки зерна в КНДР уже в этом году // Коммерсант.ру. Сетевое издание. 27.06.2023. https://www.kommersant.ru/doc/6069168 (검색일: 04.12.2023).

6 Отношения России с КНДР. 30.03.2022 // Офиц. сайт МИД РФ. https://www.mid.ru/ru/detail-material-page/1678248/ (검색일: 18.08.2022).

7 Таможня сообщила о прекращении товарооборота с КНДР на Дальнем Востоке из-за санкций // Коммерсант.ру. Сетевое издание. 25.10.2022. https://www.kommersant.ru/doc/5632967 (검색일: 04.12.2023).

8 Костерева М. 같은 곳.

9 세관은 극동 지역에서 북한과의 상품 거래가 제재로 인해 중단됐고 전했다. Там же.

10 Георгий Зиновьев: российско-китайские отношения вступают в новый этап // Сайт информационного агентства РИА Новости. 07.09.2022. https://ria.ru/20220907/zinovev-1814927619.html (검색일: 13.09.2022).

11 Костерева М. 같은 곳.

12 Отношения России с КНДР // Офиц. сайт МИД РФ. 30.03.2022. https://www.mid.ru/ru/detail-material-page/1678248/ (검색일: 18.08.2022).

13 Сайт СП «Расонконтранс». [Rason Transnational Container Transportation JVC. (in Russian)] http://rasoncontrans.com/company-ru/today-ru.html (검색일: 06.08.2022).

14 Кирьянов О. В., Тонких И. М. Российско-северокорейский проект «ХасанРаджин»: текущее состояние и перспективы развития // Корейский полуостров в поисках мира и процветания. В 2-х томах. М.: ИДВ РАН, 2019. С. 304–318.

15 Зайнуллин Е. Российский уголь пойдет путем чучхе // Коммерсант.ру. Сетевое издание. 28.06.2021. https://www.kommersant.ru/doc/4877677?ysclid=l78pro298i977943272 (검색일: 25.08.2022).

16 같은 곳.

17 Россия и КНДР заинтересованы в продолжении совместных инфраструктурных проектов и восстановлении прерванного пандемией торговоэкономического сотрудничества // Сайт Министерства РФ по развитию Дальнего Востока и Арктики. 23.06.2022. https://minvr.gov.ru/press-center/news/rossiya_i_kndr_zainteresovany_v_prodolzhenii_sovmestnykh_infrastrukturnykh_proektov_i_vosstanovlenii/?sphrase_id=2540946 (검색일: 09.08.2022).

18 Тарантул Р. Зачем России новый мост в КНДР? // East Russia («Восток России»). Информационно-аналитический интернет-ресурс. 10.01.2020. https://www.eastrussia.ru/material/zachem-rossii-novyy-most-v-kndr/?ysclid=l6hu5rbqe2157863404 (검색일: 06.08.2022).

19 Автомобильный мост между Приморьем и КНДР построят по российскимстандартам // Сайт сетевого издания «Информационное агентство PrimaMedia». 01.02.2019. https://primamedia.ru/news/783208/ (검색일: 06.08.2022).

20 Мардасов А. Япония: Россия спасает КНДР «шпионским» паромом. // Свежая пресса. Сетевое издание. 25 апреля 2017 г. https://svpressa.ru/war21/article/171170/ (검색일: 04.12.2023).

21 Exclusive from Russia: with fuel North Korean ships may be undermining sanctions // Euronews 20.09.2017. http://www.euronews.com/2017/09/20/exclusive-from-russia-with-fuel-north-korean-ships-may-be-undermining-sanctions (данное СМИ в России заблокировано с 2022 г.) (검색일: 04.12.2023).

22 Кожемяко О. Н. // Телеграм- канал. https://t.me/kozhemiakooffi cial/1159 (검색일: 04.12.2023).

23 В Приморье намерены создать российско- китайско-северокорейский промышленный парк // Сайт Информационного агентства ТАСС. 19 июня 2023 г. https://tass.ru/ekonomika/18057159?ysclid=lj2visp9im526200680 (검색일: 04.12.2023).

제3부. 동북아 국제 관계 체제와 러시아-북한 상호 관계

제1장. 2018~20년 북한의 대미 정책 변화 전제조건

1 Военная политика новой администрации США. Доклад РИСИ (под рук. Тищенко Г. Г.) // Проблемы национальной стратегии. М.: Российский институт стратегических исследований. 2017. № 6.

2 Шарафетдинова А. И. Военно-политические аспекты политики США на Корейском полуострове после 1945 г. // КНДР и РК – 70 лет. М.: ИДВ РАН, 2018. С. 277–289.

3 호주, 아르헨티나, 영국, 캐나다, 덴마크, 프랑스, 독일, 그리스, 이탈리아, 일본, 한국, 네덜란드, 뉴질랜드, 노르웨이, 폴란드, 싱가포르, 미국.

4 Шарафетдинова А. И. Трамп vs Ким: от военного устрашения к рукопожатиям // Азия и Африка сегодня. 2018. № 7. С. 18–21.

5 The UNC/CFC/USFK Strategic Digest 2018 by the Command's Communications Strategy Division // Сайт The United States Forces Korea (USFK). http://www.usfk.mil/Portals/105/Documents/2018%20Strategic%20Digest-DigitalPUB.PDF?ver=2018-03-26-205659-943(검색일: 01.04.2018).

6 Pawlyk O. Air Force's Bunker-Busting MOP Receives an Upgrade. // Website Military.com January 28, 2018. https://www.military.com/dodbuzz/2018/01/29/airforces-bunker-busting-mop-receives-upgrade.html (검색일: 01.04.2018).

7 Tyler D. Kissinger Warns «Pre-Emptive Attack» Against North Korea «Is Strong» Possibility Profile picture // Zerohedge. 02.02.2018. https://www.zerohedge.com/news/2018-02-02/kissinger-warns-pre-emptive-attack-against-north-koreastrong-possibility (검색일: 03.04.2018).

8 В Южной Корее разместили все шесть компонентов ПРО THAAD, заявил посол. // Сайт агентства РИА-новости. 26.01.2018. https://ria.ru/world/20180126/1513370023.html (검색일: 01.04.2018).

9 Брифинг официального представителя МИД России М. В. Захаровой // Офиц. сайт МИД РФ. 8.08.2018. http://www.mid.ru/web/guest/foreign_policy/news/-/asset_publisher/cKNonkJE02Bw/content/id/3062808#27 (검색일: 05.04.2018).

10 Воронцов А. В. Сорвут ли американо- южнокорейские маневры саммит Трампа и Ким Чен Ына? // Живой журнал. 06.04.2018. https://juche-songun.livejournal.com/792061.html. (검색일: 04.12.2023).

11 Ministry of National Defense of the ROK: [South Korea- U. S. Combined Forces Command] KR/FE to be held after PyeongChang Olympics. January 16, 2018. (In Korean) // Website of

Ministry of National Defence of the ROK. www.mnd.go.kr (검색일: 05.04.2018).

12 Blumberg A. Here are 6 of John Bolton's Most Belligerent Op- Eds in Recent Years A taste of what's to come? // Huff Post. March 23, 2018. https://www.huffingtonpost.com/entry/john-bolton-op-eds_us_5ab443fce4b054d118e14d32 (검색일: 23.03.2018); Larison D. Bolton Wants Preventive War Against North Korea // The American Conservative. February 28, 2018. http://www.theamericanconservative.com/larison/bolton-wants-preventive-war-against-northkorea (검색일: 23.03.2018).

13 Мингажев С. Красный свет для встречи Трампа и Ким Чен Ына: Болтон упомянул «ливийский сценарий». // Вести.ру. Сетевое издание. 22.05.2018. https://www.vesti.ru/doc.html?id=3020173 (검색일: 22.06.2018).

14 DPRK Foreign Ministry Issues Spox Statement on meeting with US officials // North Korea Leadership Watch. 08 Jul 2018. https://www.nkleadershipwatch.org/2018/07/08/dprk-foreign-ministry-issues-spox-statement-on-meeting-withus-officials/ (검색일: 08.12.2023).

15 Yeo Jun-suk. Denuclearization talks with NK won't follow template of Iran or Libia // The Korea Herald. March 28, 2018. http://www.koreaherald.com/view.php?ud=20180327000846 (검색일: 02.04.2018).

16 Си Цзиньпин и Ким Чен Ын провели переговоры. Пекин // Sinhua. // Синьхуа новости. 28.03.2018. www.Russian.news.cn/2018-03/28/c_137071687.htm (검색일: 28.03.2018).

17 Rauhala E. North Korean leader meets with China's president during 'unofficial visit' to Beijing // The Washington Post March 27, 2018. https://www.washingtonpost.com/world/asia_pacific/why-is-there-an-armored-train-in-beijing-is-it-kim-jonguns/2018/03/27/2e8346dc-3192-11e8-9759-56e51591e250_story.html?utm_term=.5454115741d8&wpisrc=al_news__alert-world-alert-national&wpmk=1 (검색일: 28.03.2018).

18 같은 곳.

19 로동신문. 2018년 4월 21일.

20 Max Thunder 2018: US military drills threaten to derail Korea peace talks // RT News. May 16, 2018. https://www.rt.com/usa/426840-max-thunder-korea-drills/ (검색일: 22.05.2018).

21 Donald J. Trump. Official letter addressed to Kim Jong Un. May 24, 2018. https://www.facebook.com/DonaldTrump/photos/a.488852220724.393301.153080620724/10161041651570725/?type=3&theater (검색일: 24.05.2018).

22 Bender M., Salama V., Gordon M. President Donald Trump Cancels North Korea Summit // The wall street journal. May 24, 2018. https://www.wsj.com/articles/president-donald-trump-cancels-north-korea-summit-1527169994 (검색일: 24.05.2018).

23 Full text of the Trump-Kim summit agreement // SBS news. June 12, 2018. https://www.sbs.com.au/news/full-text-of-the-trump-kim-summit-agreement (검색일: 12.06.2018).

24 Северная Корея вернула США останки 200 американских солдат // Сайт агентства РИА-Новости. 21.06.2018. https://ria.ru/world/20180621/1523108830.html (검색일: 22.06.2018).

25 Adam Withnall Trump announces US will stop 'provocative' war games with South Korea in major concession to Kim Jong-un // The Independent. June 12, 2018. https://www.independent.co.uk/news/world/asia/north-korea-trump-war-gamessouth-nuclear-weapons-kim-summit-a8394636.html?utm_campaign=Echobox&utm_medium=Social&utm_source=Facebook#Echobox=1528793284 (검색일: 12.06.2018).

26 Jon Sharman Trump- Kim denuclearisation agreement prompts scepticism from experts: 'Really weird' // Ibid. https://www.independent.co.uk/news/world/asia/trump-kim-meeting-latest-denuclearisation-north-korea-us-nuclearweapons-a8394566.html?utm_campaign=Echobox&utm_medium=Social&utm_source=Facebook#Echobox=1528791824 (검색일: 12.06.2018).

27 Трамп: пресс-конференция по Северной Корее // ИноСМИ.RU Сетевое издание.13.06.2018. https://inosmi.ru/politic/20180613/242469602.html (검색일: 22.06.2018).

28 Трамп не обсуждал с Ким Чен Ыном вывод американских войск из Южной Кореи // Сайт агентства РИА-Новости 14.06.2018. https://ria.ru/world/20180614/1522668846.html (검색일: 22.06.2018).

29 Президент Южной Кореи исключил возможность вывода американских войск // Там же. 02.05.2018. https://ria.ru/world/20180502/1519757479.html (검색일: 22.06.2018).

30 Pabian F., Bermudez Jr. J., Liu J. The Punggye-ri Nuclear Test Site Destroyed: A Good Start but New Questions Raised about Irreversibility // May 31, 2018. https://www.38north.org/2018/05/punggye053118/ (검색일: 16.05.2018).

31 Питалев И. Эксперт: США «нашли» в КНДР 3000 ядерных объектов? Похоже на типичный вброс // Сайт агентства РИА-Новости. 18.06.2018. https://ria.ru/radio_brief/20180618/1522929376.html (검색일: 22.06.2018).

32 США и РК решили не проводить военные учения в августе // Рамблер. Сетевое издание. 19.06.2018. https://news.rambler.ru/conflicts/40133121/?utm_content=rnews&utm_medium=read_more&utm_source=copylinkhttps://news.rambler.ru/conflicts/40133121-ssha-i-rk-reshili-ne-provodit-voennye-ucheniya-vavguste/(검색일: 22.06.2018).

33 Новый мировой рекорд военного бюджета США // Сайт Российского института стратегических исследований. 14.08.2018. https://riss.ru/news/videocomment/novyy-mirovoy-rekord-voyennogo-byudzheta-ssha/(검색일: 07.12.2023).

34 Эксперты назвали ошибку Трампа во время встречи с Ким Чен Ыном в 2018 году // Сайт агентства РИА Новости. 12 июня 2023 г. https://ria.ru/20230612/tramp-1877589439.html?ysclid=lj1ufcszz8810200224 (검색일: 07.12.2023).

35 Россия и урегулирование ситуации на Корейском полуострове (по состоянию на май 2022 года) // Офиц. сайт Министерства иностранных дел РФ. https://www.mid.ru/ru/foreign_policy/vnesnepoliticeskoe-dos-e/krizisnoeuregulirovanie-regional-nye-konflikty/uregulirovanie-situacii-na-korejskompoluostrove/ (검색일: 07.12.2023).

제2장. 북-미 협상 과정과 한반도 핵 프로그램 타결에서 러시아의 중재 역할

1 러시아연방 대외정책 개념 (2016년 11월 30일 푸틴 대통령 승인) // 러시아 대통령실 공식 사이트. http://www.kremlin.ru/acts/bank/41451 (검색일: 07.12.2023).

2 Шарафетдинова А. И. Перспективы перезапуска американосеверокорейского диалога по урегулированию ядерной проблемы Корейского полуострова и позиция России // Проблемы национальной стратегии. М.: Российский институт стратегических исследований (РИСИ), 2020. № 4. С. 91–101. https://riss.ru/upload/iblock/ec0/3oc2qttt5eaifzhaa7p7fkybk8lw5k5f/perspektivy-perezapuska-amerikano-severokoreyskogo-dialoga-po-uregulirovaniyuyadernoy-problemy-koreyskogo-poluostrova-i-pozitsiya-rossii.pdf (검색일: 07.12.2023).

3 Брифинг официального представителя МИД России М. В. Захаровой, Москва, 26 апреля 2018 года // https://www.mid.ru/ru/press_service/video/brifingi/1569803/ (검색일: 07.12.2023).

4 Joint Statement of President Donald J. Trump of the United States of America and Chairman Kim Jong Un of the Democratic People's Republic of Korea at the Singapore Summit. // The White House. June 12, 2018. https://trumpwhitehouse.archives.gov/briefings-statements/joint-statement-president-donald-j-trump-united-statesamerica-chairman-kim-jong-un-democratic-peoples-republic-korea-singaporesummit/ (검색일: 07.12.2023).

5 '로드맵'은 2017년에 러시아와 중국이 한반도 위기를 해결하기 위해 제안했다. 첫 단계에서는 역내 군사 활동을 상호 동결하고 북한과 미국, 한국이 직접 접촉하고 이후 핵 문제를 포함한 한반도의 모든 문제에 대한 포괄적 해결을 위한 다자 협상 접근을 구상하고 있다.

6 Комментарий Департамента информации и печати МИД России в связи с решением КНДР о прекращении ядерных и ракетных испытаний // 21.04.18. https://www.mid.ru/ru/

foreign_policy/news/1569304/ (검색일: 07.12.2023).

7 Интервью заместителя Министра иностранных дел России И. В. Моргуловаагентству «Интерфакс», 28 апреля 2018 года // Офиц. сайт Министерства иностранных дел РФ. 28.04.18. https://www.mid.ru/ru/foreign_policy/news/1569928/ (검색일: 07.12.2013).

8 Комментарий Департамента информации и печати МИД России в связи с проведением американо-северокорейской встречи на высшем уровне в Сингапуре // 같은 곳. 12.06.18. https://www.mid.ru/ru/foreign_policy/news/1572873/ (검색일: 07.12.2023); Выступление и ответы на вопросы СМИ Министра иностранных дел России С. В. Лаврова в ходе совместной пресс-конференции по итогам переговоров с Министром иностранных дел Греческой Республики Н. Кодзиасом, Москва, 13 июня 2018 года // 같은 곳. 13.06.18. https://www.mid.ru/ru/press_service/minister_speeches/1572932/ (검색일: 07.12.2023).

9 Where Trump Went Wrong on North Korea Nuclear Diplomacy // World Politics Review. 16.12.2020. https://www.worldpoliticsreview.com/why-trump-s-northkorea-missile-and-nuclear-diplomacy-failed/(검색일: 03.05.2020).

10 Chris Wallace interviews Russian President Vladimir Putin // Fox News. July 17, 2018. https://www.foxnews.com/transcript/chris-wallace-interviews-russianpresident-vladimir-putin (검색일: 01.04.2018).

11 Комментарий Департамента информации и печати МИД России в связи с американской заявкой в Комитете СБ ООН 1718 по КНДР по расширению санкционных списков // Офиц. сайт Министерства иностранных дел РФ. 10.08.2018. https://www.mid.ru/web/guest/kommentarii_predstavitelya/-/asset_publisher/MCZ7HQuMdqBY/content/id/3316726 (검색일: 05.04.2020); Комментарий Департамента информации и печати МИД России в связи с очереднымисанкциями США // 같은 곳. 16.08.2018. https://www.mid.ru/press_service/spokesman/kommentarii/1574961/ (검색일: 07.12.2023).

12 Комментарий заместителя Министра иностранных дел России С. А. Рябкова в связи с решением США ввести новые антироссийские санкции // 같은 곳. 21.08.2018. https://www.mid.ru/ru/press_service/spokesman/kommentarii/1575066/ (검색일: 07.12.2023).

13 Выступление Министра иностранных дел России С. В. Лаврова на заседании СБ ООН министерского уровня по проблематике северокорейского урегулирования, Нью-Йорк, 27 сентября 2018 года //같은 곳. 27.08.2018. https://www.mid.ru/en/press_service/video/posledniye_dobavlnenniye/1576211/?lang=ru (검색일: 07.12.2023).

14 같은 곳.

15 Интервью Посла России в Китае А. И. Денисова информационному агентству «Интерфакс», 9 января 2019 года // 같은 곳. 09.01.2019 https://www.mid.ru/tv/?id=1451149&la

ng=ru&ysclid=lpw7ienofp475508445 (검색일: 08.12.2023).

16 Выступление и ответы на вопросы СМИ Министра иностранныхдел Российской Федерации С. В. Лаврова в ходе совместной пресс-конференции с Министром иностранных дел Малайзии С. Абдуллой, Москва, 21 ноября 2019 года // 같은 곳. 21.11.2019. https://www.mid.ru/web/guest/meropriyatiya_s_uchastiem_ministra/-/asset_publisher/xK1BhB2bUjd3/content/id/3908238 (검색일: 06.04.2020)

17 Интервью Постоянного представителя России при ООН В. А. Небензи информационному агентству «РИА Новости», 10 февраля 2020 года // 같은 곳. 21.11.2019. https://www.mid.ru/ru/foreign_policy/un/1426616/?ysclid=lpw7mx81om244117851 (검색일: 08.12.2023). Впрочем, данные попытки убедить США отказаться от методов давления оказались безуспешными. В то время как Трамп через Твиттер убеждал общественность, что «Ким Чен Ын его лучший друг» [Donald J. Trump addressed to Kim Jong Un. https://twitter.com/realdonaldtrump/status/1157306452228366336 (검색일 24.05.2018)].

18 Товарищ Ким Чен Ын выступил с политической речью на 1-й сессии ВНС 14-го созыва / Информационно-аналитический портал Единая Корея. 13.04.2019. http://onekorea.ru/2019/04/13/tovarishh-kim-chen-yn-vystupils-politicheskoj-rechyu-na-1-j-sessii-vns-14-go-sozyva/?ysclid=lpyicxs4bn850682282 (검색일: 09.12.2023).

19 저자가 북한 외무성 유럽 1국 제3부 부장과 한 인터뷰 중에서. 2019년 9월 12일. 평양.

20 같은 곳.

21 Южная Корея и США начнут вторую фазу совместных военных учений против КНДР // Сайт агентства РИА-Новости. 11.08.2019. https://ria.ru/20190811/1557383536.html (검색일: 08.12.2023).

22 한-미 양국은 1975년부터 매년 '을지 포커스 렌즈'라는 코드명으로 연합 군사 훈련을 진행해 왔으며, 2008년에는 '을지 프리덤 가디언(을지 자유의 방패)'으로 명칭을 변경했다.

23 조선민주주의인민공화국 외무성 군축평화연구소 연구원이 참석한 학술 워크숍. 김예진 부장의 보고서 '제재 체제하의 한반도 안보 문제'에서 발췌. 2019년 9월 12일.

24 Idrees Ali. U. S. Defense Secretary says he favors placing missiles in Asia // REUTERS. August 3, 2019. https://www.reuters.com/article/us-usa-asiainf-idUSKCN1UT098?utm_campaign=trueAnthem:+Trending+Content&utm_content=5d4566f8ffeb9a00013b5aa0&utm_medium=trueAnthem&utm_source=twitter (검색일: 08.12.2023).

25 Trump D. Text of a Notice to the Congress on the Continuation of the National Emergency with Respect to North Korea // The White House. June 21, 2019. https://trumpwhitehouse.archives.gov/briefings-statements/text-notice-congresscontinuation-national-emergency-respect-north-korea/ (검색일: 08.12.2023).

26 저자가 북한 외무성 유럽 1국 제3부 부장과 한 인터뷰 중에서. 2019년 9월 12일. 평양.

27 같은 곳.

28 Interview of D. Trump by Sam Dorman Fox News. May 19, 2019. https://www.foxnews.com/politics/trump-biden-iran-nuclear-weapons-fox-news-steve-hilton (검색일: 08.12.2023).

29 Verification of treaty compliance and enhancement of the verification of international treaties. Perspectives on the DPRK. // Foundation for Defense of Democracies. April 4, 2019. OPCW Scientific Briefing. https://www.fdd.org/analysis/2019/04/04/verification-of-treaty-compliance-and-enhancement-of-theverification-of-international-treaties/ (검색일: 08.12.2023).

30 Interview of D. Trump by Sam Dorman. Fox News. Fox News. May 19, 2019. https://www.foxnews.com/politics/trump-biden-iran-nuclear-weapons-fox-newssteve-hilton (검색일: 08.12.2023).

31 Посол РФ в КНДР: Россию не радует глубокая заморозка диалога Пхеньяна и Вашингтона // Interfax. 20.05.2020. https://www.interfax.ru/interview/709350?fbclid=IwAR1ZWTCwRytgncNfZ9K0oEh9jJM6IdeshY9PIgEiNwOqPpacXdjpgX0BSrE (검색일: 06.06.2020).

32

33 같은 곳.

34 аньков А. Н. Чего КНДР ждет от холодной войны Америки и Китая // Профиль. Сетевое издание. 16.05.2020. https://profile.ru/abroad/chego-kndr-zhdet-ot-xolodnoj-vojny-ameriki-i-kitaya-311451/ (검색일:06.06.2020); Ahn So-young, Park P. Is Trump Still Pursuing a 'Big Deal' With North Korea? // Voice of America. May 24, 2019. https://www.voanews.com/east-asia-pacific/trump-still-pursuing-big-deal-north-korea (검색일: 01.06.2019).

35 Посол РФ в КНДР: Россию не радует глубокая заморозка диалога Пхеньяна и Вашингтона // Interfax. 20.05.2020. https://www.interfax.ru/interview/709350?fb clid=IwAR1ZWTCwRytgncNfZ9K0oEh9jJM6IdeshY9PIgEiNwOqPpacXdjpgX0BSrE (검색일: 06.06.2020).

36 Лавров: все проблемы Корейского полуострова в формате США – КНДР не решить // Сайт агентства РИА Новости. 13.06.2018. https://ria.ru/20180613/1522611764.html?ysclid=lotrkz4xmi375312130 (검색일: 08.12.2023).

제3장. 러시아-북한-한국 삼각 프로젝트: 미래를 위한 청사진

1 Шарафетдинова А. И. Состояние и перспективы трехсторонних проектов между Россией, Республикой Кореей и КНДР // Нестабильность геостратегического пространства на Ближнем, Среднем и Дальнем Востоке: актуальные проблемы. 2020. Т. 2020. С. 290–296.

2 Кирьянов О. В., Тонких И. М. Российско-северокорейский логистический проект «Хасан – Раджин»: Текущее состояние и перспективы развития в новых условиях. Расонконтранс. Официальный сайт. http://rasoncontrans.com/images/files/Lproject-ru.pdf (검색일: 08.12.2023).

3 문재인 대통령, 러시아 국빈 방문 마치고 귀국. // BBC. 24.06.2018. https://www.bbc.com/korean/news-44591712 (검색일: 08.12.2023).

4 Путин предложил вернуться к обсуждению трехсторонних проектов КНДР, Южной Кореи и РФ // Interfax. 12.09.2018. https://www.interfax.ru/business/628943 (검색일: 08.12.2023).

5 Матвиенко: Россия готова к реализации трехсторонних проектов с Южной Кореей и КНДР // Сайт информационного агентства ТАСС. 4.10.2018. https://tass.ru/ekonomika/5635540 (검색일: 08.12.2023).

6 2018년 9월 19일 한국과 북한이 평양 공동성명을 발표한 지 1년이 지나서 한국은 북한과 동아시아 철도 분야 협력을 위한 프로젝트를 마련했다. 한국 국토교통부가 주최한 동아시아 철도 공동체 국제 세미나가 9월 4일 서울 코엑스 인터컨티넨탈 호텔에서 열렸다. 이 공동체는 문재인 대통령이 동북아 6개국과 미국 간의 경제 협력과 철도 인프라 투자 프로젝트를 논의하기 위해 제안한 국제기구이다. 러시아, 몽골, 중국이 가입 의사를 밝혔다. 효율적인 화물 운송을 위한 30개의 경제 협력 프로젝트와 4개의 철도 노선이 윤곽을 드러냈다. 서울-평양-하얼빈-치타, 서울-원산-두만강-하바롭스크, 부산-강릉-두만강-하바롭스크를 연결하는 노선 건설, 중국-몽골-러시아 경제 철도, 서울-원산 간 경원선 복원, 두만강 국제 관광 합작 사업 등이 유라시아 횡단 벨트 사업 전망을 밝게 해 줄 수 있다. 한국 측 추산에 따르면 공동체에 참가할 수 있는 국가들의 GDP는 전 세계 GDP의 49.8%, 인구는 21억 1천만 명으로 전 세계 인구의 27.4%에 달한다. 북한도 철도 협력에 관심을 표명했지만, 미국과의 교착된 관계로 인해 이 분야의 진전이 막혀 있다. Правительство Южной Кореи опубликовало проект железнодорожной сети Восточной Азии. 5 сентября 2019 г. Centralasia Media. Сетевой новостной и аналитический ресурс. https://centralasia.media/news:1565033?ysclid=lafsbz7dkq645140575 (검색일: 08.12.2023).

7 Кирьянов О. Мун Чжэ Ин предложил КНДР реализовать трехсторонние проекты с Россией // Российская газета. Сетевое издание. 02.05.2018. https://rg.ru/2018/05/02/mun-chzhe-in-predlozhil-kndr-realizovat-trehstoronnieproekty-s-rossiej.html (검색일: 08.12.2023).

8 합작법인 '라선콘트란스'는 '러시아철도 무역회사'와 라진항이 70대 30의 지분으로 49년 운영

예정으로 설립한 회사이다.

9 Кирьянов О. В., Тонких И. М. Российско-северокорейский логистический проект «Хасан – Раджин»: Текущее состояние и перспективы развития в новых условиях // Расонконтранс. Официальный сайт. http://rasoncontrans.com/images/files/Lproject-ru.pdf (검색일: 08.12.2023).

10 Расонконтранс. Официальный сайт. http://rasoncontrans.com/companyru.html (검색일: 08.12.2023).

11 Zaharova L. Economic Cooperation between Russia and North Korea: New Goals and New Approaches. // Journal of Eurasian Studies. 2016. № 7(2). P. 157.

12 2016~17년 북한의 행동에 대해 유엔 안보리는 일련의 신규 대북 제재를 부과했다(결의 2270호, 2321호, 2371호, 2375호). 미국, 일본, 한국, EU(유럽연합) 국가들은 독자적인 제재를 도입했다.

13 라진항은 2017년 9월 11일 유엔 안보리 결의안 2375호의 제재 목록에서 면제 대상에 해당한다.

14 Пресс-релиз 13 июля 2018 г. РасонКонТранс. Официальный сайт. http://rasoncontrans.com/files/Press_16072018.pdf (검색일: 08.12.2023).

15 이는 한국이 라진항에서 자국 항구로 석탄 화물을 운반하는 선박에 대해 부과한 금지 조치를 말한다.

16 «Газпром» работает над организацией трубопроводных поставок газа в Китай и другие страны АТР. Релиз от 30 октября 2012 // Сайт ПАО «Газпром». https://www.gazprom.ru/press/news/2012/october/article147257/ (검색일: 08.12.2023)

17 안상회 가스공사 '천연가스 북한 통과료 연 1,800억 원 추산' // Chosun. 2018.10.23. http://biz.chosun.com/site/data/html_dir/2018/10/23/2018102302752.html (검색일 08.12.2023); Ан Санхи. KOGAS: КНДР будет ежегодно получать 160 миллионов долларов за транзит газа (Chosun, Южная Корея). // InoSMI.ru. Сетевое издание. 25.10.2018. https://inosmi.ru/politic/20181025/243536664.html (검색일: 08.12.2023).

18 현재 제3국 영토를 통과하는 가스관 설치와 관련하여 제3국에 대한 보상 금액을 규제하는 국제 조약은 없다.

19 Катона В. Транскорейский газопровод: похороны или преображение? // Сайт Российского совета по международным делам. https://russiancouncil.ru/analytics-and-comments/analytics/transkoreyskiy-gazoprovod-pokhorony-ilipreobrazhenie/ (검색일: 08.12.2023).

20 안상회 가스공사 «천연가스 북한 통과료 연 1,800억 원 추산» // Chosun. 2018.10.23. http://biz.chosun.com/site/data/html_dir/2018/10/23/2018102302752.html (검색일: 08.12.2023); Ан Санхи. KOGAS: КНДР будет ежегодно получать 160 миллионов долларов за транзит газа (Chosun, Южная Корея). // InoSMI.ru. Сетевое издание. 25.10.2018. https://inosmi.ru/politic/20181025/243536664.html (검색일: 08.12.2023).

21 «Россети», KEPCO и «Интер РАО» изучат вопрос о возможности соединения энергосистем РФ и Южной Кореи // Россети. 16.06.2015. https://rosseti-sz.ru/press/news/newsrosseti/news24053.html (검색일: 08.12.2023).

22 Инвестиции в создание Азиатского энергетического супер кольца оцениваютсядо 30 млрд долларов // Сайт Министерства Российской Федерации по развитиюДальнего Востока и Арктики. 23) https://minvr.gov.ru/press-center/news/investitsii-v-sozdanie-aziatskogo-energeticheskogo-super-koltsa-otsenivayutsyado-30-mlrd-dollarov-4472/ (검색일: 08.12.2023).

23 Кукла М. П. Проблемы и перспективы трехстороннего сотрудничества между Россией, Республикой Корея и КНДР. // Корейский полуостров в поисках мира и процветания. В двух томах. Т. 1. М.: ИДВ РАН, 2019. С. 319–330.

24 Суслина С. С. 70 лет экономического соревнования КНДР и РК: некоторые итоги / КНДР и РК – 70 лет. М.: ИДВ РАН, 2018. С. 161–162.

25 Россия выступила за реализацию трехсторонних проектов с КНДР и Южной Кореей // Сайт агентства РИА Новости. 14 октября 2019 г. https://ria.ru/20191014/1559779884.html?ysclid=ljlicpgzlg32636639 (검색일: 08.12.2023).

26 Лукин А. Л. О совместных проектах Дальнего Востока России с Республикой Корея. 23 мая 2018 г. // Сайт Дальневосточного федерального университета. https://www.dvfu.ru/expertise/news/atr/on_joint_projects_of_the_russian_far_east_with_the_republic_of_korea/ (검색일: 08.12.2023).

제4장. 러시아-북한 협력과 중국

1 2000년 5월과 2001년 1월 김정일은 베이징을 비공식 방문했다. 첫 번째 방문에서는 예정된 남북정상회담에 대해 논의했고, 두 번째 방문에서는 북한의 경제 개혁에 초점을 맞췄다. См.: Ланцова И. С. Эволюция отношений КНР и КНДР в конце XX – начале XXI века // Политическая экспертиза: ПОЛИТЭКС. 2014.

2 러시아연방 대외정책문서고. Ф. 102. Оп. 61. П. 135. Д. 031. Л. 22.

3 러시아연방 대외정책문서고. Ф. 102. Оп. 61. П. 135. Д. 031. Л. 23.

4 러시아연방 대외정책문서고. Ф. 102. Оп. 60. П. 131. Д.7. Л. 59–60.

5 러시아연방 대외정책문서고. Ф. 102. Оп. 61. П. 135. Д. 031. Л. 161.

6 러시아연방 대외정책문서고. Ф. 102. Оп. 60. П. 131. Д. 7. Л. 59–60.

7 러시아연방 대외정책문서고. Ф. 102. Оп. 60. П. 131. Д. 7. Л. 60–61.

8 같은 곳. Л. 68.

9 조선중앙통신 보도. 2003년 1월 3일.

10 Кирьянов О. В. История развития политических и торгово-экономических связей между КНР и КНДР в 1992–2010 гг. М.: МГУ, 2016. С. 113.

11 Россия и урегулирование ситуации на Корейском полуострове // Офиц. сайт МИД РФ. 25.05.2022. https://www.mid.ru/ru/detail-material-page/1679210/ (검색일: 08.12.2023).

12 2005년 9월 미국 재무부가 북한의 돈세탁 및 위조지폐 유통 혐의와 관련하여 델타 아시아 은행(마카오)을 둘러싼 스캔들이 터졌고, 이후 이 은행의 북한 계좌가 '테러 지원'에 사용됐다는 의혹이 제기되어 동결 조치됐다. 미국은 또한 여러 북한 단체에 제재를 도입했다. 이에 대해 북한은 미국이 경제 제재를 해제할 때까지 6자 회담에 복귀하지 않겠다고 밝혔다. 2006년 10월 9일 북한의 지하 핵실험으로 인해 한반도 핵 문제가 또다시 악화했고, 이에 대해 국제 사회에서 매우 부정적인 반응이 이어졌다.

13 Кирьянов О. В. История развития политических и торгово- экономических связей между КНР и КНДР в 1992–2010 гг. М.: МГУ, 2016. С. 113.

14 «Северокорейский Гонконг» получил второй шанс на развитие // Seldon. News. https://news.myseldon.com/ru/news/index/197712681 (검색일: 08.12.2023).

15 유엔 안보리 상임이사국으로 핵무기비확산조약(NPT)의 설계자이자 기탁국 중 하나인 러시아는 NPT에 기반한 핵 비확산 체제를 약화시키고 지역 긴장을 고조시키고 한반도 문제 해결을 복잡하게 만드는 북한의 미사일과 핵 프로그램을 중단시킨다는 목표에 따라 이번 결정과 이전 안보리의 대북 결정을 지지했다. 이와 동시에 러시아는 유엔 안보리 제재가 북한을 엄격하게 겨냥해야 하며 완전한 무역·경제 봉쇄까지 포함해 북한을 더욱 고립시켜 한반도 북부에 대규모 인도주의적 재앙을 초래해서는 안 된다고 주장해 왔다.

16 Кирьянов О. В. История развития политических и торгово- экономических связей между КНР и КНДР в 1992–2010 гг. М.: МГУ, 2016. С. 113.

17 Знак уважения: Ким Чен Ын совершил первый зарубежный визит в Китай // Сайт агентства РИА-Новости. 28.03.2018. https://ria.ru/20180328/1517425346.html?ysclid=lakuvdq7ox278890902 (검색일: 08.12.2023).

18 Совместное заявление Министерства иностранных дел Российской Федерации и Министерства иностранных дел Китайской Народной Республики по проблемам Корейского полуострова // Офиц. сайт МИД РФ. 04.07.2017. https://www.mid.ru/tv/?id=1549360&lang=ru (검색일: 08.12.2023).

19 북한의 6차 핵실험은 2017년 9월 3일 진행됐다.

20 Асмолов К. В. КНР и государства Корейского полуострова // КНДР и РК – 70 лет. М.: ИДВ РАН, 2018. С. 113.

21 Конституция КНДР. Статья 17: «Самостоятельность, мир и дружба – основ- ные идеалы внешней политики КНДР и принципы ее внешнеполитической деятельности» // Мастерская конституционного дизайна. Сетевой ресурс. https://worldconstitutions.ru/?p=30 (검색일: 08.12.2023).

22 Россия и Китай заблокировали в СБ ООН резолюцию о санкциях против КНДР // РБК. Сетевое издание. 27.05.2022. https://www.rbc.ru/politics/27/05/2022/628fee2e9a7947ed84458c96 (검색일: 08.12.2023).

23 2016년 1월 북한이 '실험용 수소폭탄' 실험을 발표하면서 한반도는 새로운 대결 국면을 맞이했다. 그해 3월 유엔 안보리는 만장일치로 대북 제재를 대폭 강화하는 결의안 2270호를 채택했다. 미국, 한국, 일본, EU 및 기타 여러 서방 국가는 일방적인 대북 추가 제재를 발표했다. 그런데도 2016년 9월 5차 핵실험을 감행한 북한을 막지는 못했다. 이 사건에 대한 유엔 안보리의 대응은 결의 2321호에 반영되어 유엔 회원국들이 인도주의 분야를 제외한 많은 분야에서 북한과 교류할 수 있는 능력을 더욱 제한했다. 남북 대화와 협력은 완전히 축소됐다. 한국은 미국의 사드 미사일 방어 시스템을 한국에 배치하기로 했다고 발표했다. 북한은 핵 프로그램 개발과 함께 대량살상무기를 위한 자체 미사일 발사 시스템 개발 작업을 대폭 강화하여 관련 유엔 안보리 결의 요건을 위반하면서 다양한 사거리의 액체·고체 연료 탄도미사일 발사를 여러 차례 성공시켰다. 2017년 7월에는 북한이 '대륙간탄도미사일'이라고 발표한 화성-14형 탄도미사일을 두 차례 발사했고, 9월에는 '대륙간탄도미사일용 열핵폭발장치' 실험을 진행해 새로운 유엔 안보리 제재 결의안 2371호와 2375호가 채택됐다. 2017년 11월 29일 북한은 또 다른 '대륙간탄도미사일'인 화성-15형을 발사했다. 이에 대해 유엔 안보리는 2017년 12월 22일 결의안 2397호를 채택하여 제재를 강화했다. Россия и урегулирование ситуации на Корейском полуострове // Офиц. сайт МИД РФ. 25.05.2022. https://www.mid.ru/ru/detail-material-page/1679210/ (검색일: 08.12.2023).

24 미국의 대북 제재 강화 결의안 초안에 대한 유엔 안보리 표결에 대한 마리야 자하로바 러시아 외무부 대변인 논평 // 같은 곳. 28.05.2022. https://www.mid.ru/ru/foreign_policy/news/1815126/ (검색일: 08.12.2023).

25 Michelle N. China, Russia veto U.S. push for more U.N. sanctions on North Korea // REUTERS. May 27, 2022. https://www.reuters.com/world/china-russiaveto-us-push-for-more-un-sanctions-north-korea-2022-05-26/ (검색일: 08.12.2023).

제5장. 북한-러시아의 국가 안보 전략

1 조선민주주의인민공화국 핵 무력 정책에 대한 법령 발포. 평양 9월 9일 발 조선중앙통신. http://kcna.kp/kp/article/q/5f0e629e6d35b7e3154b4226597df4b8.kcmsf (검색일: 08.12.2023).

2 Асмолов К. В. КНДР представляет новую ядерную доктрину // Сайт Российского Совета по международным делам. 14 сентября 2022. https://russiancouncil.ru/analytics-and-comments/analytics/kndr-predstavlyaetnovuyu-yadernuyu-doktrinu/?ysclid=lioo5fh8fu604151164 (검색일: 08.12.2023).

3 조선민주주의인민공화국 핵 무력 정책에 대한 법령 발포. 평양 9월 9일 발 조선중앙통신. http://kcna.kp/kp/article/q/5f0e629e6d35b7e3154b4226597df4b8.kcmsf (검색일: 08.12.2023).

4 Seoul warns North Korea that using nuclear weapons would be 'selfdestruction' // NBC News. 13.09.2022. https://www.nbcnews.com/news/world/seoul-warns-north-korea-using-nuclear-weapons-self-destruction-rcna47438 (검색일: 08.12.2023); Babb C. Nuclear Weapons Use Will 'End' Kim Regime, US, South Korea Say // VOA News. 03.11.2022. https://www.voanews.com/a/nuclear-weapons-use-will-end-kim-regime-us-south-korea-say/6819581.html (검색일: 08.12.2023); Pandolfo C. Biden to North Korea: A nuclear attack would be 'the end' of Un's regime // Fox News. 26.04.2023. https://www.foxnews.com/politics/biden-north-korea-nuclear-attack-would-be-end-un-regime (검색일: 08.12.2023).

5 Choe Sang-Hun. In a First, South Korea Declares Nuclear Weapons a Policy Option. The New York Times. January 12, 2023. https://www.nytimes.com/2023/01/12/world/asia/south-korea-nuclear-weapons.html (검색일: 08.12.2023); Davenport K. South Korea Walks Back Nuclear Weapons Comments. Arms Control Association. March 2023. https://www.armscontrol.org/act/2023-03/news/south-korea-walks-back-nuclear-weapons-comments (검색일: 08.12.2023).

6 Nam Hyun-woo. Washington Declaration is nuclear-based upgrade of ROK-US alliance. The Korea Times. 2023.05.02. https://www.koreatimes.co.kr/www/nation/2023/05/113_350227.html (검색일: 08.12.2023).

7 조선민주주의인민공화국 핵 무력 정책에 대한 법령 발포. 평양 9월 9일 발 조선중앙통신. http://kcna.kp/kp/article/q/5f0e629e6d35b7e3154b4226597df4b8.kcmsf (검색일: 08.12.2023).

8 같은 곳.

9 Божов О. Ядерная доктрина КНДР. «Цель – поднять дух собственного населения». Из интервью с профессором Института стратегических исследований НИУ ВШЭ, экс-начальником штаба Ракетных войск стратегического назначения генерал-полковником Виктором Есиным. 29 сентября 2022 г. // Сетевое издание «Армейский стандарт». https://armystandard.ru/news/2022928100-g5y7u.html (검색일: 08.12.2023).

10 Воронцов А. В. Как воспринимать Закон о политике КНДР в отношении ядерных вооруженных сил? // Сайт Института востоковедения РАН. https://www.ivran.ru/articles?artid=210863&ysclid=lipxwop7rw58194967 (검색일: 08.12.2023).

11 같은 곳.

12 조선로동당 중앙위원회 제8기 제8차 전원회의 확대회의에 관한 보도. http://www.kcna.kp/kp/article/q/27279a33e1a11e22804843f10d8c759b.kcmsf (검색일: 08.12.2023).

13 В КНДР заявили, что G7 не вправе оспаривать статус республики как ядерной державы. 21 апреля 2022 г. http://kcna.kp/kp/article/q/87172d7d2cbe1ad1bbe19d822707ead4eca6966da719c4d7f0037a6ce952504ac480702a4c200f78aa1b331520f9cb72.kcmsf (검색일: 08.12.2023).

14 조선로동당 중앙위원회 제8기 제8차 전원회의 확대회의에 관한 보도. 같은 곳.

15 Yi Wonju. (2nd LD) N. Korean leader vows to keep nukes; new law authorizes 'automatic nuclear strike'. 이원주. Yonhap News Agency. September 09, 2022. https://en.yna.co.kr/view/AEN20220909000652325?section=news (검색일: 08.12.2023).

16 AUKUS(오커스): 인도·태평양 지역 3자 안보 파트너십을 결성한 호주(Australia), 영국(United Kingdom), 미국(United States) 국명 앞 글자로 만든 군사동맹 명칭.

17 Nikkei: НАТО намерена усилить сотрудничество с Японией, РК, Австралией и Новой Зеландией // Сайт агентства ТАСС. 13 июня 2023. https://tass.ru/mezhdunarodnaya-panorama/17994105 (검색일: 08.12.2023); Интервью Министра иностранных дел Российской Федерации С. В. Лаврова программе «Большая игра» на «Первом канале», Москва, 10 марта 2023 года // Офиц. сайт МИД РФ.10.03.2023. https://www.mid.ru/ru/foreign_policy/news/1857681/ (검색일: 08.12.2023).

18 러시아연방 대외정책 개념 (2023년 3월 31일 푸틴 대통령 승인) // 러시아연방 외무부 공식 사이트. https://www.mid.ru/ru/detail-material-page/1860586/ (검색일: 08.12.2023).

결론

1 КНДР укрепит сотрудничество со странами, выступающими против мировой гегемонии США // Сайт Информационного агентства ТАСС. 19 июня 2023 г. https://tass.ru/mezhdunarodnaya- panorama/18054869 (검색일: 08.12.2023).

2 "경애하는 김정은 동지께서 로씨야련방 대통령에게 축전을 보내시였다." http://kcna.kp/ru/article/q/2cb8e95b916d44727016a379bfa63f59.kcmsf (검색일: 08.12.2023).

참고문헌

문서고 자료

러시아연방 대외정책문서고(АВПРФ). Фонды: Фонд 102 – Референтура по КНДР, год 2000 (беседы, справки, информации, Соглашение о мире, добрососедстве и сотрудничестве между Россией и КНДР 2000 г., О заключении Пхеньянской (2000 г.) совместной декларации); Фонд 102 – Референтура по КНДР, год 2001 (беседы, справки, информации, О заключении Московской (2001 г.) совместной декларации).

공식 문서

1 Договор о дружбе, сотрудничестве и взаимной помощи между СССР и КНДР. 6 июля 1961 г. / Отношения Советского Союза с Народной Кореей, 1945–1980. / Ин-твостоковедения АН СССР и др.; [Сост. И. Ф. Чернов и др.] М.: Наука, 1981 г. С. 196–197.

2 Договор о дружбе, добрососедстве и сотрудничестве между РФ и КНДР // Правовой департамент МИД России. Офиц. сайт. 2000. 9 февраля. http://www.mid.ru/foreign_policy/international_contracts/2_contract/-/storage-viewer/bilateral/page-219/46817 (검색일: 04.07.2018); http://pravo.gov.ru/proxy/ips/?docbody=&link_id=7&nd=201005724&collection=1&ysclid=liw6h31z6z793418770 (검색일: 08.12.2023) (부록 참조).

3 조선민주주의인민공화국 핵 무력 정책에 대한 법령 발포. 평양 9월 9일 발 조선중앙통신. http://kcna.kp/kp/article/q/5f0e629e6d35b7e31 54b4226597df4b8.kcmsf (검색일: 08.12.2023).

4 Концепция внешней политики Российской Федерации. Утверждена президентом

Российской Федерации 28 июня 2000 г. (Электронный текст документа подготовлен ЗАО «Кодекс» и сверен по: «Российская газета» № 133. 11.07.2000). // Сайт Консорциума Кодекс. Электронный фонд правовых и нормативно-технических документов. https://docs.cntd.ru/document/901764263?ysclid=lbgvlqh7x0780885291 (검색일: 08.12.2023).

5 Концепция внешней политики Российской Федерации (утверждена Президентом Российской Федерации В.В. Путиным 30 ноября 2016 г.) // Сайт Министерства иностранных дел РФ. https://www.mid.ru/foreign_policy/official_documents//asset_publisher/CptICkB6BZ29/content/id/2542248 (in Russian) (검색일: 08.12.2023).

6 Концепция внешней политики Российской Федерации (утверждена Президентом Российской Федерации В. В. Путиным 31 марта 2023 г.) // Сайт Министерства иностранных дел РФ. https://www.mid.ru/ru/detail-materialpage/1860586/ (검색일: 08.12.2023).

7 Московская декларация Российской Федерации и Корейской Народно-Демократической Республики. 4 августа 2001 г. // Сайт Президента России. http://www.kremlin.ru/supplement/3410 (검색일: 08.12.2023).

8 Отношения Советского Союза с Народной Кореей,1945–1980: Документы и материалы / Ин-т востоковедения АН СССР и др.; [Сост. И. Ф. Чернов и др.] М.: Наука, 1981. 424 с., ил.

9 Совместная российско- корейская декларация 19 июля 2000 г. // Сайт Президента России. http://www.kremlin.ru/supplement/3183 (검색일: 08.12.2023).

10 Соглашение между правительством РФ и правительством КНДР о взаимных поездках граждан. 24 января 1997 г. // Внешняя политика России. Сборник документов 1997. МИД России. М., 2001. С. 9–15.

11 Соглашение между правительством СССР и правительством КНДР об экономическом и техническом сотрудничестве в строительстве и расширении промышленных и других объектов. 20 июня 1966 г. // Отношения Советского Союза с народной Кореей, 1945–1980: Документы и материалы / Ин-т востоковедения АН СССР и др.; [Сост. И. Ф. Чернов и др.] М.: Наука, 1981. С. 244.

12 Социалистическая Конституция КНДР. // Сайт Нэ Нара. http://naenara.com.kp/index.php/Main/index/ru/politics?arg_val=constitution (검색일: 08.12.2023).

13 Указ Президента Российской Федерации. О мерах по выполнению резолюции Совета Безопасности ООН 1874 от 12 июня 2009 года. (В редакции указов Президента Российской Федерации от 29.12.2016 № 729, от 12.04.2019 № 161) / Сайт Президента России. http://www.kremlin.ru/acts/bank/30805 (검색일: 22.08.2022); Дмитрий Медведев подписал Указ «О мерах по выполнению резолюции Совета Безопасности ООН 1929 от 9 июня 2010 г.» / Сайт Президента России. 22 сентября 2010 года. http://www.kremlin.ru/events/president/

news/8986 (검색일: 22.08.2022); Указ Президента Российской Федерации от 14.10.2017 № 484 «О мерах по выполнению резолюции Совета Безопасности ООН 2321 от 30 ноября 2016 г.» // Официальный интернет- портал правовой информации. http://publication.pravo.gov.ru/Document/View/0001201710160039 (검색일: 22.08.2022).

14 Full text of the Trump-K im summit agreement. // SBSNews. June 12, 2018. https://www.sbs.com.au/news/full-text-ofthe-trump-kim-summit-agreement (검색일: 12.06.2018).

15 Joint Statement of President Donald J. Trump of the United States of America and Chairman Kim Jong Un of the Democratic People's Republic of Korea at the Singapore Summit. // The White House. June 12, 2018. https://trumpwhitehouse.archives.gov/briefings-statements/joint-statement-president-donald-j-trump-united-states-americachairman-kim-jong-un-democratic-peoples-republic-koreasingapore-summit/ (검색일: 07.12.2023).

16 The UNC/CFC/USFK Strategic Digest 2018 by the Command's Communications Strategy Division // Сайт The United States Forces Korea (USFK). http://www.usfk.mil/Portals/105/Documents/2018%20Strategic%20Digest-Digital-PUB.PDF?ver=2018-03-26-205659-943 (검색일: 01.04.2018).

연구 저술

17 Альтов А., Панин В. Северная Корея. Эпоха Ким Чен Ира на закате. М.: ОЛМА-ПРЕСС Образование, 2004. – 315 с. http://www.e-reading.club/chapter.php/148887/19/Al%27tov%2C_Panin_-_Severnaya_Koreya._Epoha_Kim_Chen_Ira_na_zakate.html (검색일: 04.07.2018).

18 Асмолов К. В. КНР и государства Корейского полуострова // КНДР и РК – 70 лет: [коллективная монография] / [В. С. Акуленко, К. В. Асмолов, В. В. Вишнякова и др.; редакционная коллегия: А. З. Жебин (ответственный редактор) и др.]; Российская академия наук, Федеральное государственное бюджетное учреждение науки Институт Дальнего Востока Российской академии наук, Центр корейских исследований. М.: ИДВ РАН, 2018. – 375 с.

19 Асмолов К. В. Новые санкции против Ким Чен Ына. // Новое восточное обозрение. Сетевое издание. https://journal-neo.su/ru/2016/07/22/novy-e-sanktsii-p rotivkim-chen-y-na/ (검색일: 03.12.2023).

20 Асмолов К. В. КНДР представляет новую ядерную доктрину // Сайт Российского Совета по международным делам. 14 сентября 2022. https://russiancouncil.ru/analytics-and-comments/analytics/kndr-predstavlyaet-novuyuyadernuyu-doktrinu/?ysclid=lioo5fh8

fu604151164 (검색일: 08.12.2023).

21 Асмолов К. В., Захарова Л. В. Отношения России с КНДР в XXI веке: итоги двадцатилетия. // Вестник РУДН. Серия: Международные отношения. 2020. Т. 20. № 3. С. 58–604. https://cyberleninka.ru/article/n/otnosheniya-rossii-skndr-v-xxi-veke-itogi-dvadtsatiletiya/viewer (검색일: 01.12.2023).

22 Бажанова Н. Е. Внешнеэкономические связи КНДР. В поисках выхода из тупика. М.: Наука: Изд. фирма «Вост. лит.», 1993. – 213 с.

23 Безик И. В. Участие граждан КНДР в хозяйственном освоении советского Дальнего Востока (1950-е – начало 1960-х гг. // Известия Восточного Института. 2011. № 17 (1). С. 64–75.

24 Военная политика новой администрации США. Доклад РИСИ. (под рук. Тищенко Г. Г.) // Проблемы национальной стратегии. М., Российский институт стратегических исследований. 2017. № 6. (Military policy of the New U. S. Administration. 2017. RISS report. M.) (in Russian).

25 Воронцов А. В. Как воспринимать Закон о политике КНДР в отношении ядерных вооруженных сил? // Сайт Института востоковедения РАН. https://www.ivran.ru/articles?artid=210863&ysclid=lipxwop7rw58194967 (검색일: 08.12.2023).

26 Воронцов А. В. Корейская проблема в системе международных отношений с середины 80-х до середины 90-х годов XX в. // Тихомиров В. Д. Корейская проблема и международные факторы (1945 – начало 80-х годов) / В. Д. Тихомиров; [отв. ред. А. В. Воронцов]. М.: «Восточная литература», 1998. 280 с.

27 Воронцов А.В, Шарафетдинова А. И. О распространении коронавируса COVID-19 в КНДР. // Сайт Института востоковедения РАН. https://www.ivran.ru/articles?artid=210511&ysclid=lisria2fgk384699378 (검색일: 03.12.2023).

28 Джеппсен Т. Добро пожаловать в Пхеньян. СПб.: Питер, 2019. – 416 с.

29 Жизнь и труд посвятившие Корее: российские корееведы 2-й половины XX в.: сборник статей / Ин-т востоковедения Российской акад. наук, Региональная общественная орг. «Первое Марта»; сост. Ю. В. Ванин. Москва: Первое Марта, 2004. – 274 с. (Российское корееведение в прошлом и настоящем; Т. 1).

30 Забровская Л. В. Корейская Народно-Демократическая Республика в эпоху глобализации: от затворничества к открытости. Владивосток: Изд-во ТЦСР, 2006. – 168 с.

31 Забровская Л. В. Миграционный вектор сотрудничества России с КНДР // Таможенная политика России на Дальнем Востоке. 2014. № 4 (69). С. 65–71.

32 Кирьянов О. В., Тонких И . М . Российско-северокорейский логистический проект «Хасан – Раджин»: Текущее состояние и перспективы развития в новых условиях. Расонконтранс. Официальный сайт. http://rasoncontrans.com/images/files/Lproject-ru.pdf (검색일: 08.12.2023).

33 Корейское урегулирование и интересы России / К. В. Асмолов, В. И. Денисов, А. З. Жебин, Р. В. Савельев, С. С. Суслина; под ред. В. И. Денисова, А. З. Жебина; РАН, ИДВ. М.: ИДВ РАН; Русская панорама, 2008. – 344 с.

34 Ланьков А. Н. Северная Корея: вчера и сегодня. М.: Издательская фирма «Восточная литература» РАН, 1995. – 295 с.

35 Путин В.В. «Россия: новые восточные перспективы». Опубликовано в СМИ стран АТР 9 ноября 2000 г. // Официальный сайт Президента РФ. http://www.kremlin.ru/events/president/transcripts/articles/21132?ysclid=l9wl735e64377307262 (검색일: 01.12.2023).

36 Российско-корейские отношения в формате параллельной истории / колл. монография под ред. А. В. Торкунова, Ким Хакчуна, В. Е. Сухинина, А. Ф. Синяковой, А. В. Воронцова; рецензенты Д. В. Стрельцов, Г. Д. Толорая; переводчики Я. Е. Пакулова, В. С. Акуленко и др. М.: «Аспект Пресс», 2022. – 942 с.

37 Толстокулаков И. А. Эволюция законодательства Республики Корея в сфере национальной безопасности // Вестник ДВО РАН. 2007. № 5. С. 75–83.

38 Эксперт РИСИ: военный бюджет США бьет рекорд. 22.06.2018 (Expert RISS: the USA military budget breaks record. 22.06.2018) (In Russ.) // Сайт Российского института стратегических исследований. https://riss.ru/smi/51738/ (검색일: 22.06.2018).

39 안문석. 『북한 민중사』. 서울, 2020.

40 『러시아 드림: 러시아 지역 북한 노동자의 근로와 인권 실태』. 서울, 2016.

41 Zaharova L. Economic Cooperation between Russia and North Korea: New Goals and New Approaches // Journal of Eurasian Studies. 2016. 7 (2). P. 151–161.

42 Pak Jung H. Becoming Kim Jong Un. A former CIA officer's insight into North Korea's enigmatic young dictator. New York: Ballantine books, 2020. – 319 p. 43.

43 Verification of treaty compliance and enhancement of the verification of international treaties. Perspectives on the DPRK. // Foundation for Defense of Democracies. April 4, 2019. OPCW Scientific Briefing. https://www.fdd.org/analysis/2019/04/04/verification-of-treaty-compliance-andenhancement-of-the-verification-of-international-treaties/ (검색일: 08.12.2023).

44 Справочная информация

45 Ким Чен Ын. Беседа с ответственными работниками ЦК ТПК. 6 апреля 2012 г. // Идеи

чучхе в надежных руках. Маршал Ким Чен Ын. М.: Форум, 2015 г. С. 279.

46 Ким Чен Ын // Энциклопедия Информационного агентства ТАСС. Электронный ресурс. https://tass.ru/encyclopedia/person/kim-chen-yn?ysclid=lbdv9xp7na593103059 (검색일: 02.12.2023).

47 Отношения России с КНДР. 30.03.2022 [Relations between Russia and North Korea. (in Russian)] // Сайт Российского Министерства иностранных дел. https://www.mid.ru/ru/detail-m aterial-page/1678248/ (검색일: 18.08.2022).

인터넷 사이트

48 북한 사이트: http://naenara.com.kp; http://www.kcna.kp/kp; http://rodong.rep.kp/ko/; http://uriminzokkiri.com/ (검색일: 01.12.2023).

49 Комитет по санкциям 1718 (по КНДР), Совет безопасности ООН. [Security Council Committee established pursuant to resolution 1718 (2006) (in Russian).] https://www.un.org/securitycouncil/ru/sanctions/1718/resolutions (검색일: 18.08.2022).

50 Материалы конференций корееведов России и стран СНГ / Сайт Центра корейских исследований ИКСА РАН. https://www.ifes-ras.ru/ru-R U/library/korea (검색일: 08.12.2023).

51 Сборники МКК ДВФУ/ Сайт Центра корееведческих исследований ДВФУ. https://www.dvfu.ru/schools/school_of_regional_and_international_studies/structure/centre_of_korean_studies/iksc/the-collections-of-iwc-the-university/ (검색일: 08.12.2023).

52 Сайт СП «Расонконтранс». [Rason Transnational Container Transportation JVC (in Russian).] http://rasoncontrans.com/company-ru/today-ru.html (검색일: 06.08.2022).

대중언론 매체

53 Автомобильный мост между Приморьем и КНДР построят по российским стандартам// Сайт сетевого издания «Информационное агентство PrimaMedia». 01.02.2019. https://primamedia.ru/news/783208/ (검색일: 06.08.2022).

54 Божов О. Ядерная доктрина КНДР. «Цель – поднять дух собственного населения». Из интервью с профессором Института стратегических исследований НИУ ВШЭ, экс-начальником штаба Ракетных вой ск стратегического назначения генерал- полковником

Виктором Есиным. 29 сентября 2022 г. // Сетевое издание «Армейский стандарт». https://armystandard.ru/news/2022928100-g5y7u.html (검색일: 08.12.2023).

55 Более ста южнокорейских рабочих вернулись на родину из совместной с Севером промзоны в Кэсоне // Сайт информационного агентства ТАСС. 27.04.2013. https://tass.ru/glavnie-novosti/514672 (검색일: 03.12.2023).

56 Брифинг официального представителя МИД России М. В. Захаровой // Сайт Министерства иностранных дел РФ. 8.08.2018 (Briefing by Foreign Ministry Spokesperson Maria Zakharova. MFA Russia. 08.08.2018.) (in Russian) http://www.mid.ru/web/guest/foreign_policy/news/-/asset_publisher/cKNonkJE02Bw/content/id/3062808#27 (검색일: 05.04.2018).

57 Бывшие узники из КНДР рассказали ООН об ужасах корейских концлагерей // РБК. Сетевое издание. https://www.rbc.ru/society/23/08/2013/57040e4d9a794761c0ce0f49?ysclid=listymk6gk898443525 (검색일: 03.12.2023).

58 В КНДР завершается перекрестный год дружбы между Россией и Северной Кореей // Сайт Информационно-аналитического агентства «Восток России». 14.10.2015. https://www.eastrussia.ru/news/v-kndr-zavershaetsya-perekrestnyy-god-druzhby-mezhdu-rossiey-i-severnoy-koreey/ (검색일: 12.05.2018).

59 В по стпредстве КНДР заявили, что санкции ООН душат северокорейский народ // Сайт Информационного агентства ТАСС. 2018. 13 февраля. http://tass.ru/mezhdunarodnaya-panorama/4952488http://tass.ru/mezhdunarodnaya-panorama/4952488 (검색일: 27.05.2018).

60 В Приморье намерены создать российско- китайскосеверокорейский промышленный парк // Сайт Информационного агентства ТАСС. 19 июня 2023 г. https://tass.ru/ekonomika/18057159?ysclid=lj2visp9im526200680 (검색일: 04.12.2023).

61 Внешняя торговля Российской Федерации со странами дальнего зарубежья // Россия в цифрах 2020. Сайт Федеральной службы государственной статистики. https://rosstat.gov.ru/storage/mediabank/GOyirKPV/Rus_2020.pdf (검색일: 06.08.2022).

62 В Южной Корее разместили все шесть компонентов ПРО THAAD, заявил посол [The rest of six elements of THAAD Missile System Deployed in South Korea, Russian Ambassador said] (In Russ.) // Сайт информационного агентства РИА-Новости. 26.01.2018. https://ria.ru/world/20180126/1513370023.html (검색일: 01.04.2018).

63 В КНДР заявили, что G7 не вправе оспаривать статус республики как ядерной державы. 21 апреля 2022 г. // ЦТАК. http://kcna.kp/kp/article/q/87172d7d2cbe1ad1bbe19d82 2707ead 4eca6966da719c4d7f0037a6ce952504ac480702a4c200f78aa1b331520f9cb72.kcmsf (검색일: 08.12.2023).

64 Nikkei: НАТО намерена усилить сотрудничество с Японией, РК, Австралией и Новой

Зеландией // Сайт агентства ТАСС. 13 июня 2023. https://tass.ru/mezhdunarodnaya-panorama/17994105 (검색일: 08.12.2023).

65 Воронцов А. В. Сорвут ли американо- южнокорейские маневры саммит Трампа и Ким Чен Ына? // Живой Журнал. 06.04.2018. https://juche-ongun.livejournal.com/792061.html (검색일: 04.12.2023).

66 Брифинг официального представителя МИД России М. В. Захаровой. Москва, 26 апреля 2018 года. 26.04.18. (in Russian). https://www.mid.ru/web/guest/foreign_policy/news//asset_publisher/cKNonkJE02Bw/content/id/3194459#38 (검색일: 01.04.2020).

67 Выступление и ответы на вопросы СМИ Министра иностранных дел России С. В. Лаврова по итогам переговоров с Министром иностранных дел КНДР Ли Ён Хо, Москва, 10 апреля 2018 года // МИД России. Офиц. сайт. 2018 г. 10 апреля. http://www.mid.ru/web/guest/meropriyatiya_s_uchastiem_ministra/-/asset_publisher/xK1BhB2bUjd3/content/id/3162263 (검색일: 05.05.2018).

68 Выступление Министра иностранных дел России С. В. Лаврова на заседании СБ ООН министерского уровня по проблематике северокорейского урегулирования. Нью-Йорк, 27 сентября 2018 года. https://www.mid.ru/web/guest/general_assembly//asset_ publisher/lrzZMhfoyRUj/content/id/3354592 (검색일: 06.04.2020).

69 Выступление и ответы на вопросы СМИ Министра иностранных дел Российской Федерации С. В. Лаврова в ходе совместной пресс- конференции с Министром иностранных дел Малайзии С. Абдуллой, Москва, 21 ноября 2019 года. https://www.mid.ru/web/guest/meropriyatiya_s_uchastiem_ministra/-/asset_publisher/xK1BhB2bUjd3/content/id/3908238 (검색일: 06.04.2020).

70 Выступление заместителя руководителя делегации РФ на 10-й Конференции по рассмотрению действия Договора о нераспространении ядерного оружия И. С. Вишневецкого (общие прения), Нью- Йорк, 2 августа 2022 года // Офиц. сайт МИД РФ. https://mid.ru/ru/ foreign_policy/news/1824889/ (검색일: 19.08.2022).

71 Выступление заместителя руководителя делегации РФ на 10-й Конференции по рассмотрению действия Договора о нераспространении ядерного оружия И. С. Вишневецкого, II Главный комитет, Нью Йорк, 8 августа 2022 года // Там же. https://mid.ru/ru/foreign_policy/ news/1825672/ (검색일: 19.08.2022).

72 «Газпром» работает над организацией трубопроводных по ставок газа в Китай и другие страны АТР. Релиз от 30 октября 2012 // Сайт ПАО «Газпром». https://www.gazprom.ru/press/news/2012/october/article147257/ (검색일: 08.12.2023).

73 Генассамблея ООН потребовала от России «немедленно» вывести свои вой ска из

Украины [General Assembly resolution demands end to Russian offensive in Ukraine (in Russian)] https://news.un.org/ru/story/2022/03/1419092 (검색일: 19.08.2022).

74 Георгий Зиновьев: российско-китайские отношения вступают в новый этап [Georgy Zinoviev: Russian- Chinese relations are entering a new stage (in Russian)]. https://ria.ru/20220907/zinovev-1814927619.html (검색일: 13.09.2022).

75 Захарова: Россия ожидает от СБ ООН конструктивного отношения к резолюции о помощи КНДР. 3 ноября 2021 г. [Russia actively engaged in eff orts to resolve situation on Korean Peninsula, envoy says. 23 Dec., 2021 (in Russian)]. https://tass.ru/politika/12837081?ysclid=l7u9c5fvg1774649219 (검색일: 19.08.2022).

76 Зайнуллин Е. Российский уголь пойдет путем чучхе. 28.06.2021 [Zainullin E. Russian coal will follow the path of Juche (in Russian)]. https://www.kommersant.ru/doc/4877677?ysclid=l78pro298i977943272 (검색일: 25.08.2022).

77 Зеленин О. РФ передала ООН данные Минобороны о проведенном КНДР ракетном испытании // Сайт Информационного агентства ТАСС. 2017. 9 июля. http://tass.ru/politika/4399599 (검색일: 14.05.2018).

78 Знак уважения: Ким Чен Ын совершил первый зарубежный визит в Китай // Сайт агентства РИА Новости. 28.03.2018. https://ria.ru/20180328/1517425346.html?ysclid=lakuvdq7ox278890902 (검색일: 08.12.2023).

79 Инвестиции в создание Азиатского энергетического супер кольца оцениваются до 30 млрд долларов // Сайт Министерства Российской Федерации по развитию Дальнего Востока и Арктики. https://minvr.gov.ru/press-center/news/investitsii-v-sozdanie-aziatskogo-energeticheskogo-superkoltsa-otsenivayutsya-do-30-mlrd-dollarov-4472/ (검색일: 08.12.2023).

80 Интервью Министра иностранных дел Российской Федерации С. В. Лаврова программе «Большая игра» на «Первом канале», Москва, 10 марта 2023 года // Офиц. сайт МИД РФ.10.03.2023. https://www.mid.ru/ru/foreign_policy/news/1857681/ (검색일: 08.12.2023).

81 Интервью Посла России в КНДР А. И. Мацегоры информагентству ТАСС, 10 февраля 2017 г. // Официальный сайт Министерства иностранных дел РФ. 10.02.2017. http://www.mid.ru/about/professional_holiday/news/-/asset_publisher/I5UF6lkPfgKO/content/id/2638857 (검색일: 29.03.17).

82 Интервью заместителя Министра иностранных дел России И. В. Моргулова агентству «Интерфакс», 28 апреля 2018 года (in Russian) // Официальный сайт Министерства иностранных дел РФ. 28.04.18. https://www.mid.ru/web/guest/foreign_policy/news//asset_publisher/cKNonkJE02Bw/content/id/3200473 (검색일: 01.04.2020).

83 Интервью Посла России в Китае А. И. Денисова информационному агентству

«Интерфакс», 9 января 2019 года // Официальный сайт Министерства иностранных дел РФ. 9.01.2019. https://www.mid.ru/web/guest/maps/cn//asset_publisher/WhKWb5DVBqKA/content/id/3470071 (검색일: 06.04.2020).

84 Интервью Постоянного представителя России при ООН В. А. Небензи информационному агентству «РИА Новости», 10 февраля 2020 года // Официальный сайт Министерства иностранных дел РФ. 21.11.2019. (In Russ.) https://www.mid.ru/web/guest/foreign_policy/un//asset_publisher/U1StPbE8y3al/content/id/4032377 (검색일: 06.04.2020).

85 Кирьянов О. Из интервью с Толорая Г. Д. // Российская газета. Сетевое издание. 08.07.2012. https://rg.ru/2012/07/08/ekspert-site.html?ysclid=livp7u3t9f386636387 (검색일: 01.12.2023).

86 Кирьянов О. Мун Чжэ Ин предложил КНДР реализовать трехсторонние проекты с Россией // Российская газета. Сетевое издание. 02.05.2018. https://rg.ru/2018/05/02/munchzhe-in-predlozhil-kndr-realizovat-trehstoronnie-proektys-rossiej.html (검색일: 08.12.2023).

87 Кирьянов О. Эксперт: КНДР продемонстрировала колоссальный прогресс в военном ракетостроении // Российская газета. Сетевое издание. 12.01.2022. https://rg.ru/2022/01/12/ekspert-kndr-prodemonstrirovala-kolossalnyj-progress-v-voennom-raketostroenii.html (검색일: 03.12.2023).

88 Катона В. Транскорейский газопровод: похороны или преображение? // Сайт Российского совета по международным делам. https://russiancouncil.ru/analytics-andcomments/analytics/transkoreyskiy-gazoprovod-pokhorony-ilipreobrazhenie/ (검색일: 08.12.2023).

89 Комментарий официального представителя МИД России М. В. Захаровой в связи с голосованием в Совете Безопасности ООН по американскому проекту резолюции, ужесточающей санкции в отношении КНДР // Там же. 28.05.2022. https://www.mid.ru/ru/foreign_policy/ news/1815126/ (검색일: 08.12.2023).

90 КНДР укрепит сотрудничество со странами, выступающими против мировой гегемонии США // Сайт Информационного агентства ТАСС. 19 июня 2023 г. https://tass.ru/mezhdunarodnaya-panorama/18054869 (검색일: 08.12.2023).

91 Комментарий Департамента информации и печати МИД России в связи с принятием резолюции Совета Безопасности ООН 2397 // Официальный сайт Министерства иностранных дел РФ. 2017. 23 декабря. http://www.mid.ru/web/guest/maps/kp/asset_publisher/VJy7Ig5QaAII/content/id/3001355 (검색일: 26.05.2018).

92 Комментарий Департамента информации и печати МИД России в связи с решением КНДР о прекращении ядерных и ракетных испытаний. // Официальный сайт Министерства иностранных дел РФ. 21.04.18. https://www.mid.ru/web/guest/kommentarii_

predstavitelya//asset_publisher/MCZ7HQuMdqBY/content/id/3185221 (검색일: 01.04.2020);

93 Комментарий Департамента информации и печати МИД России в связи с проведением америкaно- северокорейской встречи на высшем уровне в Сингапуре. // Официальный сайт Министерства иностранных дел РФ. 12.06.18. https://www.mid.ru/web/guest/kommentarii_predstavitelya//asset_publisher/MCZ7HQuMdqBY/content/id/3256544 (검색일: 03.04.2020); Выступление и ответы на вопросы СМИ Министра иностранных дел России С. В. Лаврова в ходе совместной пресс- конференции по итогам переговоров с Министром иностранных дел Греческой Республики Н. Кодзиасом, Москва, 13 июня 2018 года. // Официальный сайт Министерства иностранных дел РФ. 13.06.18. https://www.mid.ru/web/guest/meropriyatiya_s_uchastiem_ministra//asset_publisher/ xK1BhB2bUjd3/content/id/3257405 (검색일: 03.04.2020).

94 Комментарий Департамента информации и печати МИД России в связи с американской заявкой в Комитете СБ ООН 1718 по КНДР по расширению санкционных списков. // Официальный сайт Министерства иностранных дел РФ. 10.08.2018. https://www.mid.ru/web/guest/kommentarii_predstavitelya/-/asset_publisher/MCZ7HQuMdqBY/content/id/3316726 (검색일: 05.04.2020); Комментарий Департамента информации и печати МИД России в связи с очередными санкциями США (In Russ.) // Официальный сайт Министерства иностранных дел РФ. 16.08.2018. https://www.mid.ru/web/guest/kommentarii_predstavitelya//asset_publisher/MCZ7HQuMdqBY/content/id/3320256 (검색일: 05.04.2020).

95 Комментарий заместителя Министра иностранных дел России С. А. Рябкова в связи с решением США ввести новые антироссийские санкции // Официальный сайт Министерства иностранных дел РФ. 21.08.2018. https://www.mid.ru/web/guest/kommentarii_predstavitelya//asset_publisher/ MCZ7HQuMdqBY/content/id/3322411 (검색일: 06.04.2020).

96 Корейский опыт преодоления коронакризиса. Дискуссия с Александром Воронцовым и Ли Сангмином // Сайт Российского совета по международным делам. 22.04.2020. https://russiancouncil.ru/analytics-and-comments/columns/asian-kaleidoscope/koreyskiy-opyt-preodoleniya-koronakrizisadiskussiya-s-aleksandrom-vorontsovym-i-li-sangminom/ (검색일: 03.12.2023).

97 Коростиков М. РФ и КНДР сближают США // Kommersant.ru. Сетевое издание. 2018. 11 апреля. https://www.kommersant.ru/doc/3599390 (검색일: 25.05.2018).

98 Ланьков А. Н. Чего КНДР ждет от холодной вой ны Америки и Китая. // Профиль. Сетевое издание. 16.05.2020. https://profile.ru/abroad/chego-kndr-zhdet-ot-xolodnoj-vojny-ameriki-i-kitaya-311451/ (검색일: 06.06.2020).

99 Ahn So-young, Park P. Is Trump Still Pursuing a 'Big Deal' With North Korea? // Voice of America. May 24, 2019. https://www.voanews.com/east-asia-pacific/trump-stillpursuing-big-deal-north-korea (검색일: 01.06.2019).

100 Латышева А. В Пхеньяне состоялось 8 заседание Межправительственной комиссии России и КНДР // Сайт Министерства РФ по развитию Дальнего Востока и Арктики. 2018. 22 марта. https://minvr.ru/press-center/news/14170/?sphrase_id=406768 (검색일 : 27.05.2018).

101 Лидер КНДР казнил практически всех родственников своего дяди // Forbes. Сетевое издание. 26.01.2014. https://www.forbes.ru/news/250139-lider-kndr-kaznil-vsekhrodstvennikov-svoego-dyadi?ysclid=lbepl13p1d842529899 (검색일: 03.12.2023).

102 Осуждение жестких санкций США // Нодон синмун. 04.11.2017.

103 Россия заявляет, что санкции не решат проблему // Нодон синмун. 01.11.2017.

104 Требование России к США не обострять ситуацию на Корейском полуострове // Нодон синмун. 16.10.2017.

105 Миклашевская А. Северокорейская экономика растет быстрее южнокорейской // Kommersant.ru. Сетевое издание. 21.07.2017. www.kommersant.ru/doc/3365113 (검색일: 31.08.2017).

106 Мардасов А. Япония: Россия спасает КНДР «шпионским» паромом. // Свежая пресса. Сетевое издание. 25 апреля 2017 г. https://svpressa.ru/war21/article/171170/ (검색일: 04.12.2023).

107 Матвиенко: Россия готова к реализации трехсторонних проектов с Южной Кореей и КНДР // Сайт информационного агентства ТАСС. 4.10.2018. https://tass.ru/ekonomika/5635540 (검색일: 08.12.2023).

108 Мингажев С. Красный свет для встречи Трампа и Ким Чен Ына: Болтон упомянул «ливийский сценарий». [Red light for a meeting between Trump and Kim Jong-Un: Bolton mentioned the «Libyan scenario». 22.05.2018.] // Вести.ру. Электронное СМИ. 22.05.2018. https://www.vesti.ru/doc.html?id=3020173 (검색일: 22.06.2018).

109 Небензя В. А. в СБ ООН. Выступление по КНДР (17.04.2023). [Видео] // Яндекс/видео. https://yandex.ru/video/preview/5562190961638829760 (검색일: 04.12.2023).

110 ООН узнала о принудительной отправке граждан КНДР на заработки в Россию. 29 октября 2015 г. https://www.rbc.ru/politics/29/10/2015/563222559a79479d2369649b (검색일: 03.12.2023).

111 Ответ заместителя Министра иностранных дел России И. В. Моргулова на вопрос СМИ

о российско- китайском проекте резолюции Совета Безопасности ООН в отношении КНДР. [Russian Deputy Foreign Minister Igor Morgulov's response to a media question about the Russian- Chinese draft UN Security Council resolution on North Korea (in Russian).] // Официальный сайт Министерства иностранных дел РФ. 12.11.2021. https://mid.ru/ru/foreign_policy/news/1785914/ (검색일: 19.08.2022).

112 Первое заседание военной комиссии КНДР и России началось в Пхеньяне // Известия. Сетевое издание. 2017. 14 декабря. https://iz.ru/683006/2017–12–14/pervoe-zasedanie-voennoi-komissii-kndr-i-rossii- nachalos-v-pkheniane (검색일: 12.06.2018).

113 Перспективы строительства понтонного моста между Россией и Северной Кореей обсудили Администрация Приморья и МИД КНДР / Сайт правительства Приморского края. 13.09.2016. http://www.primorsky.ru/news/117980/ (검색일: 03.12.2023).

114 Питалев И. МИД Северной Кореи объяснил желание сотрудничать с Ро ссией // Сайт информационного агентства РИА-Ново сти. 16.04.2017. https://ria.ru/world/20170416/1492355300.html (검색일: 13.05.2018).

115 Питалев И. Небензя: односторонние санкции в отношении КНДР ущербны и незаконны // Сайт информационного агентства РИА Новости. 2017. 5 августа. https://ria.ru/world/20170805/1499829071.html (검색일: 12.05.2018).

116 Посол России в КНДР опроверг поставки оружия Пхеньяном для ЧВК «Вагнер» // РБК. Сетевое издание. 2 февраля 2023 г. https://www.rbc.ru/politics/02/02/20 23/63da4ad59a7947eb59f1c579?ysclid=liu50fdthm347714589 (검색일: 04.12.2023).

117 Россия выступила за реализацию трехсторонних проектов с КНДР и Южной Кореей // Сайт агентства РИА Новости. 14 октября 2019 г. https://ria.ru/20191014/1559779884.html?ysclid=ljlicpgzlg32636639 (검색일: 08.12.2023).

118 Си Цзиньпин и Ким Чен Ын провели переговоры. Пекин // Sinhua. // Синьхуа новости. 28.03.2018. www.Russian.news.cn/2018–03/28/c_137071687.htm (검색일: 28.03.2018).

119 Северная Корея вернула США останки 200 американских солдат (North Korea has returned 200 sets of MIA remains.) // Сайт информационного агентства РИА Новости. 21.06.2018. https://ria.ru/world/20180621/1523108830.html (검색일: 22.06.2018).

120 Трамп: пресс-конференция по Северной Корее. (Trump; press- conference on North Korea.) // ИноСМИ. RU. Сетевое издание. 13.06.2018. https://inosmi.ru/ politic/20180613/242469602.html (검색일: 22.06.2018).

121 Трамп не обсуждал с Ким Чен Ыном вывод американских войск из Южной Кореи. (Trump did not discuss with Kim Jong-Un the withdrawal of American troops from South Korea.) // Сайт информационного агентства РИА Новости. 14.06.2018. https://ria.ru/

world/20180614/1522668846.html (검색일: 22.06.2018).

122 Трунина А. КНДР призвала страны ООН не поддерживать США для собственной безопасности // РБК. Сетевое издание. 17 окт. 2017. https://www.rbc.ru/polit ics/17/10/2017/5 9e55ace9a7947570f470397 (검색일: 03.12.2023).

123 Президент Южной Кореи исключил возможность вывода американских вой ск. (President of South Korea excluded the possibility of withdrawal of US troops.) // Сайт информационного агентства РИА Новости. 02.05.2018. https://ria.ru/world/20180502/1519757479.html (검색일: 22.06.2018).

124 Путин предложил вернуться к обсуждению трехсторонних проектов КНДР, Южной Кореи и РФ // Interfax. 12.09.2018. https://www.interfax.ru/business/628943 (검색일: 08.12.2023).

125 Правительство Южной Кореи опубликовало проект железнодорожной сети Восточной Азии // Centralasia.media. Сетевое издание. 05.09.2019. https://centralasia.media/news:156503 3?ysclid=lafsbz7dkq645140575 (검색일: 08.12.2023).

126 Пресс-релиз 13 июля 2018 г. Расонконтранс. Официальный сайт. http://rasoncontrans.com/files/Press_16072018.pdf (검색일: 08.12.2023).

127 Питалев И. Эксперт: США «нашли» в КНДР 3000 ядерных объектов? Похоже на типичный вброс. (Expert: the US «found» 3,000 nuclear facilities in the DPRK? It looks like a typical throw-in) // Сайт информационного агентства РИА Новости. 18.06.2018. https://ria.ru/radio_brief/20180618/1522929376.html (검색일: 22.06.2018).

128 Платонов О., Рыжков Н. Перестройка в СССР: какой ущерб был нанесен экономике // Рамблер/финансы. Сетевое издание. 20.08.2017. https://finance.rambler. ru/business/37749351-perestroyka-v-sssr-kakoy-uscherb-bylnanesen-ekonomike/?ysclid=liwtbyyj to306743375 (검색일: 01.12.2023).

129 Портякова Н. С еверокорейцы не выст авляют нам счет а по сле каждого голо сования в ООН. [Portyakova N. North Koreans don't bill us after every vote at the UN (in Russian).] // Известия. Сетевое издание. 18.07.2022. https://iz.ru/1365120/nataliia-portiakova/severokoreitcy-ne-vystavliaiut-nam-scheta-posle-kazhdogo-golosovaniia-v-oon?ysclid=l70cq2ax9y532738239 (검색일: 19.08.2022).

130 Посол России в Пхеньяне: речи о поставках боеприпасов КНДР в Россию не идет // Сайт информационного агентства РИА-Новости. 25.05.2023. https://ria.ru/20230525/kndr-1873989077.html?ysclid=liu326qpmy300007703 (검색일: 04.12.2023).

131 Посол КНДР отметил, что пандемия не помешала развитию отношений Пхеньяна и Москвы // Сайт информационного агентства ТАСС. https://tass.ru/mezhdunarodnaya-

panorama/17591777 (검색일: 04.12.2023).

132 Посол РФ заявил, что гуманитарная ситуация в КНДР ухудшается из-за санкций // Сайт Информационного агентства ТАСС. 2017. 6 февраля. http://tass.ru/politika/4932367http://tass.ru/politika/4932367 (검색일: 27.05.2018).

133 Посол РФ в КНДР: Россию не радует глубокая заморозка диалога Пхеньяна и Вашингтона // Interfax. 20.05.2020. https://www.interfax.ru/interview/709350?fbclid=IwAR1ZWTCwRytgncNfZ9K0oEh9jJM6IdeshY9PIgEiNwOqPpacXdjpgX0BSrE (검색일: 06.06.2020).

134 «Россети», KEPCO и «Интер РАО» изучат вопрос о возможности соединения энергосистем РФ и Южной Кореи // Россети. 16.06.2015. https://rosseti-sz.ru/press/news/newsrosseti/news24053.html (검색일: 08.12.2023).

135 «Северокорейский Гонконг» получил второй шанс на развитие // Seldon.News. https://news.myseldon.com/ru/news/index/197712681 (검색일: 08.12.2023).

136 Россия и Китай заблокировали в СБ ООН резолюцию о санкциях против КНДР // РБК. Сетевое издание. 27.05.2022. https://www.rbc.ru/politics/27/05/2022/628fee2e9a7947ed84458c96 (검색일: 08.12.2023).

137 Россия и урегулирование ситуации на Корейском полуострове (по состоянию на май 2022 года) // Офиц. сайт Министерства иностранных дел РФ. https://www.mid.ru/ru/foreign_policy/vnesnepoliticeskoe-dos-e/krizisnoe-uregulirovanie-regional-nye-konflikty/uregulirovanie-situaciina-korejskom-poluostrove/ (검색일: 07.12.2023).

138 Пушилин выразил готовность посетить КНДР. [Russian official Pushilin expressed readiness to visit North Korea. (in Russian)] // Сайт информационного агентства РИА-Новости. 29.07.2022. https://ria.ru/20220729/kndr-1805858940.html?ysclid=l70ck4das9272109867 (검색일: 19.08.2022).

139 Россия активно снабжает энергоресурсами Северную Корею [Russia is actively supplying energy resources to North Korea (in Russian)] // Интернет-журнал «Биржевой лидер». 21 мая 2017 г. www.profi-forex.org/novosti-rossii/entry1008307946.html (검색일: 09.08.2022).

140 Россия предложила КНДР поставки своих вакцин против COVID-19 [Russia offered North Korea the supply of its vaccines against COVID-19 (in Russian)] // Сайт информационного агентства РИА-Новости. 01.06.2022. https://ria.ru/20220601/vaktsiny-1792238735.html?ysclid=l6z0uo41m3137590789 (검색일: 18.08.2022).

141 Россия и КНДР заинтересованы в продолжении совместных инфраструктурных проектов и восстановлении прерванного пандемией торгово- экономического сотрудничества [Russia and North Korea are interested in continuing joint infrastructure

projects and restoring trade and economic cooperation interrupted by the pandemic (in Russian)] // Сайт Министерства РФ по развитию Дальнего Востока и Арктики. 23.06.2022 https://minvr.gov.ru/press-center/news/rossiya_i_kndr_zainteresovany_v_prodolzhenii_sovmestnykh_infrastrukturnykh_proektov_i_vosstanovlenii/?sphrase_id=2540946 (검색일: 09.08.2022).

142 РФ и Китай наложили вето в СБ ООН на резолюцию о санкциях против КНДР [Russia and China vetoed a resolution on sanctions against the DPRK at the UN Security Council (in Russian)] // Известия. Сетевое издание. 26 мая 2022. https://iz.ru/1340667/2022−05−26/rf-i-kitai-nalozhili-veto-v-sb-oon-narezoliutciiu-o-sanktciiakh-protiv-kndr?ysclid=l70kf6rawe701637095 (검색일: 19.08.2022).

143 Саманта Пауэр: Поправки Ро ссии не снизили жесткость санкций против КНДР // RT.com. Сетевое издание. 3 марта 2016 г. https://russian.rt.com/inotv/2016−03−03/Samanta-Pauer-R ossiya-pomogla-nam (검색일: 03.12.2023).

144 США и РК решили не проводить военные учения в августе [The US and the ROK decided not to conduct military exercises in August. // Рамблер/новости. Сетевое издание. 19.06.2018. https://news.rambler.ru/conflicts/40133121/?utm_content=rnews&utm_medium=read_more&utm_source=copylinkhttps://news.rambler.ru/conflicts/40133121-ssha-i-rk-reshili-ne-provodit-voennyeucheniya-v-avguste/ (검색일: 22.06.2018).

145 Южная Корея и США начнут вторую фазу совме стных во енных учений против КНДР // Сайт агентства РИА Новости. 11.08.2019. https://ria.ru/20190811/1557383536.html (검색일: 08.12.2023).

146 Тадтаев Г. «Роснефть» решила подать в суд за статью о поставках в КНДР [Tadtaev G. Rosneft decided to sue for an article about supplies to the DPRK (in Russian)] // РБК. Сетевое издание. 03.09.2020. https://www.rbc.ru/business/03/09/2020/5f50fd589a79470f4e007b1a?yscli d=l6hsy8lxa4839133495 (검색일: 06.08.2022).

147 Тарантул Р. Зачем России новый мост в КНДР? [Tarantul R. Why does Russia need a new bridge to North Korea? (in Russian)]. // EastRussia («Восток России»). И н ф о р м а ц и о н н о -аналитическийинтернет-ресурс.

148 10.01.2020. https://www.eastrussia.ru/material/zachem-rossii-novyy-most-v-kndr/?ysclid=l6hu 5rbqe2157863404 (검색일: 06.08.2022).

149 Трамп: пресс-конференция по Северной Корее. [Trump; press-conference on North Korea] // ИноСМИ. RU. Сетевое издание. 13.06.2018. https://inosmi.ru/politic/20180613/242469602.html (검색일: 22.06.2018).

150 Трамп не обсуждал с Ким Чен Ыном вывод американских вой ск из Южной Кореи

151 [Trump did not discuss with Kim Jong-Un the withdrawal of American troops from South Korea. // Сайт информационного агентства РИА Новости 14.06.2018. https://ria.ru/world/20180614/1522668846.html (검색일: 22.06.2018).

151 Украина разорвала дипотношения с КНДР. [Ukraine severed diplomatic relations with North Korea (in Russian)]. // Сайт информационного агент ства РИА-Новости. 13.07.2022. https://ria.ru/20220713/ukraina-1802285402.html (검색일: 23.08.2022).

152 Эксперты назвали ошибку Трампа во время встречи с Ким Чен Ыном в 2018 году // Сайт агентства РИА-Новости. 12 июня 2023 г. https://ria.ru/20230612/tramp-1877589439.html?ysclid=lj1ufcszz8810200224 (검색일: 07.12.2023).

153 이해준 «항공기·전투차·헬기 상위 5위»…韓 군사력 세계 6위, 북한은. 중앙일보. 2023년 6월 17일. www.joongang.co.kr/article/25170545 (검색일: 03.12.2023).

154 김여정 조선로동당 중앙위원회 부부장 담화. 조선중앙통신. http://www.kcna.kp/kp/article/q/5d8e1c0cbb0d7d5830c453c815fd28f4.kcmsf (검색일: 08.12.2023).

155 경애하는 김정은 동지께서 로씨야련방 대통령에게 축전을 보내시였다. 조선중앙통신. http://kcna.kp/ru/article/q/2cb8e95b916d44727016a379bfa63f59.kcmsf (검색일: 08.12.2023).

156 경애하는 최고령도자 김정은 동지께 로씨야련방 대통령이 축전을 보내여왔다. 로동신문. 2017년 8월 15일. http://www.rodong.rep.kp/ko/index.php?strPageID=SF01_02_01&newsID=2017-08-15-0005 (검색일: 05.07.2018).

157 경애하는 김정은 동지께 로씨야련방 대통령이 축전을 보내여왔다. 로동신문. 2022년 9월 9일. http://rodong.rep.kp/ko/index.php?strPageID=SF01_02_01&newsID=2022-09-09-0007 (검색일: 09.09.2022).

158 경애하는 김정은 동지께서 로씨야련방 대통령에게 축전을 보내시였다. 조선중앙통신. 2022년 5월 9일. https://kcna.kp/kp/article/q/a4cb6274ec7d6b31a0905b12d87254da.kcmsf (검색일: 09.09.2022).

159 경애하는 김정은 동지께서 로씨야련방 대통령에게 축전을 보내시였다. 조선중앙통신. 2022년 6월 12일. https://kcna.kp/ru/article/q/3fbce4d12abb647d96780ae0f8ebb7ce.kcmsf (검색일: 09.09.2022).

160 경애하는 김정은 동지께서 조국 해방 77돐에 즈음하여 해방탑에 화환을 보내시였다. 로동신문. 2022년 8월 15일. http://rodong.rep.kp/ko/index.php?strPageID=SF01_02_01&newsID=2022-08-15-0003 (검색일: 19.08.2022).

161 내각총리 박봉주 동지가 로씨야련방 내각 총리에게 축전을 보내시였다. 민주조선 (2018년 5월 5일).

162 진짜 소경인가 아니면 소경 흉내를 내는가. 조선중앙통신. 2017년 8월 9일. http://www.kcna.kp/kcna.user.article.retrieveNewsViewInfoList.kcmsf#this (검색일: 16.05.2018).

163 친선적인 협조 관계의 전통을 계승하여. 로동신문. 2018년 3월 17일. http://www.rodong.rep.kp/ko/

index.php?strPageID=SF01_02_01&newsID=2018-03-17-0038 (검색일: 27.05.2018).

164 조선민주주의인민공화국 국무위원회 위원장 김정은 동지께서 로씨야련방 대통령에게 축전을 보내시였다. 로동신문. 2018년 3월 21일. http://www.rodong.rep.kp/ko/index.php?strPageID=S F0 1_02_01&newsID=2018-03-21-0001 (검색일: 05.07.2018).

165 조선민주주의인민공화국 국방성 군사대외사업국 부국장 담화 발표. 조선중앙통신. 2022년 11월 8일. https://kcna.kp/en/article/q/655a3c30289d0b5e7228f799f83e0bd9.kcmsf (검색일: 08.12.2023).

166 조선민주주의인민공화국 외무성 임천일 부상 담화. 조선민주주의인민공화국 외무성 사이트. http://mfa.gov.kp/view/article/16884 (검색일: 08.12.2023).

167 조선로동당 중앙위원회 정치국 상무위원회 위원이며 당중앙위원회 비서이며 당 중앙군사위원회 부위원장인 리병철 원수가 조선중앙통신사를 통하여 미국의 도발적 행위에 대한 강경한 경고 립장을 발표. 조선중앙통신. http://www.kcna.kp/kp/article/q/65e93d8a71e2fc20043 7c1459d7e1 508ba1e9953f66e83db4d36b5f34a3d29ff044887e01a724359dceb01b59a43b1c6.kcmsf (검색일: 08.12.2023).

168 주권국가의 정당한 선택. 조선중앙통신. 2022년 7월 22일. http://www.mfa.gov.kp/view/article/15509 (검색일: 19.08.2022).

169 조선민주주의인민공화국 외무성 대변인 대답. 조선중앙통신. 2022년 7월 15일. http://www.mfa.gov.kp/ view/article/15450 (검색일: 12.09.2022).

170 조선민주주의인민공화국 최선희 외무상 담화 http://kcna.kp/kp/article/q/87172d7d 2cbe1ad1bbe19 d822707ead4eca6966da719c4d7f0037a6ce952504ac480702a4c200f78aa1b331520f9cb72.kcmsf (검색일: 08.12.2023).

171 제19차 공산당, 로동당들의 국제회의 진행. 로동신문 (2017년 11월 5일). http://www.rodong.rep.kp/ko/index.php?strPageID=SF01_02_01&newsID=2017-11-05-0037 (검색일: 04.07.2018).

172 조선로동당 중앙위원회가 로씨야련방 공산당 중앙위원회에 축전을 보내였다. 로동신문 (2018년 2월 15일). http://www.rodong.rep.kp/ko/index.php?strPageID=SF01_02_01&newsID=2018-02-15-0007 (검색일: 04.07.2018).

173 조로 친선관계 발전의 력사적 리정표. 로동신문 (2017년 7월 19일). http://www.rodong.rep.kp/ko/index.php?strPageID=SF01_02_01&newsID=2017-07-19-0035 (검색일: 12.05.2018).

174 주체 깊발 넓이 사회주의 길로. 민주조선 (2018년 5월 6일).

175 세계 평화와 안전을 위협하는 장본인 과연 누구인가. 로동신문 (2017년 10월 5일). http://www.rodong.rep.kp/ko/index.php?strPageID=SF01_02_01&newsID=2017-10-15-0034 (검색일: 13.05.2018).

176 문재인 대통령, 러시아 국빈 방문 마치고 귀국. // BBC. 24.6.2018. https://www.bbc.com/korean/news-44591712 (검색일: 08.12.2023).

177 안상희 가스공사 «천연가스 북한 통과료 연 1,800억 원 추산» // Chosun. 2018.10.23. http://biz.chosun.com/ site/data/html_dir/2018/10/23/2018102302752.html (검색일: 08.12.2023).

178 Ан Санхи. KOGAS: КНДР будет ежегодно получать 160 миллионов долларов за транзит газа (Chosun, Южная Корея). // InoSMI.ru. Сетевое издание. 25.10.2018. https://inosmi.ru/politic/20181025/243536664.html (검색일: 08.12.2023).

179 조선민주주의인민공화국 핵 무력 정책에 대한 법령 발포. 평양 9월 9일 발 조선중앙통신. http://kcna.kp/kp/article/q/5f0e629e6d35b7e3154b4226597df4b8.kcmsf (검색일: 08.12.2023).

180 Withnall A. Trump announces US will stop 'provocative' war games with South Korea in major concession to Kim Jong-un. // Independent. June 12, 2018. https://www.independent.co.uk/news/world/asia/north-korea-trump-war-games-south-nuclear-weapons-kimsummit-a8394636.html?utm_campaign=Echobox&utm_medium=Social&utm_source=Facebook#Echobox=1528793284 (검색일: 12.06.2018).

181 Chris Wallace interviews Russian President Vladimir Putin // Fox News. July 17, 2018. https://www.foxnews.com/transcript/chris-wallace-interviews-russian-president-vladimir-putin (검색일: 01.04.2018).

182 Idrees Ali. U. S. Defense Secretary says he favors placing missiles in Asia // REUTERS. August 3, 2019. https://www.reuters.com/article/us-usa-asia-inf-idUSKCN1UT098?utm_campaign=trueAnthem:+Trending+Content&utm_content=5d4566f8ffeb9a00013b5aa0&utm_medium=trueAnthem&utm_source=twitter (검색일: 08.12.2023).

183 Interview of D. Trump by Sam Dorman Fox News. May 19, 2019. https://www.foxnews.com/politics/trump-biden-iran-nuclear-weapons-fox-news-steve-hilton (검색일: 08.12.2023).

184 Choe Sang-H un. In a First, South Korea Declares Nuclear Weapons a Policy Option. The New York Times. January 12, 2023. https://www.nytimes.com/2023/01/12/world/asia/south-korea-nuclear-weapons.html (검색일: 08.12.2023).

185 Davenport K. South Korea Walks Back Nuclear Weapons Comments. Arms Control Association. March 2023. https://www.armscontrol.org/act/2023–03/news/south-korea-walks-back-nuclear-weapons-comments (검색일: 08.12.2023).

186 Nam Hyun-woo. Washington Declaration is nuclear-based upgrade of ROK-US alliance. The Korea Times. 2023.05.02. https://www.koreatimes.co.kr/www/nation/2023/05/113_350227.html (검색일: 08.12.2023).

187 First on CNN: US accuses North Korea of trying to hide shipments of ammunition to Russia // CNN Politics. 2.11.2022. https://edition.cnn.com/2022/11/02/politics/north-korearussia-ammunition/index.html (검색일: 04.12.2023).

188 Exclusive from Russia: with fuel North Korean ships may be undermining sanctions //

Euronews 20.09.2017. http://www.euronews.com/2017/09/20/exclusive-from-russiawith-fuel-north-korean-ships-may-be-undermining-sanctions (данное СМИ в России заблокировано с 2022 г.) (검색일: 04.12.2023).

189 Pawlyk O. Air Force's Bunker-B usting MOP Receives an Upgrade. // Website Military.com January 28, 2018. https://www.military.com/dodbuzz/2018/01/29/air-forces-bunkerbusting-mop-receives-upgrade.html (검색일: 01.04.2018).

190 Tyler D. Kissinger Warns «Pre-E mptive Attack» Against North Korea «Is Strong» Possibility Profi le picture // Zerohedge. 02.02.2018. https://www.zerohedge.com/news/2018-02-02/kissinger-warns-pre-emptive-attack-against-north-korea-strong-possibility (검색일: 03.04.2018). (Статья перенесена в архив).

191 Ministry of National Defense of the ROK: [South Korea- U. S. Combined Forces Command] KR/FE to be held after PyeongChang Olympics. January 16, 2018. (In Korean) // Website of Ministry of National Defence of the ROK. www.mnd.go.kr (검색일: 05.04.2018).

192 Blumberg A. Here are 6 of John Bolton's Most Belligerent Op- Eds in Recent Years A taste of what's to come? // HuffPost. March 23, 2018. https://www.huffingtonpost.com/entry/john-bolton-op-eds_us_5ab443fce4b054d118e14d32 (검색일: 23.03.2018).

193 Larison D. Bolton Wants Preventive War Against North Korea // Website The American Conservative. February 28, 2018. http://www.theamericanconservative.com/larison/bolton-wants-preventive-war-against-north-korea (검색일: 23.03.2018).

194 Glass A. President Bush cites 'axis of evil,' Jan. 29, 2002 // The Politico. Электронное СМИ. 01.29.2019. https://www.politico.com/story/2019/01/29/bush-axis-ofevil-2002-1127725 (검색일: 03.12.2023).

195 DPRK Foreign Ministry Issues Spox Statement on meeting with US offi cials //North Korea Leadership Watch. 08 Jul 2018. https://www.nkleadershipwatch.org/2018/07/08/ dprk-foreign-ministry-issues-spox-statement-on-meeting-withus-officials/ (검색일: 08.12.2023).

196 Rights group accuses North Korea of using citizens as slave labor // DW. 12.04.2015. http://www.dw.com/en/rights-group-accuses-north-korea-of-using-citizens-as-slave-labor/a-18894803 (검색일: 03.09.2018).

197 Wachtel J. Russia holds up vote on US-drafted North Korea sanctions resolution at UN. February 29, 2016 // Fox News Channel. http://www.foxnews.com/world/2016/02/29/russia-h olds-up-vote-on-us-drafted-n orthkorea-sanctions-resolution-at-un.html (검색일: 03.12.2023).

198 Miller G., Fifield A. U.N. condemns North Korean launch after an emergency meeting. February 7, 2016 // The Washington Post. https://www.washingtonpost.com/world/national-security/un-condemns-north-korean-launchafter-an-emergency-meeting/2016/02/07/01a89d9a-

cdb4–11e5–88cd-753e80cd29ad_story.html (검색일: 03.12.2023).

199 Cho Yi-jun. U. S. Tries to Cut off N. Korea's Oil Supplies, Labor Exports. // Chosun Media. March 23, 2017. http://english.chosun.com/site/data/html_dir/2017/03/23/2017032301501.html (검색일: 03.12.2023).

200 Rauhala E. North Korean leader meets with China's president during 'unofficial visit' to Beijing // The Washington Post. March 27, 2018. https://www.washingtonpost.com/world/asia_pacific/why-is-there-an-armored- train-in-beijing-is-it-kim-jonguns/2018/03/27/2e8346dc-3192–11e8–9759–56e51591e250_story.html?utm_term=.5454115741d8&wpisrc=al_news__alert-world-alert-national&wpmk=1 (검색일: 28.03.2018).

201 Max Thunder 2018: US military drills threaten to derail Korea peace talks. // RT News. May 16, 2018. https://www.rt.com/usa/426840-max-thunder-k orea-drills/ (검색일: 22.05.2018).

202 Bender M., Salama V., Gordon M. President Donald Trump Cancels North Korea Summit // The Wall Street Journal. May 24, 2018. https://www.wsj.com/articles/president-donald-trump-cancels-north-korea-summit-1527169994 (검색일: 24.05.2018).

203 Sharman J. Trump-K im denuclearization agreement prompts skepticism from experts: 'Really weird' // The Independent. June 12, 2018. https://www.independent. co.uk/news/world/asia/trump-kim-meeting-latestdenuclearisation-north-korea-us-nuclear-weapons-a8394566.html?utm_campaign=Echobox&utm_medium=Social&utm_source=Facebook#Echobox=1528791824 (검색일: 12.06.2018).

204 Pabian F., Bermudez Jr. J., Liu J. The Punggyeri Nuclear Test Site Destroyed: A Good Start but New Questions Raised about Irreversibility // May 31, 2018. https://www.38north.org/2018/05/punggye053118/ (검색일: 16.05.2018).

205 Ahn So-young, Park P. Is Trump Still Pursuing a 'Big Deal' With North Korea? // Voice of America. May 24, 2019. https://www.voanews.com/east-asia-pacific/trump-stillpursuing-big-deal-north-korea (검색일: 01.06.2019).

206 Michelle N. China, Russia veto U.S. push for more U.N. sanctions on North Korea // REUTERS. May 27, 2022. https://www.reuters.com/world/china-russia-veto-us-push-moreun-sanctions-north-korea-2022–05–26/ (검색일: 08.12.2023).

207 Seoul warns North Korea that using nuclear weapons would be 'self-destruction' // NBC News. 13.09.2022. https://www.nbcnews.com/news/world/seoul-warns-north-korea-using-nuclear-weapons-self-destruction-rcna47438 (검색일: 08.12.2023).

208 Babb C. Nuclear Weapons Use Will 'End' Kim Regime, US, South Korea Say // VOA News. 03.11.2022. https://www.voanews.com/a/nuclear-weapons-use-willendkim-regime-us-south-korea-say/6819581.html (검색일: 08.12.2023).

209 Pandolfo C. Biden to North Korea: A nuclear attack would be 'the end' of Un's regime // Fox News. 26.04.2023. https://www.foxnews.com/politics/biden-north-korea-nuclear-attack-would-be-end-un-regime (검색일: 08.12.2023).

210 Yeo Jun-suk. Denuclearization talks with NK won't follow template of Iran or Libia // The Korea Herald. March 28, 2018. http://www.koreaherald.com/view.php?ud=20180327000846 (검색일: 02.04.2018).

211 Where Trump Went Wrong on North Korea Nuclear Diplomacy // World Politics Review. 16.12.2020. https://www.worldpoliticsreview.com/why-trump-s-north-koreamissile-and-nuclear-diplomacy-failed/ (검색일: 03.05.2020).

212 Yi Wonju. (2nd LD) N. Korean leader vows to keep nukes; new law authorizes 'automatic nuclear strike'. 이원주. // Yonhap News Agency. September 09, 2022. https://en.yna.co.kr/view/AEN20220909000652325?section= news (검색일: 08.12.2023).

사회관계망서비스(SNS)

213 Кожемяко О. Н. // Телеграм-канал. https://t.me/kozhemiakoofficial/1159 (검색일: 04.12.2023).

214 Donald J. Trump addressed to Kim Jong Un. https://twitter.com/ArmsControlWonk/status/699366730762575872 (검색일: 24.05.2018).

215 Donald J. Trump addressed to Kim Jong Un. https://twitter.com/realdonaldtrump/status/1157306452228366336 (검색일: 24.05.2018).

216 Donald J. Trump. Official letter addressed to Kim Jong Un. May 24, 2018. https://www.facebook.com/DonaldTrump/photos/a.488852220724.393301.153080620724/10161041651570725/?type=3&theater (검색일: 24.05.2018).

러시아연방 통계청 자료

217 러시아연방 대외무역. https://rosstat.gov.ru/statistics/vneshnyaya_torgovlya (검색일: 08.12.2023).

218 러시아 노동·고용. 2015: Стат. сб. / Гос. ком. Рос. Федерации по статистике (Госкомстат России); [Ред. кол.: В. В. Далин – пред. и др.]. Офиц. изд. Москва: Гос. ком. по статистике, 1996–2015 / [редкол.: К. Э. Лайкам (пред.) и др.]. 2015. – 274 с. ISBN 978-5-89484-408. https://rosstat.gov.ru/bgd/regl/B15_36/Main.htm (검색일: 28.03.2017).

219 Lee J. North Korea's Economy Is Growing at Its Fastest Pace Since 1999 // Bloomberg. 21.07.2017. https://www.bloomberg.com/news/articles/2017-07-21/north-korea-seconomy-rebounds-from-drought-amid-missile-focus (검색일: 29.09.2017).

부 록

친서 1

모스크바
블라디미르 블라디미로비치 푸틴
러시아연방 대통령

친애하는 V.V. 푸틴 동지!
조-로 우호·협력 관계를 더욱 발전시키고자 하는 의지를 담은 따뜻한 메시지를 보내주신 데 대해 깊이 감사드립니다.
저는 귀하의 친서를 접하면서 귀하께서 우리 두 나라 사이의 우호 관계를 소중히 여기고 조-로 관계 발전을 위해 진정성 있는 노력을 기울이고 있음을 확신할 수 있었습니다.
최근 오키나와에서 열린 G8 정상회의에서 미사일 문제에 대한 우리의 원칙적인 입장을 적극적으로 지지해 주셨습니다.
이는 의심할 여지 없이 양국 관계 발전과 동북아 및 세계 평화와 안보에 크게 이바지할 것입니다.

전통적인 조-로 우호·협력 관계를 더욱 확대하고 발전시키는 것은 양국 국민의 공통된 열망이자 염원입니다.

저는 이 기회를 빌려 양국 우호·협력 관계가 더욱 역동적으로 발전하고 강화되리라고 확신을 표명하며, 강력한 러시아 건설을 위한 책임 있는 활동에서 새로운 큰 성공을 거두기를 기원합니다.

김정일

7월 27일 주체 89년(2000)

평양[1]

---

1) 러시아연방 대외정책문서고. Ф. 102. Оп. 61. П. 135. Д. 031. Л. 111.

친서 2

모스크바

로씨야련방 외무상

이고리 쎄르게예비치 이와노브 각하

나는 우리 두 나라 사이의 외교 관계 설정 52돐에 즈음하여 당신에게 축하를 보냅니다.

외교 관계 설정 후 지난 50여 년간 조로 두 나라 관계는 자주, 평등, 내정불간섭의 원칙에서 발전하여 왔으며 특히 얼마 전에 있은 두 나라 령도자들 사이의 력사적인 상봉을 계기로 새로운 단계에 들어서게 되였습니다.

나는 우리 두 나라 사이의 오랜 선린·우호·협조 관계가 조로 공동선언의 정신에 맞게 새 세기에도 활력 있게 발전하며 두 나라 외무성들 사이의 호혜적인 협조도 보다 심화되리라는 기대를 표명하면서 당신의 책임적인 사업에서 성과가 있을 것을 축원합니다.

조선민주주의인민공화국 외무상

백 남 순

주체 89(2000)년 10월 12일

평양[2)]

---

2) 러시아연방 대외정책문서고. Ф. 102. Оп. 61. П. 135. Д. 031. Л. 165.

조약

조선민주주의인민공화국과 러시아연방의
우호·선린·상호원조에 관한 조약

2000년 2월 9일

러시아연방과 조선민주주의인민공화국(이하 '쌍방'으로 표기)은 양국 국민 간의 전통적인 우호·선린·상호신뢰, 다면적 협력 관계 강화를 지지하고 국제연합(유엔) 헌장 목적과 원칙을 존중하며, 동북아시아와 전 세계 평화·안전을 보장하고 평등하고 호혜적인 협력을 발전시키고자 하는 열망에서 다음과 같이 합의한다.

제1조
쌍방은 국가 주권 상호존중, 내정불간섭, 평등, 상호 이익, 영토 보전, 기타 보편적으로 인정되는 국제법 원칙에 따라 우호 관계를 유지·발전시켜 나간다.

제2조
쌍방은 침략과 전쟁 정책의 모든 표현에 반대하면서 전 세계에서 군비 감축과 지속적인 평화·안보를 보장하기 위해 적극적으로 노력한다. 쌍방은 어느 일방에 대한 침략 위험이나 평화·안보를 위협하는 상황이 발생하고 협의와 협력이 필요하면 즉시 서로 접촉한다.

제3조
쌍방은 상호 관심 있는 모든 중요 사안에 대해 정기적으로 협의한다. 쌍방은 제

3국과의 조약 및 협정을 체결하거나 쌍방 중 어느 일방의 주권, 독립, 영토 보전에 반하는 어떤 행동이나 활동에 참여하는 것을 자제한다고 약속한다.

제4조
쌍방은 국제적 긴장의 지속적 요인인 한반도 분단의 조기 해소와 자주, 평화통일, 민족대단결 원칙에 기초한 통일이 한민족 전체의 이익에 부합되며 아시아와 세계 평화·안전에 이바지한다는 데 인식을 같이한다.

제5조
쌍방은 무역·경제, 과학·기술 관계의 발전을 적극적으로 촉진하고, 이에 유리한 법적·재정적·경제적 여건을 조성한다. 이 목적을 위해 쌍방은 경제 분야에서 양자 협력을 위해 최대한 노력하고 국내법과 일반적으로 인정되는 국제법 원칙과 규범에 따라 투자를 촉진하는 별도의 협정을 체결한다.

제6조
쌍방은 의회, 기타 정부 부처, 사회단계 간 유대를 강화하고 국방, 안보, 과학, 교육, 문화, 보건, 사회보장, 법률, 환경보호, 관광, 체육, 기타 상호 이익에 부합하는 분야에서 협력을 수행한다.

제7조
양측은 도시 간 자매결연, 기업·기관 간 직접 교류, 인적 접촉 등 다양한 수준에서 전면적 접촉을 촉진한다.

제8조
쌍방은 자국 영토에서 상대국 국민이 자국 문화와 모국어 성과를 향유할 권리가 있음을 인정한다.

제9조
쌍방은 민간 항공·해상 항행의 안전을 위협하는 불법행위, 마약, 무기, 문화·역사적 유물의 불법 밀매를 포함한 조직범죄, 테러리즘에 대처하기 위해 협력한다.

제10조
본 조약은 상대국이 가입한 국제 조약에 따른 상대국의 권리와 의무에 영향을 미치지 않으며, 제3국의 이익에 반하는 방향으로 진행되어서는 안 된다.

제11조
본 조약은 비준의 대상이 되며 비준서를 교환한 날에 발효된다.

제12조
본 조약은 10년간 효력을 지니며 만료 12개월 전 쌍방 중 어느 일방이 상대국에 종결 의사를 서면으로 통보하지 않는 한 5년씩 연속하여 자동 연장된다.

본 조약은 2000년 2월 9일 평양에서 러시아어와 조선어 두 가지로 작성됐으며 두 언어로 작성된 조약 전문은 똑같은 효력을 발휘한다.

이고리 이바노프 러시아연방 외무부 장관
백남순 조선민주주의인민공화국 외무상

러시아연방과 조선민주주의인민공화국을 위하여

의정서

러시아연방과 조선민주주의인민공화국 간의 우호·선린·상호원조 조약 비준 인증서 교환

러시아연방 외교부 차관 알렉산드르 로슈코프와 러시아 주재 조선민주주의인민공화국 박의춘 특별대표 겸 전권대사는 2000년 2월 9일 평양에서 서명하고 2000년 8월 5일 러시아 연방회의(상원)와 2000년 4월 6일 조선민주주의인민공화국 최고인민회의가 비준한 러시아와 조선민주주의인민공화국 간의 우호·선린·상호원조 조약 비준서를 교환했다.

교환된 비준 문서는 적절한 순서와 형식을 갖춘 것으로 확인됐다.

이 조약은 제2조에 따라 2000년 10월 30일에 발효한다.

이를 증명하기 위해 본 의정서는 러시아어와 조선어 두 부로 작성되고 서명됐다.

2000년 10월 30일 모스크바

러시아연방 외무부 차관 A.P. 로슈코프
조선민주주의인민공화국 특별대표 겸 전권대사 박의춘[3]

---

3) https://www.mid.ru/ru/foreign_policy/international_contracts/international_contracts/2_contract/46817/ (검색일: 08.12.2023).

선언 1

러시아-북한 공동선언

평양

2000년 07월 19일

본 선언문은 2000년 7월 20일 평양에서 블라디미르 푸틴 러시아 러시아연방 대통령과 김정일 조선민주주의인민공화국 국방위원장이 서명했다.

김정일 조선민주주의인민공화국 국방위원회 위원장의 초청에 따라 블라디미르 푸틴 러시아연방 대통령이 2000년 7월 19일부터 20일까지 조선민주주의인민공화국을 방문했다. 평양에서 진행된 조선민주주의인민공화국과 러시아연방 지도자의 상봉과 회담은 양국 간 우호 관계 역사에서 획기적인 사건이었다. 양국 지도자는 양자 관계 문제와 상호 관심을 대변하는 국제문제들에 관한 의견을 허심탄회하게 교환했고 회담 결과에 따라 다음과 같이 천명한다.

1. 2000년 2월 9일 러시아연방과 조선민주주의인민공화국 간의 우호·선린·상호원조 조약에 서명함으로써 전통적인 우호·선린·상호신뢰·다자 협력 관계를 강화하고 국제연합(유엔) 헌장 목적과 원칙을 존중하며 국제 안보와 안정을 보장하고 동북아시아와 전 세계에서 평등하고 호혜적인 협력을 발전시키고자 하는 상호 열망을 보여줬다. 러시아와 북한 간의 협력 발전과 긴밀한 교류는 양국 국민의 근본적인 이익, 다극세계 형성 추세, 평등권, 상호존중, 호혜 협력의 원칙에 기반한 공정하고 합리적인 신국제질서 창출에 부합한다.

이러한 국제질서는 정치, 군사, 경제, 사회, 문화, 기타 영역에서 모든 국가의 안정적인 안보 보장을 촉구한다.

2. 러시아와 조선민주주의인민공화국은 침략과 전쟁 정책의 모든 징후에 반대하며, 전 세계에서 군비 감축과 안정·안전을 보장하기 위해 적극적으로 노력할 것을 확고히 표명한다. 러시아와 조선민주주의인민공화국에 대한 침략 위험이나 평화와 안전을 위협하는 상황이 발생하고 협의와 협력이 필요한 경우 러시아와 조선민주주의인민공화국은 즉시 서로 접촉할 준비가 되어 있음을 표명한다. 러시아와 북한은 제3국과의 조약·협정을 체결하거나 서로의 주권, 독립, 영토 보전에 반하는 행동이나 활동 또는 동맹에 참여하는 것을 자제할 의무를 재확인한다.

3. 러시아와 조선민주주의인민공화국은 남북공동선언에 따라 한민족의 단합된 노력으로 한반도 통일 문제를 자주적으로 해결하려는 노력을 환영하며, 이 과정에서 외부 간섭을 용납할 수 없다는 데 뜻을 같이하며 모든 관련국이 이를 지지하는 것이 중요하다고 생각한다. 러시아는 이와 관련한 남북한 간 합의를 지지한다는 점을 재확인했다.

4. 러시아와 조선민주주의인민공화국은 보편적이고 지속적인 성격을 입증한 국제연합 헌장의 목적과 원칙을 존중한다는 점을 재확인했다. 러시아와 조선민주주의인민공화국은 유엔을 더욱 강화하고 쇄신하며 세계 문제에서 유엔의 중심적 역할을 공고히 하는 데 이바지할 것이다. 러시아와 북한은 유엔 헌장을 위반하는 무력 사용 또는 무력 사용 위협은 국제 관계 체제의 근간에 도전하는 용납할 수 없는 행동이라는 전제에서 출발한다. 러시아와 북

한은 유엔 밀레니엄 정상회의와 총회의 성공적이고 효율적인 개최를 위해 긴밀히 협력할 것이며, 모든 유엔 회원국이 이 목표 달성을 위해 건설적으로 이바지할 것을 촉구한다.

5. 러시아와 조선민주주의인민공화국은 정치, 경제, 사회 발전 방식을 스스로 선택할 수 있는 각 국가의 주권적 권리를 재확인하며, '인도적 개입'을 구실로 한 다른 국가의 내정 간섭에 반대하고 독립, 주권, 영토 보전을 수호하기 위한 쌍방의 노력을 지지한다.

6. 러시아와 북한은 국제 관계에서 강대국의 역할을 더욱 축소하고 전략적, 지역적 안정을 강화하는 데 찬성한다. 전략적 안정의 초석이자 전략 공격 무기 추가 감축의 기초가 되는 1972년 탄도탄 요격미사일 조약(ABM)을 보존하고 강화하는 한편, START II 조약의 조기 발효와 완전한 이행, 그리고 START III 조약의 조기 체결이 매우 중요하다. 조선민주주의인민공화국은 이와 관련한 러시아의 노력에 대해 전폭적인 지지를 표명했다. 러시아와 조선민주주의인민공화국은 현재의 국제 현실을 분석한 결과 일부 국가가 1972년 ABM 조약 개정 계획을 정당화하기 위해 이른바 '미사일 위협'을 언급하는 것이 전혀 타당하지 않음을 확인했다고 믿는다. 이와 관련하여 북한은 자국의 미사일 프로그램이 누구도 위협하지 않으며 순전히 평화적인 것임을 확신한다. 러시아와 북한은 아시아·태평양 지역에 폐쇄형 블록 전역 미사일 방어 체계를 배치하는 것은 지역 안정과 안보에 심각한 혼란을 초래할 수 있다고 생각한다.

7. 러시아와 북한은 모든 형태의 국제 테러리즘과 분리주의, 종교적 극단주의, 국경을 넘는 범죄 행위가 주권국가의 안보와 국제 평화 전체에 위협이 된다고 확신한다. 이를 바탕으로 쌍방은 민간 항공·해상 항행의 안전을 위협하는 불법행위, 마약, 무기, 문화적·역사적 유적의 불법 밀매를 포함한 조직범죄, 테러리즘 퇴치를 위해 협력한다.

8. 러시아와 북한은 21세기가 전 세계 모든 민족에게 번영의 세기가 되는 것을 지지하며, 이를 위해서는 주권국가의 경제 기반 강화와 함께 지속 가능한 경제 성장을 보장하기 위한 평등하고 상호 호혜적인 국제협력의 확대가 필요하다.

9. 러시아와 조선민주주의인민공화국은 동북아시아를 평화와 선린·우호, 안정과 평등한 국제협력의 지역으로 만드는 데 대한 관심을 재확인하고, 이와 관련하여 양국 간 협력의 지속적인 중요성을 강조한다. 양측은 '아세안' 지역 포럼의 역할을 높이 평가하고, 동 포럼의 활동에 가치 있게 이바지할 뜻이 있음을 표명한다.

10. 러시아와 조선민주주의인민공화국은 양국 간 무역, 경제, 과학·기술 관계를 적극적으로 발전시키고 이를 위해 유리한 법적, 재정적, 경제적 여건을 조성하고자 한다. 이를 위해 양국은 국내법과 보편적으로 인정되는 국제법 원칙·규범에 따라 경제 분야에서 협정을 체결할 것이다. 금속, 에너지, 운송, 목재, 석유, 가스, 경공업 등 다양한 분야의 주요 협력 프로젝트의 정교한 강화 작업이 정부 간 무역, 경제, 과학·기술 협력위원회의 러시아와 북한 위원장에게 위임됐다. 공동으로 건설한 기업들의 재건에도 특별한 관심을 기

울이기로 했다.

11. 러시아와 조선민주주의인민공화국은 양국의 입법 기관, 정부 부처, 사회단체 간 유대를 강화하고 안보와 국방, 과학, 교육, 문화, 보건, 사회보장, 법률, 환경보호, 관광, 체육, 기타 분야에서 협력한다. 블라디미르 푸틴 러시아연방 대통령은 평양의 따뜻한 환영에 사의를 표하고 김정일 조선민주주의인민공화국 국방위원회 위원장에게 편리한 시기에 러시아를 방문해 달라고 초청했다. 김정일 위원장은 초청을 흔쾌히 수락했다.

2000년 7월 19일 평양

김정일 조선민주주의인민공화국 국방위원회 위원장
블라디미르 푸틴 러시아연방 대통령[4]

---

4) Официальный сайт Президента РФ. URL: http://www.kremlin.ru/supplement/3183 (검색일: 08.12.2023)

선언 2

러시아연방과 조선민주주의인민공화국의 모스크바 선언

2000년 8월 4일

김정일 조선민주주의인민공화국 국방위원회 위원장은 블라디미르 푸틴 러시아연방 대통령의 초청으로 2001년 7월 26일부터 러시아에 체류했고 공식 방문은 8월 4~5일에 이뤄졌다.

새천년 첫해에 모스크바에서 개최된 러시아연방과 조선민주주의인민공화국 정상들의 만남과 회담은 러시아와 북한의 우호 관계 역사에서 특별한 의미가 있는 사건이자 아시아·태평양 지역과 세계의 평화·안보를 강화하는 역사적인 이정표가 되었다. 양국 정상은 우호적이고 허심탄회한 분위기 속에서 양국 관계와 상호 관심사에 대한 폭넓은 의견을 교환하고 다음과 같은 사항에 합의했다.

1. 러시아연방과 조선민주주의인민공화국은 새천년에 세계 안정을 보존하고 정치, 경제, 사회, 문화, 정보, 기타 분야에서 세계 공동체 각 구성원의 신뢰할 수 있는 안전을 보장하기 위해 법의 우선순위, 평등, 상호존중, 호혜 협력의 원칙에 기초한 새롭고 정의로운 세계 질서 체계의 형성을 촉진한다. 쌍방은 세계 문제에서 국제연합의 주도적 역할을 강화하고 국제연합 헌장, 기타 국제법 원칙 및 규범에 반하는 행동을 방지해야 할 필요성을 인식했다. 세계의 기존 분쟁 문제는 평화적, 정치적, 비대결에 기초한 협상을 통해 해결되어야만 한다. 러시아와 조선민주주의인민공화국은 국제 관계에서 독립, 주권,

영토 보전이 일관되게 보장되어야 한다는 점을 인식하면서 모든 국가가 동등한 수준의 안보를 가질 권리를 재확인한다. 양측은 국제 테러리즘과 무장 분리주의의 확산 위협에 대응하기 위한 국제 사회의 단합된 노력의 중요성을 지적했다.

2. 양국 정상은 1972년 탄도탄 요격미사일 조약(ABM)이 전략적 안정의 초석이자 전략 공격 무기 추가 감축의 기반이라는 점을 고려하여, 향후 국제 안보 강화에 전적으로 이바지해 나가겠다는 의지를 표명했다. 북한 측은 자국 미사일 프로그램의 목적이 평화적이며, 따라서 북한의 주권을 존중하는 어떤 국가에도 위협이 되지 않는다는 점을 확인했다. 러시아 측은 북한의 이런 입장을 환영했다.

3. 양국 정상은 역사적 뿌리가 깊은 전통적인 러-북 우호 협력 관계의 가일층 발전이 새로운 세기를 맞이하는 양국 국민의 근본 이익에 부합되며 아시아와 세계 평화·안전에 크게 이바지한다는 인식을 같이했다. 양측은 2000년 7월 19일 양국 정상이 서명한 '러-북 공동선언'과 2000년 2월 9일 '러시아연방과 조선민주주의인민공화국 간 우호·선린·상호원조 조약'의 역사적 의의를 재확인하고 동북아와 세계의 평화·안정, 양국의 번영과 평등하고 호혜적인 협력을 달성하기 위해 이들 문서에 기초하여 우호 관계를 확대·발전시키기로 합의했다.

4. 양국 정상은 정치, 경제, 군사, 과학·기술, 문화 등 다양한 분야에서 양국 협력을 더욱 발전시키기 위한 구체적인 방향과 조치에 합의하고, 다수의 관련 협정이 체결된 것을 만족스럽게 평가했다.

5. 양측은 무역·경제 협력 분야에서 이전에 도달한 합의를 구체화하면서, 양국 간 과거 문제 해결에 기초하여 특히 전력 산업에서 공동으로 건설된 기업의 재건을 위한 프로젝트들을 우선해서 이행하기로 합의하고, 각국 정부에 관련 지침을 제공했다. 러시아 측은 여러 양자 프로젝트의 이행을 위해 외부 재원을 활용하겠다는 의사를 재확인했으며, 북한 측은 이에 대해 이해를 표명했다.

6. 쌍방은 세계 관행에서 일반적으로 인정되는 상호 이익의 원칙에 기초하여 한반도 남북과 러시아, 유럽을 잇는 철도 운송 회랑을 구축하는 사업을 이행하는 데 필요한 모든 노력을 다할 것을 약속했으며, 남북한 철도와 러시아 철도를 연결하는 사업이 적극적인 이행 단계에 접어들고 있음을 평가했다.

7. 양국 정상은 2000년 6월 15일 북남공동선언에 따라 조국 통일 문제를 한민족끼리 서로 힘을 합쳐 자주적으로, 평화적으로 해결하기 위한 한민족의 노력을 지지하는 것이 한반도 통일 문제 해결에 이바지한다는 데 대해 견해의 일치를 보았으며 이 과정에서 외부의 방해를 허용하지 말아야 한다고 언급했다. 러시아 측은 이 문제에 대한 남북한의 합의를 존중하고 외부 간섭 없이 남북 대화가 지속되는 것을 확고히 지지하며, 한반도의 긍정적 프로세스에서 건설적이고 책임 있는 역할을 계속할 준비가 되어 있음을 재확인했다.

8. 북한은 주한 미군 철수가 한반도와 동북아 평화·안보의 이익을 위해 시급하고 긴박한 문제라는 입장을 명확히 했다. 러시아 측은 비군사적 수단을 통해 한반도 평화와 안정을 보장할 필요성을 강조하면서 이런 입장에 대한 이해를 표명했다. 러시아 측은 북한과 여러 유럽 국가, 국제기구 사이의 공식 관계

수립이 강화되는 것을 환영하고 북한과 미국, 일본 등의 국가 간 협상 과정에서의 성공을 진심으로 기원했다. 김정일 조선민주주의인민공화국 국방위원회 위원장은 방문 기간 러시아 측이 자신에게 베풀어준 따뜻한 환영과 환대에 사의를 표하고 푸틴 러시아 대통령에게 조선민주주의인민공화국을 다시 방문해 달라고 요청했다. 푸틴 대통령은 편리한 시기에 조선민주주의인민공화국을 다시 방문하기로 했다. 초청은 감사하게도 수락됐다.

2001년 8월 4일 모스크바

김정일 조선민주주의인민공화국 국방위원회 위원장
블라디미르 푸틴 러시아연방 대통령[5]

---

5) Московская декларация Российской Федерации и Корейской Народно-Демократической Республики // Официальный сайт Президента РФ. 4 августа 2001. http://www.kremlin.ru/supplement/3410 (검색일: 08.12.2023).

신밀월 시대

김정은 집권기의 러시아-북한 관계

초판 인쇄	2025년 4월 21일
초판 발행	2025년 4월 25일
지은이	알리나 샤라펫디노바
옮긴이	라승도
펴낸곳	다해
주소	서울시 중구 충무로29 아시아미디어타워 7층 703호
전화	02.2266.9247 / Fax 02.2266.9248
등록번호	제301-2011-069호

ISBN 979-11-5556-291-8 [93340]   정가: 20,000원

* 잘못된 책은 교환하여 드립니다.

이 책은 저작권법에 따라 보호를 받는 저작물이므로 무단 전재와 복제를 금합니다.